Nicole Strüber

Die erste Bindung

Wie Eltern die Entwicklung des kindlichen Gehirns prägen

Mit einem Vorwort von Gerhard Roth

Klett-Cotta

Klett-Cotta
www.klett-cotta.de

Printed in Germany
Cover: Rothfos & Gabler, Hamburg
unter Verwendung einer Zeichnung von Anne-Rose Tietje
Gesetzt von Dörlemann Satz, Lemförde
Gedruckt und gebunden von GGP Media GmbH, Pößneck
ISBN 978-3-608-98058-5

Achte Auflage, 2023

Bibliografische Information der Deutschen Nationalbibliothek
Die Deutsche Nationalbibliothek verzeichnet diese Publikation in der Deutschen Nationalbibliografie; detaillierte bibliografische Daten sind im Internet über http://dnb.d-nb.de abrufbar.

Inhalt

Vorwort von Gerhard Roth

Dieses Buch handelt vom wichtigsten Abschnitt unseres Lebens, nämlich den 9 Monaten vor und den ersten Jahren nach unserer Geburt. Wie neueste gesicherte Erkenntnisse belegen, werden in dieser Zeit die Grundlagen unserer weiteren körperlichen und geistig-psychischen Entwicklung geschaffen. Nicole Strüber, Neurobiologin, Psychologin und Mutter von Zwillingen, hat hierüber nun ein wunderbares Buch geschrieben.

Lange Zeit hat man die Vorgänge innerhalb dieser Entwicklungsperiode gar nicht verstanden oder sie als biologisch-natürlich und von Reflexen und Instinkten beherrscht angesehen. Im Rahmen der paternalistischen Familien- und Erziehungsideologie wurden sie nur als Vorbereitung auf das Erwachsensein gesehen. Einen absoluten Tiefpunkt erlebte die Beschäftigung mit der Kindheit in Form des 1934 erstmals erschienenen Buches »Die deutsche Mutter und ihr erstes Kind« aus der Feder der Lungenärztin Johanna Haarer, das sich als Anleitung zur Erziehung des Kindes zu Härte, Disziplin und unbedingtem Gehorsam gegenüber dem Nationalsozialismus verstand und in keinem damaligen deutschen Haushalt fehlen durfte. Sinnigerweise galt es bis weit in die 70er Jahre des vorigen Jahrhunderts in »leicht gereinigter« Form als Standardwerk der deutschen Kindererziehung.

Seit einigen Jahrzehnten wächst nun die wissenschaftlich fundierte Einsicht darüber, wie Elternschaft und Kindeserziehung auszusehen haben. Den größten Beitrag hierzu hat zweifellos die Bindungsforschung geleistet. Die von John Bowlby in den 40er Jahren des vorigen Jahrhunderts und später von Mary Ainsworth entwickelte Vorstellung, dass die frühkindliche Bindungserfahrung prägend auf die Persönlichkeitsentwicklung wirkt, hatte es allerdings anfangs schwer, sich durchzusetzen. Heute ist der Begriff »Bindung« aus keinem Psychotherapiekonzept mehr wegzudenken. Ergänzt wurde dies durch die Ergebnisse der Säuglings- und Kleinkindforschung sowie durch die Erkenntnis, dass der Säugling schon kurz nach der Geburt ein aktives, kommunikatives und bindungsorientiertes Wesen ist, und dass die enge Interaktion zwischen Säugling und primärer Bezugsperson, in der Regel (aber nicht notwendigerweise) der Mutter, zu Prägungsvorgängen führt, die für den Säugling lebensentscheidend werden.

Erst relativ spät, vorwiegend aufgrund methodischer Schwierigkeiten, befassten sich Neurowissenschaftler mit diesen Vorgängen. Die Wachstums- und Reifeprozesse des menschlichen Gehirns lassen sich oft nur indirekt studieren und hierbei waren und sind vergleichende Untersuchungen am Tiermodell, meist an Ratten und Mäusen, unverzichtbar. In den letzten Jahren zeigten sich immer mehr die Details des Wechselspiels zwischen Genen und Genvarianten einerseits und vorgeburtlichen sowie frühnachgeburtlichen Umwelteinflüssen, deren Komplexität man bisher kaum erahnen konnte. In diesem Zusammenhang löste sich zunehmend das uralte Anlage-Umwelt-Problem auf, also die Frage: Ist menschliches Verhalten überwiegend durch Gene oder doch durch Umwelteinflüsse bestimmt?

Natürlich ist eine schlüssige Antwort auf diese Frage von großem wissenschaftlichem und gesellschaftlichem Interesse. Sind die Gene die bestimmenden Faktoren, so kann man sich viele teure diagnostische, präventive und therapeutische Maßnahmen sparen; ist es die Umwelt, so muss man äußerst sorgfältig diese Umweltfaktoren auf ihre Wirkung hin kontrollieren. Inzwischen ist aber klar, dass es beide Faktoren sind, allerdings nicht in einem Gegeneinander, sondern in engster Verflechtung. Man hat erkannt, dass genregulatorische, »epigenetische« Mechanismen bestimmen, wann welche Gene aktiviert werden, und dass diese Vorgänge höchst individuell ausfallen können. Hier – so die neue Erkenntnis – können auch vorgeburtliche und frühnachgeburtliche Einflüsse wirksam werden – erstere über den Blutkreislauf der Mutter, letztere über das Verhalten der primären Bindungspersonen. In bestimmten Fällen können sich diese Einflüsse auch dauerhaft im Erbgut verankern und über Generationen weitergegeben werden. Während der Entwicklung des Kindes durchdringen »Anlage« und »Umwelt« einander auf vielfältige Weise und es ist eine der großen Leistungen der Bio- und Verhaltenswissenschaften, dies unter Berücksichtigung der zahlreichen Fortschritte der Entwicklungspsychologie in den Grundzügen und teilweise sogar bis ins Detail aufgeklärt zu haben.

Solche Erkenntnisse haben große Bedeutung für den privaten ebenso wie den gesellschaftlichen Umgang mit der vorgeburtlichen und frühnachgeburtlichen Entwicklung des Kindes und für das Elterndasein. Die zu diesem Thema in diesem Buch zusammengestellten Befunde sind allerdings in der Regel komplex, vieles davon ist neu oder gar sehr neu und hat noch keinen Eingang in Darstellungen gefunden, die für eine breitere Leserschaft, also vornehmlich Eltern und solche, die es werden (oder werden wollen), Kinderärzte, Kinderpsychologen, Hebammen, Kleinkindbetreuerinnen und -betreuer, Politiker und eigentlich uns alle verständlich sind.

Das vorliegende Buch von Nicole Strüber genügt nicht nur höchsten wissenschaftlichen Ansprüchen, sondern ist gleichzeitig so lebensnah geschrieben, dass es die interessierte breite Leserschaft ohne Weiteres verstehen kann. Zu dieser Leistung darf man der Autorin vorbehaltlos gratulieren!

1 Einleitung: Was wollen wir?

Alles beginnt mit einem kleinen roten Streifen auf Weiß. Manchmal ist er auch lila. Aber immer zeigt er sich bereits wenige Sekunden, nachdem wir die Angelegenheit mit der Probenentnahme hinter uns gebracht haben.

Dieser banale kleine Akt verändert alles. Wir wissen nun: Wir sind der Ursprung neuen Lebens. Kaum fassen können wir das. Wir werden Eltern sein! Mutter. Vater. Wie es wohl wird, das Kleine? So wie ich? So wie mein Partner? Wie wird sich mein Leben ändern? Werde ich eine gute Mutter sein? Ein guter Vater? Wir sind aufgeregt und wollen gut vorbereitet sein. Gleich von Anfang an alles richtigmachen. Kaum ist der Teststreifen getrocknet, beginnt es zu rattern. Zumindest für die werdenden Mütter unter uns. Was muss ich bedenken und vor allem, welche Konsequenzen hat es für das Kind, wenn ich etwas bedenke? Oder nicht bedenke? Entscheidungen stehen an, Fragen tauchen auf. Wie muss ich mich in der Schwangerschaft verhalten? Beeinflusst das, was ich tue, mein Kind?

Und werden wir als Eltern nach der Geburt alles bewältigen können? Wir wissen, dass die Fürsorge unseres Babys mehr benötigt als die bloße Nahrungszufuhr und ein wenig Licht und Ruhe. Kinder sind keine Topfpflanzen. Kinder brauchen Liebe. Liebe, Nähe und Zeit. Wie werden wir alles zeitlich managen? Wo stehen wir beruflich? Können wir so weitermachen wie bisher? Oder wird einer zu Hause bleiben? Wenn ja, wer? Aber vielleicht können wir unser Kind ja auch früh in die Krippe geben? Schon bald nach der erstmaligen Betrachtung des rot-lila Streifens drängt sich diese letzte Frage immer mehr und immer beharrlicher in unser Bewusstsein. Schließlich will das Thema ja bereits während der Schwangerschaft geklärt sein. Der Arbeitgeber möchte es wissen und der Anmeldebogen für die Krippe würde auch schon gerne auf dem Stapel der ersten Eingänge liegen.

Ein wenig Angst haben wir vielleicht auch, vor all dem, was kommt. Was, wenn nicht alles so gut läuft wie geplant? Wenn wir es doch nicht schaffen, uns während der Schwangerschaft den Stress auf Abstand zu halten, die Geburt nicht optimal verläuft, es mit dem Stillen nicht so recht klappen will? Wird dies unser Kind unwiederbringlich negativ beeinflussen? Das wollen wir nicht.

Vielleicht kriegen wir auch ein Schreibaby. Himmel, nein. Kinder schreien, Kinder schlafen schlecht. Zumindest manche. Wir sind nicht die erste Generation, in der Kinder dies so handhaben. Erst hieß es, man dürfe sich keinen kleinen Despoten heranziehen, der bereits im Säuglingsalter die Familie zu tyrannisieren weiß. Heutzutage haben wir mehr Verständnis für die Bedürfnisse des Kindes. Gleichzeitig werden wir aber mit der Notwendigkeit konfrontiert, auf allen Ebenen perfekt zu sein. Perfekte Mutter, lieb und fürsorglich; perfekte Arbeitnehmerin, zuverlässig, wach und strukturiert; perfekte Ehefrau, gutaussehend, rückendeckend und sportlich. Ach ja, kochen sollen wir auch noch können. Und zwar vom Bio-Babybrei bis zum Rindercarpaccio für die Gäste. Und für den Vater gilt all dies inzwischen ebenso. Wo bleibt da das schreiende Kind? Wie lernt ein Kind, vernünftig und im Einklang mit seiner Umwelt zu agieren? Und vor allem wann? Und wie können wir unser Kind darin unterstützen, eine hohe Bindungsfähigkeit aufzubauen und gute Stressbewältigungsstrategien sowie eine hohe soziale Kompetenz zu entwickeln?

All diese Fragen wollen beantwortet sein und hierfür soll

dieses Buch Denkanstöße liefern. Denkanstöße, die auf der aktuellen psychologischen Forschung und der Bindungstheorie beruhen, ebenso wie auf dem Wissen um ein Organ, das all den beschriebenen Fragen, überhaupt jeglichem menschlichen Verhalten, zugrunde liegt: dem Gehirn.

Es wird darum gehen, dass sich diese geheimnisvolle Struktur, die gerne Schokolade mag und sich vor Spinnen fürchtet, die Liebe fühlt und wütend werden kann, aus einem einfachen kleinen Zellhaufen entwickelt. Darum, dass sich das Gehirn während seiner Entwicklung an seine Umwelt anpasst, in einer stetigen Wechselwirkung mit den Genen des dazugehörigen Menschen. Ich werde darauf eingehen, dass es die tief im Gehirn erzeugten Emotionen sind, die über die Ausschüttung chemischer Substanzen unbewusst und mächtig unser Handeln anleiten und deren frühe Prägung unser dauerhaftes emotionales Erleben und unsere spätere Bindungsfähigkeit beeinflusst. All dies in *Kapitel 2*, dem Kapitel über Prinzipien der Hirnentwicklung.

In *Kapitel 3* werde ich die zuvor beschriebenen Prinzipien der Hirnentwicklung mit Inhalten füllen, werde erläutern, wie die Gene, die wir als Mütter und Väter unseren Kindern mitgeben, seine kleine Persönlichkeit beeinflussen und welche Bedeutung vorgeburtliche Erfahrungen dafür haben. Dabei geht es nicht darum, ob das Baby Mozart oder Avicii, Coldplay oder Adele hört, sondern um Stresserfahrungen. Darum, wie Stresshormone vom Blut der Mutter in den Kreislauf des Kindes wandern und dort die kindliche Entwicklung prägen. Es geht auch um die Unterschiede zwischen Mädchen und Jungen und darum, ob es überhaupt Unterschiede gibt und wenn ja, was es ist, das Mädchen mädchenhaft und Jungen jungenhaft macht. Geboren werden sie wiederum alle. Wie das abläuft, ob natürlich oder als geplanter Kaiserschnitt, kann das Baby und sein Temperament auch langfristig erheblich beeinflussen. Ebenso wie die Muttermilch. Wobei vermutlich nicht nur die Muttermilch selbst von Bedeutung ist, sondern auch das Kuscheln und die Nähe beim Stillen. Denn das Gehirn wird dadurch von einem Stoff überschwemmt, der uns das ganze Buch hindurch begleiten wird: dem Oxytocin.

Eben schwamm das Baby noch im körperwarmen und schützenden Fruchtwasser, nun ist es draußen, in der kalten Welt – für die es eigentlich noch viel zu klein, viel zu schwach und unreif ist. Es braucht Nahrung, Wärme und Liebe, eine sensible und zuverlässige Fürsorge, damit sich die Nervenzellen optimal vernetzen können und das innere chemische Milieu ein ausgewogenes Gleichgewicht findet. Sobald das Baby mobil wird und beginnt, seine Umwelt zu erkunden, benötigt es darüber hinaus ein sicheres Band, das es mit seinen Bezugspersonen verbindet und ihm Schutz und Geborgenheit in der unvorhersehbaren Umwelt gewährleistet. Ist das Band, die Bindungsbeziehung, sicher und stark, versetzt dies das Gehirn in einen optimalen Lernzustand. Stressfrei kann das Baby alles über die Gesetzmäßigkeiten seiner neuen Umwelt lernen. Es lernt, dass Dinge von oben nach unten fallen, wenn man sie loslässt, es lernt, dass sich sein Verhalten innerhalb bestimmter Grenzen bewegen muss, man die gefüllte Salatschüssel nicht einfach loslassen darf, damit sie von oben nach unten fällt. Es lernt seine eigene innere Welt kennen. Es lernt, das große Repertoire menschlicher Emotionen auseinanderzuhalten, zu benennen und zu identifizieren. Und es lernt die Bedeutung des sozialen Miteinanders, von Rücksicht, Empathie und Vertrauen kennen. Es entwickelt sich zu einer emotional stabilen, bindungsfähigen und sozial kompetenten Persönlichkeit. Wie wird all dies im Gehirn realisiert? Welche Substanzen und Netzwerke sind daran beteiligt? Und vor allem: Wie prägen Eltern diese Netzwerke? Darum wird es in *Kapitel 4* gehen. Aber auch darum, dass manchmal nicht alles so einfach ist.

Nicht immer läuft es so, wie wir es gerne hätten: Wir setzen einen großen Topf auf den Herd, geben eine wunderbare und stressfreie Schwangerschaft hinein, eine natürliche Geburt, erfüllende Stillerfahrungen, eine feinfühlige und aufopfernde Mutter, einen sensiblen und sorgsamen Partner. Wir rühren kräftig um, streuen eine gute Portion Liebe drauf und warten, bis alles gebunden ist. Wann läuft es denn so optimal, nun mal ehrlich? Manchmal kommen Kinder mit einem Temperament auf die Welt, das es den Eltern schwermacht, immer feinfühlig auf die Bedürfnisse des Kindes einzugehen. Oft ist dies der Fall, wenn die Schwangerschaft von erheblichem Stress überschattet und die Geburt dramatisch war. Das Stillen will nicht funktionieren, das Baby schreit ununterbrochen und das eigene Belohnungssystem überlegt vorübergehend, ob eine Tafel Schokolade in der Badewanne nicht einfacher gewesen wäre, als gleich ein Kind zu bekommen. Wenn es auch schwierig ist, scheint es dennoch so zu sein, dass insbesondere diese reizbaren Kinder mehr als andere eine feinfühlige und verlässliche Bezugsperson benötigen. Gelingt es ihnen, eine sichere Bindung aufzubauen, können sich gerade diese Kinder ausgesprochen gut entwickeln.

Die wichtigste, wenn auch nicht die einzige Quelle von Liebe, Schutz und Geborgenheit ist für das Kind zunächst die Mutter. Sie lernt das Kind bereits während der Schwangerschaft kennen, an ihrer Brust wird es gestillt. Im mütterlichen Gehirn ist alles auf die Zeit mit dem Baby vorbereitet. Dort sprudelt es vor Oxytocin. Dieser Stoff hilft ihr, die Signale des Babys zu lesen, mit ihm zu fühlen und angemessen zu reagieren. Doch was passiert genau im weiblichen Gehirn, wenn es zum mütterlichen Gehirn wird? Wie passt sich das Gehirn an die neue Rolle an? Und was ist mit den Vätern? Abgesehen von dem unglücklichen Umstand, dass Väter rein technisch nicht stillen können, gibt es weitere Unterschiede zwischen Frau und Mann, zwischen Mutter und Vater. Oder gibt es sie nicht? Sind Männer mit ihrem mit Testosteron angereicherten Blut ebenso gut in der Lage, auf die Bedürfnisse kleiner Kinder einzugehen wie Frauen? Auf diese Fragen werde ich in *Kapitel 5* eingehen. Ich werde erklären, dass sich die Natur für die Väter einen ganz besonderen Mechanismus einfallen lassen hat – der allerdings nicht bei jedem gleich gut funktioniert.

Die Feststellung, dass nicht alle Mütter, nicht alle Väter gleich sind, ist grundsätzlich enorm wichtig. Mütter und Väter werden in ihrem Verhalten und in ihren Fähigkeiten von ihren eigenen Genen und ihren eigenen Erfahrungen geprägt. Dies kann manchmal eine problematische Bedeutung bekommen, nämlich dann, wenn Eltern ihre eigenen Traumatisierungen noch nicht verarbeitet haben oder unter erheblichem chronischen Stress leiden. Schlimm wird es, wenn negative Auswirkungen früher Erfahrungen über epigenetische Mechanismen von einer Generation an die nächste weitergegeben werden. Teufelskreise generationsübergreifender Störungen können entstehen. Glücklicherweise gibt es auch Engelskreise, in denen sich die Fähigkeit zu fürsorglichem und liebevollem elterlichen Verhalten von einer Generation auf die nächste überträgt. Auch dies wird Thema von *Kapitel 5* sein.

Was bedeuten die psychologischen Befunde und die Erkenntnisse aus der Hirnforschung für die Eltern? Für all die zu treffenden Entscheidungen? Wie lange soll die Mama zu Hause bleiben? Kann der Vater ein Mutterersatz sein? Oder ist und bleibt ein Vater ein Vater? Wann geben wir unser Kind in die Krippe? Kann eine Krippenbetreuerin ein Mutterersatz sein? Sind Krippen gut für die Kinder, gut, um soziale Kompetenzen zu erlernen, um möglichst frühzeitig das Gehirn auf die schwierigen sozialen Manöver vorzubereiten, mit denen es auch später konfrontiert sein wird? Oder benötigt das Baby hierfür seine Mama? Seinen Papa? Uns schwant die tiefgreifende Bedeutung dieser Entscheidungen und wir haben doch nicht lange Zeit, darüber nachzudenken. Um uns herum, das merken wir, gibt es verschiedene Meinungen. Und in uns drinnen, dort, wo die Intuition zu Hause ist, ebenso. Wir wollen doch alles richtigmachen. Für uns, für unsere kleine Familie und für unser Ungeborenes. Kapitel 6 soll mit Denkanstößen aus Hirnforschung und Psychologie die Beantwortung dieser Fragen erleichtern.

Was bedeutet all dies für die Gesellschaft, und auch für die Politik? Darum wird es in einem Ausblick gehen. Darf ich mich als Mutter überhaupt noch entscheiden, mein Kind *nicht* früh abzugeben? Auf dem seit einigen Jahrzehnten von uns Frauen beschrittenen Weg zur Gleichstellung einfach stehen bleiben, mich auf dem roten Sand der Laufbahn, kurz vor dem Ziel hinsetzen, mit dem Baby auf dem Arm und dem Kochlöffel in der Schürze? Die entgegengesetzte Frage ist: Nehmen wir das kindliche Gehirn und seine Bedürfnisse ernst genug? Die Möglichkeit, unsere Kinder frühzeitig betreuen zu lassen, ist eine Chance für uns Frauen. Aber ist die Gesellschaft darauf vorbereitet? Haben wir genügend Ressourcen, damit dieser Weg den Kindern nicht schadet? Oder ist der derzeitig gegangene Weg zu kurz gedacht, zu übereilt realisiert? Ist es wirklich das, was wir selbst wollen? Wir alle?

Apropos wir alle. Die Einleitung geht an die Adresse der Eltern. Der Rest des Buches aber auch an alle anderen, die mit Kindern zu tun haben, und manchmal mit deren Eltern. Sei es als Oma, Opa, Nachbar oder große Schwester oder auch als Erzieherin, Therapeutin oder Ärztin.

Und auch an alle, die einmal Kinder waren, und sich fragen, warum sie so sind, wie sie sind. Diese Frage kann das Buch zwar nicht beantworten, vielleicht aber den einen oder anderen Impuls zum Nachdenken liefern.

Nun möchte ich aber zunächst das Gehirn vorstellen. All diejenigen, die verstehen möchten, wie sich der Mensch mit seiner individuellen genetischen Ausstattung im Einklang mit seiner Umwelt entwickelt und wie das Gehirn grundsätzlich funktioniert, möchte ich dazu einladen, sich mit den in *Kapitel 2* vorgestellten Prinzipien der Hirnentwicklung vertraut zu machen.

Bevor es aber losgeht, muss ich noch eine kleine Anmerkung loswerden! Um allen Geschlechtern gerecht zu werden und dabei gleichzeitig einen angenehmen Lesefluss zu garantieren, verwende ich im ganzen Buch im willkürlichen Wechsel sowohl maskuline als auch feminine Formen, und hoffe, dass sich jeweils Menschen jeglicher Geschlechtsangehörigkeit angesprochen fühlen.

2 Das Gehirn und das Ich: Ein Überblick

Es ist beeindruckend: Aus der Vereinigung einer einzigen Eizelle und einer einzigen Samenzelle entsteht ein kleiner Mensch. Er hat Augen, eine Stupsnase und ein äußerst kompliziertes Gewebe unter seinem noch flexiblen Schädelknochen. Dieses Gewebe, sein Gehirn, verschaltet sich in einer Weise, dass es nicht nur lebensnotwendige körperliche Funktionen wie Atmung und Herzschlag kontrolliert, Informationen der Außenwelt bewertet und verarbeitet und die Bewegungen des Körpers steuert, sondern auch ein individuelles und eigenständiges Fühlen und Denken hervorbringt. Der kleine Mensch entwickelt Persönlichkeit.

Wie kann dies passieren? Woher weiß die befruchtete Eizelle, was zu tun ist, woher kennt sie die Bauanleitung für den kleinen Menschen?

Ein erster grober Entwurf ist in den *Genen* gespeichert. Die befruchtete Eizelle besitzt in ihrem Zellkern die gesamte Erbinformation des heranwachsenden Menschen. Sie teilt sich und gibt die genetischen Informationen an alle folgenden Zellen weiter. Die Zelle im großen Zeh des kleinen Menschen ist ebenso über die Produktionsmöglichkeiten von Kopfhaar informiert wie die Zelle in der Nasenschleimhaut oder die gemeine Nervenzelle.

Einige Informationen der Gene sind für alle Menschen gleich. Sie bestimmen etwa, in welcher Weise sich die Zellen bei der Entwicklung des Menschen vermehren oder anordnen und liefern so den erwähnten Bauplan des Menschen. Andere Gene liegen in unterschiedlichen Varianten vor und liefern Anleitungen für individuelle Merkmale, etwa die Haarfarbe, die Nasengröße oder die Form des großen Zehs.

Zurück zur befruchteten Eizelle. Sie beginnt sich zu teilen. Wieder und wieder teilt sie sich, sieht zwischenzeitlich aus wie eine Maulbeere, und schon bald, zu Beginn der dritten Woche nach der Befruchtung, zu einem Zeitpunkt, an dem wir allenfalls ahnen, gerade an der Entstehung neuen Lebens beteiligt gewesen zu sein, bilden sich bereits erste Anlagen der verschiedenen Gewebe des Körpers. Eine dieser Anlagen entwickelt sich einige Tage später zu einem 2–3 mm langen hohlen Rohr. Das hört sich banal an, kennzeichnet jedoch die Entstehung des zukünftigen Nervensystems des kleinen Menschen (s. Abb. 2.1).

In der Wand dieses sogenannten Neuralrohres befinden sich die neuronalen Stammzellen. Diese teilen sich und bilden Nervenzellen und Gliazellen. Vergessen sind nun die Informationen zur Herstellung von Kopfhaar, von Proteinen zum Sauerstofftransport oder von kontraktilen Muskelelementen. Man hat sich spezialisiert – Wohnort: Gehirn.

Im hinteren Bereich des Neuralrohres entsteht das Rückenmark, der vordere Teil bringt das Gehirn hervor. Milliarden von Nervenzellen bilden sich und lassen sich an dem für sie vorgesehenen Ort im Gehirn nieder. Für ihren erfolgreichen Einsatz im jungen Gehirn müssen die neu entstandenen Nervenzellen allerdings noch weitere Eigenschaften ausbilden: Sie müssen eine bestimmte Form annehmen, sich auf die Verwendung bestimmter Botenstoffe spezialisieren und vor allem müssen sie sich mit anderen Nervenzellen verbinden, denn im Gehirn geht nichts ohne Teamwork.

Bei jeder Wahrnehmung, jedem Gedanken und jeder Handlung ist ein riesiges *Netzwerk* von Nervenzellen aktiv. Verschiedene Strukturen unseres Gehirns sind für unterschiedliche Informationen zuständig. Der eine kümmert sich

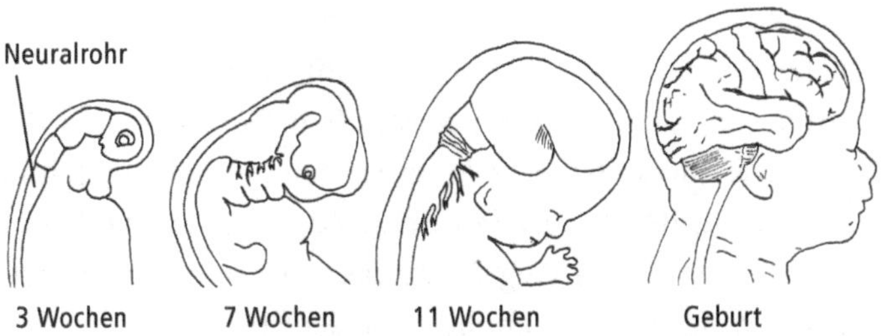

Abb. 2.1: Die Entwicklung des menschlichen Gehirns vom Neuralrohr zum Organ (modifiziert nach Carter 2014).

darum, dass wir senkrechte oder waagerechte Balken sehen, ein anderer codiert die Zeitabläufe von Dingen wie Fahrradfahren oder Suppe kochen und wiederum andere sind aktiv, wenn wir Angst haben, Musik hören oder unwillkürliche Laute ausstoßen. Es arbeiten bei der Verarbeitung von Informationen allerdings immer viele Bereiche zusammen. Gemeinsam sind sie dafür verantwortlich, dass wir uns bewegen, dass wir sehen und fühlen. Manche dieser Hirnstrukturen sind tief im Inneren des Gehirns gelegen, andere gehören zur Hirnrinde. Die *Hirnrinde* (womit ich in diesem Buch immer die Großhirnrinde und nicht die Kleinhirnrinde meine), bezeichnet die eingefaltete graue Schicht von Nervenzellen, die wie ein Mantel die tiefer gelegenen Hirnstrukturen umgibt und die uns auf typischen Hirnbildern wie eine Walnuss erscheint. Die Hirnrinde gilt als Ort besonders komplexer Verarbeitung. Mit ihrer Hilfe können Bilder, Töne, Sprache, Zusammenhänge und Emotionen detailliert erfasst und verarbeitet werden. Dazu später mehr.

Zurück zur Entwicklung. Die junge Nervenzelle (s. Abb. 2.2) hat eine wichtige Aufgabe: Sie muss ein Netzwerk mit vielen anderen bilden. Woher weiß sie, mit wem? Wie einem Erstklässler am ersten Tag in der neuen Schule stehen der Zelle viele potentielle Kameraden zur Verfügung. Mit welchen der anderen Zellen soll sich ihr informationsweiterleitender Fortsatz, ihr Axon, verbinden? Es soll ja nicht die Augenzelle mit der Nasenzelle verbunden werden, und schon gar nicht mit der des großen Zehs. Zunächst einmal bahnt sich das Axon seinen Weg durch das Gehirn und sucht sich grob das Zielgebiet, – so ähnlich, wie der Erstklässler den Gebäudetrakt mit dem Klassenraum. Dieser Vorgang wird genetisch gesteuert. Die Gene geben vor, dass an entscheidenden Stellen des sich entwickelnden Gehirns bestimmte Moleküle ausgeschüttet werden, von denen sich das Axon entweder angezogen oder abgestoßen fühlt – als würden Pfeile an der Wand den Weg weisen. Das wachsende Axon navigiert sich mit seinem vorderen Teil, dem Wachstumskegel, durch das Dickicht von Nerven- und Gliazellen und findet bald das Gebiet, in dem seine Gruppe von Zellkameraden bereits wartet.

Eine weitere sehr wichtige Eigenschaft, die ausreifen muss, ist die Auswahl eines bestimmten Botenstoffs. Nervenzellen verwenden chemische Botenstoffe, sogenannte *Neurotransmitter*, um Informationen von einer Zelle an die nächste weiterzuleiten. Sie sind dabei in der Regel auf die Verwendung eines oder weniger Stoffe spezialisiert. Möchte eine Zelle eine Botschaft an die nächste senden, vielleicht, weil herannahende Kissenkonturen erahnen lassen, dass eine schützende Handbewegung nach links oben erforderlich ist, dann werden schnell wirksame Transmitter[1] verwendet, um die Botschaft von einer Zelle an die nächste weiterzugeben und schließlich die Handbewegung auszulösen. Darüber hinaus gibt es *Neuromodulatoren*, die auf größere Bereiche des Gehirns einwirken, etwa Noradrenalin, Serotonin, Dopamin und Acetylcholin. Diese Moleküle werden freigesetzt, wenn das Gehirn merkt, dass irgendein Reiz aus

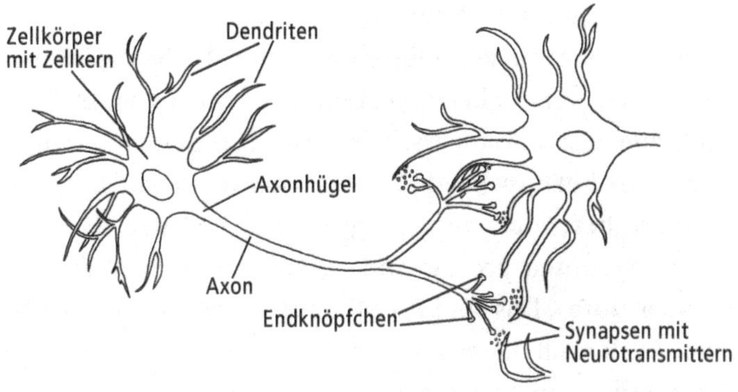

Abb. 2.2: Bei einer beispielhaften idealisierten Nervenzelle werden die Informationen in Form elektrischer Erregung entlang des Axons in Richtung der nächsten Zelle transportiert. Chemische Moleküle wie Glutamat oder Dopamin werden in den synaptischen Spalt hinein freigesetzt, binden an passende Rezeptoren der Zielzelle und führen dazu, dass auch in der Zielzelle eine elektrische Erregung entsteht und die Information codiert.

der Umwelt oder aus dem eigenen Körper besonders wichtig ist, etwa, weil ihm klar wird, dass es sich doch nicht um das erwartete Kirschkernkissen handelt, sondern um die zuvor nur nachlässig verschnürte Windel, die mit hoher Geschwindigkeit aus Kinderhand auf unser Gesicht zurauscht. Diese Reize erfordern, dass nicht nur einzelne Nervenzellen ihre Aktivität ändern, sondern dass der ganze Körper blitzschnell reagiert, man wachsam wird und bereit ist, sofort zu handeln. Die Stoffe werden dann von jeweils einer kleinen Gruppe Nervenzellen produziert und nicht nur an einer einzigen Synapse, sondern gleichzeitig in verschiedenen Bereichen des Gehirns freigesetzt. Ihre Wirkung kann unser gesamtes Fühlen, aber auch unser Denken, Wollen und Verhalten beeinflussen.

Nun ist die junge Nervenzelle am Ort ihrer Berufung und

hat einen bestimmten Neurotransmitter, über den sie mit anderen Nervenzellen kommunizieren kann. Riesige Netzwerke miteinander verschalteter Nervenzellen bilden sich. Im letzten Drittel der Schwangerschaft beginnt eine noch weit über die Geburt hinausgehende Phase, in der die *Neubildung von Synapsen* besonders ausgeprägt ist. Man schätzt, dass fast 40 000 Synapsen pro Sekunde gebildet werden (Tau und Peterson 2010). Das sind 2,4 Millionen Synapsen in der Minute! Auch nach dieser Periode entstehen zahlreiche Synapsen, allerdings nicht mehr in einem vergleichbaren Umfang. Nun könnte man meinen, je mehr die Synapsen miteinander verschaltet werden, desto ausgereifter und klüger würde das Gehirn. Das ist nicht ganz richtig, denn in einem weiteren sehr wichtigen Prozess wird die Anzahl der Synapsen wieder vermindert. Einer zunächst nachlässig ausschweifenden Überproduktion folgt eine umfangreiche und strukturierte *Beseitigung* vieler Synapsen. So, wie der Erstklässler am ersten Schultag noch eine ganze Reihe potentieller bester Freunde begrüßt, geht auch die Zelle erst einmal Verbindungen mit allen möglichen in Frage kommenden Zellen ein, um sich dann auf einige wenige zu konzentrieren. Je nach Hirnregion tritt die Synapsenbeseitigung im Verlauf von Kindheit oder Jugend auf.

Wie im Klassenzimmer sind es die Erfahrungen, die darüber entscheiden, welche Verbindungen erhalten werden. Gemeinsam mit den Genen bestimmen sie dadurch, wie sich das Gehirn entwickelt.

2.1 Gene und Erfahrungen beeinflussen die Hirnentwicklung

In der Entwicklung des Gehirns liefern die Gene zunächst einen Bauplan für ein grobes Verschaltungsmuster der Nervenzellen. Anschließend entscheiden die Erfahrungen, welche Verbindungen aufrechterhalten werden. Die Verbindungen, die aufgrund der Erfahrungen immer wieder genutzt werden, werden stabilisiert. Ungenutzte Verbindungen werden beseitigt. Sie würden nur unnötig im Weg sein oder gar Energie verbrauchen. *Use it or lose it!*

Die anfänglich übermäßige Verschaltung spiegelt dabei den Umstand wider, dass das Gehirn darauf vorbereitet ist, sich in seiner Entwicklung den Bedürfnissen des Menschen in seiner ganz speziellen Umwelt *anzupassen*. Es werden nur diejenigen Verbindungen aufrechterhalten, die in der jeweiligen Umwelt benötigt werden.

Die Periode, in der ein übermäßig verschaltetes Netzwerk von Nervenzellen darauf wartet, entsprechend den Umwelterfahrungen stabilisiert und angepasst zu werden, stellt eine *sensible Periode* dar, innerhalb derer Erfahrungen einen besonders tiefgreifenden Einfluss auf die Entwicklung haben und in manchen Fällen sogar unbedingt benötigt werden. Allerdings findet in dieser Zeit nicht ausschließlich ein Abbau von Synapsen statt. Auch zusätzliche Verbindungen werden geschaffen. Das ganze System ist vorübergehend auf Veränderung durch Nutzung, auf Lernen durch Erfahrungen, d.h. auf Plastizität ausgelegt.

Die Diskussion um sensible Perioden des Lernens brachte viele Eltern dazu, ihre Kinder möglichst früh mit allen möglichen Aktivitäten und Unterrichtseinheiten von der Violine bis zur chinesischen Sprache zu konfrontieren, um das junge und formbare Gehirn möglichst effektiv mit neuen Informationen zu füttern. Ob dies aus neurobiologischer Sicht sinnvoll ist, werde ich später diskutieren (6.4).

In dieser frühen Zeit der Herausbildung von Nervenzellnetzwerken ist nicht nur wichtig, wer sich auf der Ebene der Hirnrinde mit wem verschaltet, sondern auch, wie diese Verschaltung zukünftig von den *Neuromodulatoren* beeinflusst wird. Ist in der Umgebung etwas besonders wichtig, dann sind sie es, die uns im Angesicht einer nachlässig verschnürten fliegenden Windel wachsam machen oder uns motivieren, etwas zu unternehmen (»unbedingt vorsichtig fangen!« oder »ducken!«). Frühe Erfahrungen können Einfluss darauf nehmen, in welchem Ausmaß Nervenzellen, die diese Stoffe freisetzen, ihre Fortsätze in andere Hirnbereiche senden und ob auf den Zielzellen eine hohe oder geringe Anzahl von Bindungsstellen für diese Stoffe ausgebildet wird. Bei dem einen wirken die Stoffe, beispielsweise Stresshormone, daraufhin mehr, bei dem anderen weniger. Der eine läuft im Angesicht eines Berges von Herausforderungen zu Hochtouren auf, der andere wird nervös, sobald er im Supermarkt sein Früchtemüsli nicht findet. Bei anderen Stoffen wie Serotonin oder Oxytocin funktioniert es genauso. Auch sie können mehr oder weniger intensiv wirken. Über einen solchen prägenden Mechanismus können frühe Erfahrungen ganz erheblich unser späteres Verhalten beeinflussen.

Die Anpassung des Nervenzellgerüsts an die jeweilige Umwelt beginnt beim Menschen bereits *vor* der Geburt. Gelegentlich betonen Medienberichte diese vorgeburtliche Prägung und beziehen sich dabei auf Vorlieben im Bereich der klassischen Musik oder der Muttersprache. Viel wesentlicher sind aber emotionale Erfahrungen – und zwar die der Mutter. Angst oder auch Stress der schwangeren Mutter können langfristige Auswirkungen auf das Ungeborene und sein späteres Verhalten haben (s. 3.2). Ob nun vor der Geburt oder früh nach der Geburt – unsere speziellen frühen Erfahrungen beeinflussen gemeinsam mit unseren Genen unsere Gehirnentwicklung und unser späteres Verhalten. Zusammen legen diese beiden Faktoren fest, wie wir auf die Umwelt reagieren und wie wir unseren inneren Zustand regulieren können. Aber wie können Gene und Erfahrungen im Gehirn zusammenarbeiten?

Gene und Erfahrungen arbeiten zusammen

Menschen sind verschieden. Sie haben unterschiedliche Eigenschaften, Gewohnheiten und Empfindlichkeiten. Die einen sind ängstlich, die anderen draufgängerisch. Aber ist der Mensch nun ängstlich, weil er in der frühen Kindheit ängstigende Erfahrungen machte? Oder hat er diese Eigenschaft aufgrund seiner Gene? Ist der Mensch klug, weil er die Gene seiner klugen Mutter erbte, oder weil er von seinen klugen Eltern erzogen und ausgebildet wurde? Sind die Gene oder die jeweilige Umwelt für die Entwicklung des Einzelnen, für die Reifung seines Gehirns und die Ausbildung einer Persönlichkeit von größerer Bedeutung?

Diese Frage gehört zu den großen Menschheitsfragen und beschäftigt bereits seit vielen Jahrhunderten zahlreiche große Denker und Forscher. Es ging hin und her, man spekulierte und debattierte. Noch in der ersten Hälfte des vergangenen Jahrhunderts wurden in den verschiedenen Disziplinen sehr einseitige Positionen vertreten, in der Lernpsychologie z. B. durch den Psychologen John B. Watson.

Zitat: »Man gebe mir ein Dutzend gesunder Säuglinge und eine von mir gestaltete Umwelt, um sie aufzuziehen, und ich würde garantieren, dass ich jeden trainieren könnte, zu jeder beliebigen Spezialität – Arzt, Anwalt, Künstler, Händler und, ja sogar Bettler und Dieb, unabhängig von seinen Talenten, Tendenzen, Fähigkeiten, Berufungen und der Rasse seiner Vorfahren« (Watson 1930; Übersetzung nach Asendorpf 2007).

In heutiger Zeit weiß man, dass der Mensch nicht ein solch unbeschriebenes, und vollständig durch Erfahrungen gelenktes Blatt ist. Ebenso wie es verschiedene Ausprägungen der Gene für die Haarfarbe gibt, die den einen Menschen blond und den anderen brünett aussehen lassen, treten auch die Gene für Moleküle des Hirnstoffwechsels in verschiedenen Varianten auf. Diese wiederum können ebenfalls das emotionale Erleben und das soziale Verhalten eines Menschen beeinflussen.

Inzwischen hat sich aufgrund zahlreicher Studien die Ansicht durchgesetzt, dass die menschliche Persönlichkeit das Ergebnis von Genen *und* Umwelt ist.

Aus der Forschung: Es ist manchmal schwierig, die verschiedenen Einflüsse sauber herauszuarbeiten. Wird etwa beobachtet, dass liebevolle Eltern selbstbewusste Kinder haben und deshalb darauf geschlossen, dass Selbstbewusstsein Folge einer positiven Umwelt ist, könnten theoretisch auch die gleichen Gene, welche Eltern liebevoll erscheinen lassen, beim Kind zu Selbstbewusstsein führen. Ebenso kann das antisoziale Kind einer wenig feinfühligen Mutter deren Gene geerbt haben und deshalb antisozial sein. Eine häufig verwendete Methode zur differenzierten Untersuchung der Einflüsse von Genen und Umwelt sind Zwillingsstudien. Wachsen etwa eineiige Zwillinge (mit gleichen genetischen Informationen) und zweieiige Zwillinge (mit unterschiedlichen genetischen Informationen, wie bei normalen Geschwistern) in derselben Umwelt auf, kann man aus dem Ausmaß ihrer Ähnlichkeit in einem bestimmten Merkmal auf den genetischen Einfluss schließen. Ist die Übereinstimmung bei den eineiigen Zwillingen größer als bei den zweieiigen, wie es etwa für die Nasengröße oder die Haarfarbe gegeben ist, dann folgert man daraus, dass die Gene ausschlaggebend sind. Sind sich aber eineiige und zweieiige Zwillinge in einem bestimmten Merkmal gleichermaßen ähnlich, dann kombiniert man, dass der genetische Einfluss nicht so stark ist und das Merkmal eher durch Umwelteinflüsse gelenkt wird. Dies wird etwa für Bindungssicherheit (s. Kapitel 4) angenommen: Zwillinge haben oft das gleiche Bindungsmuster. Das Ausmaß der Übereinstimmung ist für eineiige Zwillinge nur geringfügig höher, so dass hier ein erheblicher Umwelteinfluss vermutet wird (O'Connor und Croft 2001).

Diskutiert wird allerdings noch immer über den Anteil, den die Gene und die Umwelt an der Entstehung einer bestimmten Eigenschaft, etwa Intelligenz, Gewissenhaftigkeit, Verträglichkeit oder Aggressivität, haben. Aufgrund der Ergebnisse der Zwillingsstudien schätzt man, dass bei fast allen menschlichen Eigenschaften 40–60 % der Unterschiede in dieser Eigenschaft durch Vererbung erklärt werden können (Bakermans-Kranenburg und Van IJzendoorn 2015).[2]

Heutzutage weiß man auch, dass der Mensch nicht die Summe seiner Gene und der Umwelt ist, sondern dass verschiedene Wechselwirkungen zwischen diesen beiden Faktoren auftreten. Das bedeutet einerseits, dass Gene beeinflussen, welche Auswirkungen Erfahrungen haben. Andererseits können Erfahrungen festlegen, welche Gene wirksam werden. Diesen Zusammenhang werde ich auf den nächsten Seiten als Prinzip erläutern. In Kapitel 3 und 4 werde ich an Beispielen verdeutlichen, wie in einer Wechselwirkung der Gene und der Umwelt die kindliche Persönlichkeit entsteht.

Gene beeinflussen die Auswirkungen von Erfahrungen

Gene beeinflussen nicht nur emotionale und soziale Eigenschaften eines Menschen, also ob er ängstlich oder mutig, in sich gekehrt oder extravertiert ist, sondern auch, wie empfindlich der Mensch auf Erfahrungen reagiert – bei einigen Menschen ist der Einfluss von Erfahrungen auf die Persönlichkeit höher als bei anderen. Wichtig ist dies insbesondere dann, wenn die Umwelt nicht optimal ist.

Diese Theorie stellte der Psychologe Jay Belsky 1997 vor. Er nannte sie »*Hypothese der differentiellen Beeinflussbarkeit*« (differential susceptibility hypothesis).[3] Hiernach werden Individuen abhängig von ihren Anlagen in einem unterschiedlichen Ausmaß von den Erfahrungen mit ihrer Umwelt beeinflusst – und zwar im Guten wie im Schlechten. Kinder mit einer besonders beeinflussbaren Veranlagung können mehr als andere von positiven Erfahrungen profitieren, leiden aber auch mehr als andere unter einer negativen Umwelt. In Kapitel 3 werde ich darauf zurückkommen und deutlich machen, welche Veranlagungen dies sind. In Kapitel 4 wird es darum gehen, dass diese Kinder mehr als andere auf sichere Bindungsbeziehungen angewiesen sind.

Der Befund, dass manche Menschen aufgrund ihrer genetischen Ausstattung auf spezielle Erfahrungen stärker oder schwächer mit Prägungen des emotionalen Erlebens oder des Verhaltens reagieren, ist auch an der Entstehung der psychischen Widerstandsfähigkeit, der *Resilienz*, beteiligt. Manche Menschen wachsen unter bedauernswerten Umständen auf oder erfahren in ihrer frühen Kindheit schwere Schicksalsschläge, erholen sich jedoch schnell und sind später durchaus in der Lage, ein einigermaßen glückliches und zufriedenes Leben zu führen, ohne jemals ernsthaft psychisch zu erkranken – sie sind resilient gegenüber den Auswirkungen der frühen Erfahrungen. Das Auftreten von Resilienz wird gelegentlich als Argument dafür angeführt, dass sich der Mensch von schlimmen frühen Erfahrungen erholen kann, wenn er nur will. Frühe extrem negative Erfahrungen könnten keine späteren Verhaltensprobleme entschuldigen (»andere Leute haben auch eine schwierige Kindheit gehabt!«). Leider ist diese Schlussfolgerung ziemlich falsch, da sowohl die genetische Ausstattung als auch das Vorhandensein früher ausgleichender Erfahrungen (etwa eine positive Bindungsbeziehung zu einem Familienmitglied bei gleichzeitiger Misshandlung durch ein anderes) bestimmen, ob jemand resilient auf frühe negative Erfahrungen reagieren kann. Das ist per Willensentschluss kaum mehr zu beeinflussen.

Erfahrungen legen fest, welche Gene wirksam werden – die Epigenetik

Eben ging es darum, wie Gene die Auswirkungen von Erfahrungen beeinflussen. Die zweite Wechselwirkung zwischen Genen und Erfahrungen betrifft die andere Richtung: Erfahrungen beeinflussen die Gene, bzw. legen fest, in welchem Ausmaß die Gene zum Einsatz kommen.

Jede Zelle enthält in ihrem Zellkern den gleichen Genbestand. Welche Gene benötigt werden, unterscheidet sich jedoch von Zelle zu Zelle. Eine Hautzelle des großen Zehs hat andere Funktionen und Eigenschaften als eine Zelle in der Nase oder eine Nervenzelle des visuellen Systems. Und die Nervenzelle des visuellen Systems benötigt andere Proteine als eine Nervenzelle des Stresssystems. Der Körper hat deshalb ein kompliziertes System entwickelt, mit dem Gene an- und auch abgeschaltet werden können. Für jede einzelne Zelle wird präzise reguliert, welche Gene angeschaltet werden und welche Proteine daraufhin hergestellt werden. Das stellt sicher, dass am großen Zeh keine Nasenschleimhaut und von der Nervenzelle keine Hornhaut produziert wird.

Wichtig ist in diesem Zusammenhang, dass *Erfahrungen* in diesen Prozess eingreifen können. Sie können ebenfalls Gene an- oder abschalten, und zwar langfristig.

Im Detail: Es gibt verschiedene Möglichkeiten, die Aktivität der Gene langfristig einzustellen. Eine davon ist die sogenannte Methylierung. Bei diesem Prozess bringen Proteine chemische Markierungen (Methylgruppen) an bestimmte Bereiche der DNA an. Als würden Seiten des Buches geschwärzt oder ein Kaugummi die Seiten der Tageszeitung verkleben. Die DNA kann aufgrund dieser Markierungen nicht mehr abgelesen werden. Die Gene sind abgeschaltet.[4]

Durch diesen Mechanismus wird die Funktion der Gene modifiziert, ohne dass die Gene selbst verändert werden. Man spricht deshalb von einer *epigenetischen* Regulation. In den vergangenen Jahren wurde in zahlreichen Studien belegt, dass verschiedene Umweltbedingungen, von frühen negativen Erfahrungen wie Missbrauch bis hin zu einer fettreichen Ernährung oder Luftverschmutzung, dazu führen können, dass epigenetische Markierungen hinzugefügt oder entfernt werden. Gene werden dadurch an- oder abgeschaltet.

Aus der Forschung: In einem Tiermodell war das Ausmaß epigenetischer Markierungen abhängig vom Grad der mütterlichen Fürsorge. Bei intensiv bemutterten Rattenjungen war ein Bereich der DNA, der für die Herstellung bestimmter Bindungsstellen für Stresshormone wichtig ist, kaum markiert. Bei wenig umsorgten Jungen war er dagegen häufig markiert, und es konnten weniger Bindungsstellen produziert werden. Die Tiere reagierten daraufhin anders auf Stress als die Tiere, die eine intensive Fürsorge erhalten hatten (Weaver et al. 2004).

Inzwischen glaubt man, dass epigenetische Veränderungen unter Umständen von einer Generation an die nächste weitergegeben werden können, nämlich dann, wenn sie in die Keimzellen geraten. Auswirkungen von Erfahrungen mit der Umwelt können über diesen Mechanismus an die Kinder vererbt werden.

Aus der Forschung: Lernen Mäuse, dass einem bestimmten Geruch immer ein leichter Schmerz folgt, dann reagieren sie mit Furcht, sobald sie den Geruch wahrnehmen. Interessanterweise fürchten sich auch deren Nachfahren vor dem Sinneseindruck – ohne jemals selbst die Erfahrung gemacht zu haben, dass dieser Geruch Gefahr bedeutet. Die Furcht vor diesem Geruch wird von vererbten epigenetischen Veränderungen begleitet: Das Gen für einen bestimmten Geruchsrezeptor ist bei den furchtsamen Mäusen vermindert markiert – und zwar bereits im Spermium der männlichen Tiere (Dias und Ressler 2013). Diese Veränderung scheint die Grundlage für die Weitergabe der Furcht vor dem speziellen Geruch zu sein. Die Information über die schmerzhafte Erfahrung muss auf irgendeine noch unbekannte Weise in den Hoden der Maus, dem Aufbewahrungsort für die Keimzellen, gelangt sein und dort die Genveränderung ausgelöst haben. Daraufhin war die Information im Spermium gespeichert, dass es in dieser speziellen Umwelt besser ist, das entsprechende Gen zu aktivieren und mehr von dem Geruchsrezeptor zu produzieren. Dies führte dann dazu, dass nach der Befruchtung, im Zuge der Zellteilung und der Entstehung neuen Lebens, das Gen tatsächlich aktiviert wurde. Die Nachkommen wiesen eine erhöhte Anzahl dieser Geruchsrezeptoren in der Nase auf und reagierten empfindlicher auf den Geruch.

Diesen Prozess der Weitergabe der veränderten Geninformation an die nächste Generation könnte es auch beim Menschen geben – zumindest legen neue Erkenntnisse, etwa aus der Untersuchung von Holocaust-Überlebenden, dies nahe. Es wird angenommen, dass auch beim Menschen Erfahrungen, die Eltern vor der Schwangerschaft machten, über eine Weitergabe der epigenetischen Informationen die Hirnfunktion und das emotionale Erleben der Kinder beeinflussen. Durch diesen Mechanismus könnten negative Auswirkungen von Stress von einer Generation an die nächste übertragen werden.

Aus der Forschung: Menschen, deren Vorfahren infolge der Konfrontation mit dem Holocaust eine posttraumatische Belastungsstörung (PTSD) entwickelten, haben ein größeres Risiko, selbst an der PTSD oder Depressionen zu erkranken. Zudem ist bei ihnen die Stresshormon-Freisetzung verändert.

Nun wurde gezeigt, dass sowohl bei den Holocaust-Opfern als auch bei deren Nachkommen ein für das Stresssystem wichtiges Gen epigenetisch markiert war. Darüber hinaus stand die Gen-Veränderung bei den Nachkommen in einem Zusammenhang mit dem Ausmaß der Stresshormon-Freisetzung. Die Wissenschaftler folgern, dass der elterliche Stress vor der Schwangerschaft das Stresssystem der Nachkommen dauerhaft beeinflusst hat und dass dieser Einfluss in Form epigenetischer Markierungen gespeichert wird (Yehuda et al. 2015).

Aus evolutionärer Sicht ist die Beeinflussung der Genaktivität durch Erfahrungen ein sinnvoller Mechanismus zur schnellen Anpassung eines Organismus an seine spezielle Umwelt. Eine Generation kann so Informationen über die wichtige Bedeutung bestimmter Umweltreize an die nächste weitergeben, so dass diese mit ihren Reaktionen optimal vorbereitet ist. Diese epigenetische Anpassung des Menschen und seiner Nachkommen an die Reize seiner speziellen Umwelt umfasst verschiedene Bereiche von der Anpassung an die Verfügbarkeit der Nahrung bis hin zur Einstellung des Stresssystems als Antwort auf eine Umwelt mit hohen oder nur niedrigen Anforderungen. Wird eine belastende Umwelt prophezeit, muss das Stresssystem besonders leistungsfähig sein. Wie dargestellt, kann dies andererseits aber auch bedeuten, dass beim Auftreten extrem negativer Erfahrungen, z.B. Misshandlungen oder auch Naturkatastrophen, nicht nur die Traumatisierten selbst, sondern auch ihre Nachkommen die Auswirkungen dieser Belastungen zu spüren bekommen. Die generationsübergreifende Weitergabe epigenetischer Informationen kann daran beteiligt sein, dass gewisse psychische Erkrankungen oder Verhaltensstörungen häufig von einer Generation an die nächste weitergegeben werden und z. B. antisoziales Verhalten in manchen Familien hartnäckig fortbesteht (s. 5.4).

Take Home: In den ersten Lebensjahren geben Gene zunächst ein grundsätzliches Verschaltungsmuster vor. Anschließend bestimmen Erfahrungen, welche Verschaltungen langfristig aufrechterhalten werden. Gene legen zudem fest, welche Auswirkungen Erfahrungen haben und hiermit auch, dass nicht jeder Mensch gleichermaßen von Erfahrungen beeinflusst wird. Erfahrungen wiederum modulieren die Umsetzung der Gene und können hierdurch daran beteiligt sein, dass bestimmte Eigenschaften von einer Generation an die nächste weitergegeben werden.

2.2 Emotionales Fundament, flexibler Aufbau

Schauen wir einmal nach innen und versuchen, unser Inneres introspektiv zu erfassen. Wie würden wir das, was wir sehen, beschreiben?

In unserem Alltag erleben wir uns als denkende, schlussfolgernde, schreibende, rechnende Menschen. Vernünftig, orientiert, reflektiert. In diesem Abschnitt möchte ich das Gehirn als emotionales Wesen vorstellen. Ich möchte zeigen, dass es die tief im Inneren des Gehirns erzeugten Emotionen sind, die unsere Wahrnehmungen, unser Verhalten und unser Denken anleiten: Überraschung, Glück, Verachtung, Wut, Ekel, Furcht, Traurigkeit, Neid, Stolz, Scham und weitere.

Was sind aber überhaupt Emotionen? Definiert wird eine Emotion als ein Muster von Veränderungen im Körper, die als Antwort auf eine persönlich bedeutsame Situation erzeugt werden. Dazu gehören körperliche Reaktionen wie der Herzschlag oder der Blutdruck, bewusste Gefühle, aber auch Verhaltensantworten wie Kampf oder Flucht. Bemerkt unser Gehirn irgendeinen bedeutsamen Reiz, etwa einen Geburtstagskuchen, einen nervigen Autofahrer, ein faulig riechendes Ei oder einen Schatten hinter uns, dann werden unbewusst und automatisch tief im Inneren des Gehirns Nervenzellen aktiv und geben Anweisungen an andere Bereiche unseres Gehirns bzw. an unsere Organe. Ob wir wollen oder nicht: Ein Gefühl kommt über uns. Freude, Wut, Ekel, Angst. Wir verhalten uns entsprechend, nicht immer, aber oft. Wir wenden uns angeekelt ab, wenn die Nahrung faulig riecht und laufen verängstigt weg, wenn der Schatten seine Hände nach uns ausstreckt.

Die Gehirnbereiche, die an der Verarbeitung von Emotionen beteiligt sind, werden zusammen als *limbisches System* bezeichnet. Dazu gehören Nervenzellstrukturen tief im Inneren des Gehirns ebenso wie einige Nervenzellen mittiger Bereiche der vorderen Hirnrinde (s. Abb. 2.3).

Erzeugt werden die den Emotionen zugrunde liegenden neuronalen Prozesse von tief im Gehirn gelegenen Strukturen, etwa der Amygdala oder dem Nucleus accumbens. Ohne dass wir es bewusst mitbekommen, entdeckt unser Gehirn die bedeutsamen Umweltreize und wirft die Maschinerie an. So geht die Amygdala online, wenn ich abends beim Lesen im Augenwinkel ein achtbeiniges, womöglich haariges Wesen auf meiner Decke ertappe. Gelingt es mir, meinen Mut zusammenzunehmen und das Ding nach draußen zu befördern, dann jubelt mein Nucleus accumbens über das Gefühl der Belohnung: Ich habe es geschafft! Dabei freut sich der

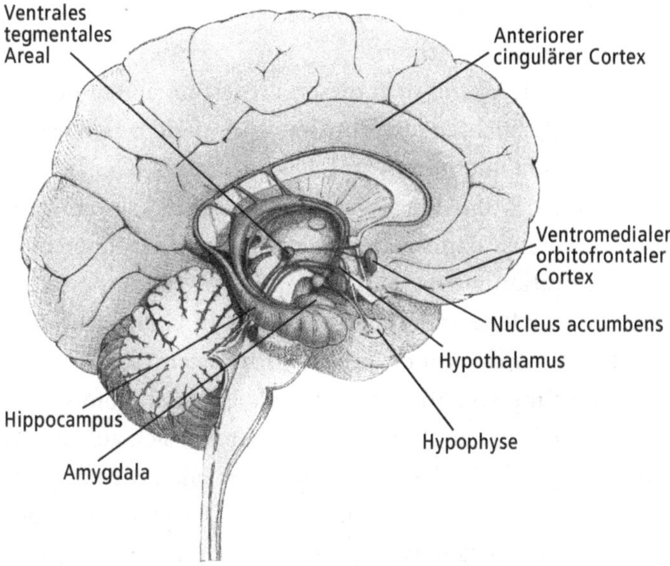

Abb. 2.3: Limbisches System – nur ausgewählte Strukturen wurden bezeichnet. Erläuterungen im Text (verändert nach Spektrum/Scientific American 2004).

Nucleus accumbens sowieso schon den ganzen Abend. Seine Aktivität begleitete den Genuss des köstlichen Abendessens ebenso wie das Hören der schönen Musik danach. Und über das Glas Rotwein konnte er sich gar nicht wieder einkriegen.

Das, was wir als Emotion, als bewusstes Gefühl wahrnehmen, ist die Abbildung des körperlichen Zustands auf der Ebene der Hirnrinde: Den emotionalen Regionen der Hirnrinde wird zurückgemeldet, was im Körper und den übrigen Hirnbereichen vor sich geht und diese Rückmeldung wird uns wohl aufgrund der ziemlich exakten Gleichzeitigkeit der elektrischen Aktivität der beteiligten Nervenzellen irgendwie bewusst. Die bewussten Gefühle erlauben uns, die Inhalte unserer komplizierten Welt im Detail zu erfassen, zu ordnen, sie miteinander in Beziehung zu setzen und unser Verhalten flexibel daran auszurichten.

Verdeutlichen kann man diesen Prozess an einem besonders gut untersuchten emotionalen System: dem Furchtsystem. Geschieht in unserer Umwelt etwas, das auf Gefahr hindeutet, wie z. B. das Erscheinen des haarigen Wesens oder eines Schattens, dann gelangen die Sinnesreize über eine Zwischenstation zur erwähnten *Amygdala.* Diese Struktur setzt verschiedene andere Hirnbereiche in Gang, etwa den Hypothalamus, der seinerseits das Stresssystem aktiviert und die Freisetzung von Stresshormonen veranlasst. Sofort werden wir hellwach, und unser Körper bereitet sich auf Kampf oder Flucht vor. Die Nervenzellen teilen blitzartig den verschiedenen Körperorganen mit, was zu tun ist (»@ Herz: der Körper muss möglicherweise gleich weglaufen, bitte schneller schlagen!«, »@ Augen: Ich muss jetzt alle Hinweise meiner Umgebung beachten, Pupillen bitte erweitern!«, »@ Darm: Energie wird anderweitig benötigt, Verdauungstätigkeit bitte vorübergehend einstellen!«).

Der Körper wird dadurch leistungsfähiger. Diese Anpassung des Körpers an erhöhte Anforderungen der Umwelt wird *akute Stressreaktion* genannt. Das was wir im Alltag gequält als Stress bezeichnen, ist hingegen unkontrollierbarer oder *chronischer Stress* – der Körper kann die erhöhten Anforderungen nicht mehr bewältigen oder sich von einer dauerhaft erhöhten Belastung nicht mehr erholen.

Bemerken wir die haarige Spinne, so bewirkt die von der Amygdala ausgelöste schnelle Stressreaktion, dass wir blitzschnell und ohne Nachdenken handeln. Wir weichen zurück. Wir überlegen uns nicht: »Herrje, da ist ja eine haarige und große Spinne, da weiche ich doch lieber etwas zurück, damit sie mir nicht wehtut«. Nein, wir reagieren automatisch und schnell.

Gleichzeitig wird das Bild der Spinne von den Augen über das Zwischenhirn an die Hirnrinde geschickt. Dieser Weg dauert einige Bruchteile von Sekunden länger. Nun wird uns die Bedrohung bewusst, begleitet von einem Gefühl der Furcht. Das Bild der Spinne wird auf der Ebene der Hirnrinde im Detail verarbeitet und analysiert. Es wird mit Wissen und Erfahrungen abgeglichen, so dass wir angemessen reagieren können. Bemerken wir, dass die haarige Spinne an einem Schlauch mit einem Blasebalg und einem sich vor Lachen kringelnden Kind am anderen Ende hängt, hemmt die Hirnrinde die tief gelegenen Nervenzellen. Wir erholen uns von der Furcht.

Das Gehirn hat sich mit der ersten, unüberlegten aber schnellen Reaktion auf bedrohliche Reize ein Mittel erhalten, das schon vielen Menschen das Leben gerettet hat: Für das Überleben des Menschen ist es sinnvoller, zehn Mal vor einer Spielzeugspinne oder einem kleinen Ast auf dem Boden zurückgewichen zu sein als einmal nicht rechtzeitig auf eine Giftspinne oder eine Schlange reagiert zu haben (s. Abb. 2.4).

Andere emotionale Zustände werden von anderen Netzwerken im Gehirn produziert. Und immer sind eine ganze Menge verschiedener Stoffe beteiligt, die als Antwort auf das, was in der Welt oder in uns drin vor sich geht, ausgeschüttet werden: Die Neuromodulatoren. *Dopamin* teilt uns mit, dass ein bestimmtes Verhalten mit einer Belohnung einhergehen könnte: Es hat eine motivierende Wirkung auf uns. Laufen wir zum Bäcker, um Brötchen zu holen, oder kämpfen wir uns beim Joggen in Richtung Bestzeit, dann ist es das Dopamin, welches wie eine Wurst den Hund unser Handeln antreibt: »Los, mach! Es gibt Belohnung!« *Serotonin* ist der Gegenspieler. Es fördert unsere Zurückhaltung, wenn es besser ist, nichts zu tun. Hierdurch vermindert es auch depressives Grübeln und impulsives aggressives Verhalten: »Lass gut

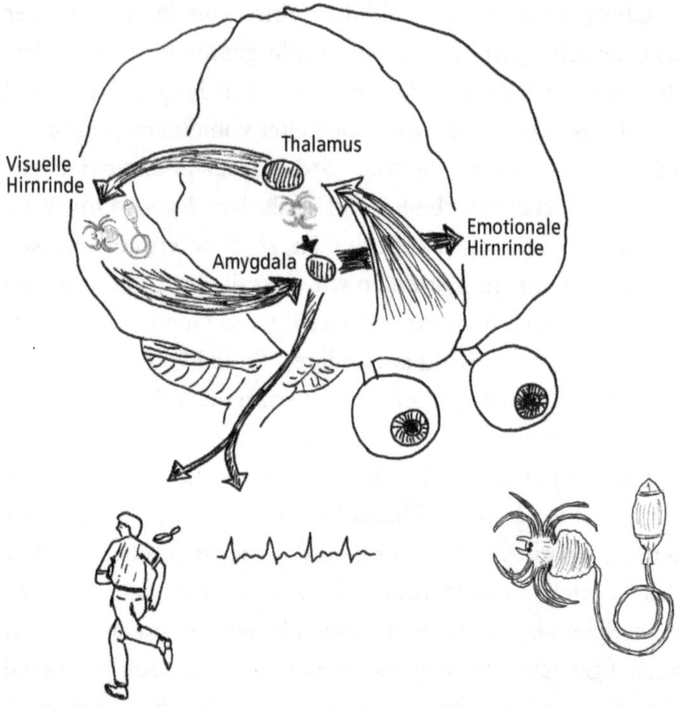

Abb. 2.4: Der schnelle und der langsame Weg bei der Verarbeitung von Furchtreizen. Informationen über emotionale Reize werden auf dem schnellen Weg über Thalamus und Amygdala zunächst undeutlich wahrgenommen und führen zu automatischen emotionalen Reaktionen. Einige Sekundenbruchteile später gelangen die Informationen über den emotionalen Reiz zur visuellen Hirnrinde, wo sie detailliert analysiert und mit Kontextinformationen abgeglichen werden. Hier wird erkannt, dass die »Spinne« mit einem Blasebalg verbunden und somit nicht von lebensgefährlicher Bedeutung ist (verändert nach LeDoux 1998).

sein!« Ist etwas emotional wichtig, kann *Noradrenalin* unsere Wachsamkeit und die Einspeicherung des Ereignisses fördern. Das Noradrenalin ist dafür verantwortlich, dass wir genau wissen, wo wir waren und was wir dachten, als wir von dem verheerenden Anschlag am 11. September 2001 erfuhren, uns aber nicht an das Mittagessen vom letztem Sonntag erinnern können. *Acetylcholin* wiederum bewirkt, dass wir bei dem, was wir machen, mit unserer Aufmerksamkeit auch dabeibleiben und uns nicht ablenken lassen. Suchen wir unser eigenes Kind im Gewusel des Spielplatzes, dann bestärkt uns das Acetylcholin, so lange alle grünen Mützen durchzugehen, bis einem das Gesicht darunter bekannt vorkommt (für eine ausführliche Darstellung siehe Roth und Strüber 2014).

Viele weitere Moleküle sind an dieser Zustandsänderung des Körpers beteiligt. *Körpereigene Opioide* (opium-ähnliche Stoffe wie z.B. Endorphine) führen zu einem Wohlgefühl, wenn wir eine Belohnung erhalten haben und vermindern das Empfinden von Schmerz und sozialer Ablehnung, wenn es mal nicht so gut läuft. Das Erleben von *Stress* führt zu einer ganzen Kaskade freigesetzter Stoffe, die uns leistungsfähiger machen, z.B. Corticotropin freisetzender Faktor (CRF) oder Cortisol. *CRF* macht uns ebenso wie Noradrenalin wachsamer. Anstatt interessiert und entspannt unsere Umwelt zu betrachten, scannen wir sie vorsichtig auf potentielle Gefahren. Auf Stolperfallen oder rüpelige andere Kinder im Klettergerüst etwa. Ist der Stress anhaltend, etwa, weil wir einen Vortrag halten müssen oder auf dem Spielplatz unser Kind partout nicht lokalisieren können, so wird über eine Reaktionskette vom Hypothalamus über die Hypophyse bis zur Nebennierenrinde die Substanz Cortisol in die Blutbahn freigesetzt. *Cortisol* führt zu einer Mobilisation zusätzlicher Energie – es werden Speicherstoffe in Traubenzucker umgewandelt und es wird veranlasst, dass der Zucker in ausreichendem Maße in das Gehirn gelangt. Das Gehirn wird versorgt, damit es angemessen mit dem Stress umgehen kann. Zudem wirkt Cortisol auf die Nervenzellen selbst ein und bringt gemeinsam mit den anderen Stressmolekülen die verschiedenen emotionalen

Bereiche des Gehirns dazu, zusammenzuarbeiten, um den Stress zu bewältigen. Anderen Hirnregionen wird mitunter Sendepause verordnet. Hatten wir die Spielplatzzeit genutzt, unsere Wochenplanung zu optimieren, so wird im Falle eines nicht lokalisierbaren Kindes die Kapazität dafür zuständiger Hirnregionen sofort vermindert. Die Aufmerksamkeit wird voll und ganz auf das Problem »Kind suchen« ausgerichtet. Das mag auch erklären, warum wir nicht merken, dass wir uns bei der mentalen Suche nach unserem Kind langsam und stetig den lauwarmen Cappuccino über die weiße Jeans gießen – das Gehirn muss Prioritäten setzen.

Erfahren wir dagegen vertrauensvolle soziale Kontakte, so wird die Substanz *Oxytocin* ausgeschüttet. Die liebevolle Interaktion zwischen Eltern und Kind etwa wird von einer Oxytocin-Freisetzung begleitet. Hierdurch werden Vertrauen und empathisches Mitempfinden ebenso verstärkt wie soziale Fähigkeiten, z.B. das Erkennen von Gefühlen an der Mimik des anderen. Das Stresssystem hingegen wird gehemmt. Aufgrund seiner speziellen Eigenschaften wird das Peptid Oxytocin auch als »Bindungshormon« bezeichnet. Hierzu später mehr.

Jede Emotion hat einen unterschiedlichen Fingerabdruck im Gehirn, und immer sind nicht nur verschiedene Stoffe, sondern auch viele Hirngebiete beteiligt Von Sekunde zu Sekunde ändert sich das Muster ausgeschütteter Substanzen und aktivierter Netzwerke von Nervenzellen – je nachdem was gerade anliegt. Ohne dass wir dies bewusst steuern können, werden in der Begegnung mit bedeutsamen Reizen – wie der haarigen Spinne, einem wunderschönen Geburtstagskuchen oder dem eigenen hilfesuchenden Kind – zunächst in den Tiefen unseres Gehirns automatische Reaktionen in Gang gesetzt. Programme werden gestartet. Ein Furchtprogramm, ein Ekelprogramm oder auch Freude, dann, wenn wir endlich schöne Schuhe finden oder eine unerwartet hohe Summe auf dem Kontoauszug bemerken. Erst danach beginnt das bewusste Nachdenken über diese Reize und ihren Kontext. Erst dann können wir flexibel reagieren, können die Bedeutung des Reizes abwägen. Erst dann stellen wir fest, dass die Schuhe nicht zur Hose passen und vor der Summe ein rotes Minus steht. Und dass Spinnen in Kombination mit Schlauch, Blasebalg und Kind ungefährlich sind.

Das Prinzip »Emotion vor Kognition« oder, etwas populärer ausgedrückt, »erst fühlen, dann denken«, gilt bereits in der *Entwicklung*. Hirnregionen, die für einfache und automatische, für überlebensnotwendige emotionale Reaktionen verantwortlich sind, reifen vor denen, die kognitive Inhalte und Flexibilität vermitteln.

Aus der Forschung: Untersucht man die Aktivität des kindlichen Gehirns, indem man mit bildgebenden Verfahren dessen Energieverbrauch misst, dann wird deutlich, dass nicht alle Hirnbereiche im gleichen Alter erste Anzeichen einer hohen Aktivität zeigen. Beim Neugeborenen sind unter anderem der für überlebenswichtige Körperfunktionen und einige Reflexe unerlässliche Hirnstamm sowie einige sensorische und motorische Bereiche der Hirnrinde sehr aktiv, während andere Teile der Hirnrinde noch recht untätig sind. Dies spiegelt das begrenzte Verhaltensrepertoire Neugeborener wider. Ebenfalls früh hochaktiv sind Strukturen des Gehirns, die für emotionale Funktionen bedeutsam sind. Sie scheinen bereits jetzt die Kontaktaufnahme des Neugeborenen mit der Umwelt und seine emotionale Entwicklung zu leiten. Der Säugling ist schreckhaft und bei Bedarf wütend, verzweifelt oder zufrieden. Im Alter von zwei bis drei Monaten beginnen weitere Bereiche der Hirnrinde, aber auch tiefersitzende Strukturen wie die Basalganglien oder das Kleinhirn, äußerst aktiv zu werden und der Säugling entwickelt zunehmend komplexere Fähigkeiten und Gewohnheiten. Das Gehirn bereitet sich nun darauf vor, visuelle Wahrnehmungen und Bewegungen koordinieren zu können. Bald kann der Säugling sich lauten Geräuschen zuwenden oder angebotenes Spielzeug greifen. Erst im Alter von acht bis zwölf Monaten beginnen einige Bereiche der vorderen Hirnrinde verstärkt aktiv zu werden (s. Chugani 1998). Diese Hirnbereiche sind für kognitive Leistungen wie Sprache, aber auch für einige andere Funktionen, etwa für differenziertere Emotionen oder die Wahrnehmung der eigenen Person, zuständig. In diesem Alter beginnen die Kinder, sich vor Fremden zu fürchten, eigene Wünsche zu äußern, die Eltern mit »Mama« und »Papa« anzureden, einfachen Anweisungen zu folgen, Objekte miteinander zu kombinieren oder mit dem Bruder um den hellblauen Schlafanzug zu streiten.

Da verschiedene Hirnbereiche zu unterschiedlichen Zeiten reifen, sind auch die sensiblen Perioden unterschiedlich. Erfahrungen haben insbesondere während der Reifung einen großen Einfluss. Vorgeburtlich beginnt bereits die Prägung unseres Stresssystems, setzt sich aber auch während der Kindheit noch fort. Stress der Mutter während der Schwangerschaft und frühkindlich erlebte Belastungen können das Stresssystem in seiner Entwicklung lenken (s. Kapitel 3.2). Während der ersten beiden Lebensjahre reift das Bindungssystem, das – wie ich in Kapitel 4 ausführen werde – nicht nur unsere langfristige Bindungsfähigkeit, sondern auch unseren Umgang mit Stress prägt. Erfahrungen dieser Zeit können sich auf die Verschaltung der Nervenzellen dieses Systems auswirken und hierdurch einen nachhaltigen Einfluss auf die entsprechenden Fähigkeiten und Eigenschaften haben.

Später, während der Kindheit und der Adoleszenz, reifen andere Hirngebiete aus, etwa solche, die für die Verarbeitung von Motivation, Belohnung und Bestrafung, aber auch für komplizierte kognitive Operationen wichtig sind. In einigen Systemen ist die Reifung selbst im jungen Erwachsenenalter noch nicht abgeschlossen. Teile der vorderen Hirnrinde weisen beispielsweise bis in die frühen Zwanziger noch wesentliche Reifungsprozesse auf. Diese Bereiche sind es, die aktiv werden, wenn wir unsere Emotionen regulieren, Konsequenzen unseres Handelns einschätzen und Prioritäten setzen. Ihre späte Reifung kann so manche Kopflosigkeit erklären, die viele von uns während gewisser Lebensabschnitte befallen hat oder es noch immer tut.

Der Befund, dass emotionale Hirnbereiche früh und vor den kognitiven Regionen reifen,[5] hat zwei wichtige Konsequenzen: Zum einen heißt dies, dass die frühen Erfahrungen insbesondere die grundlegenden emotionalen Funktionen beeinflussen und hierüber langfristige Auswirkungen auf unser Fühlen und Handeln haben. Zum anderen können kompliziertere kognitive Funktionen, wie z. B. Einsicht oder vorausschauendes und flexibles Verhalten, wirklich erst dann erwartet werden, wenn die entsprechenden Hirnareale einigermaßen reif sind – und das kann manchmal dauern. Dem entsprechend ist ein Kleinkind, dem noch nicht so ganz klar ist, dass man einen Wäschekorb mit gebügelten Oberteilen nicht die Treppe hinunterwirft, nicht unbedingt ein schlechtes Kleinkind – wenn das auch nicht heißt, dass man ihm das Wäschekorb-die-Treppe-Hinunterwerfen nicht abgewöhnen sollte.

Zur Verdeutlichung dieses Reifungsprinzips »Emotion vor Kognition« und dessen Auswirkungen auf die menschliche Persönlichkeit haben Gerhard Roth, Manfred Cierpka und ich in verschiedenen Veröffentlichungen das *4-Ebenen-Modell der Persönlichkeit* beschrieben (z. B. Roth und Strüber 2014). Die Persönlichkeit entwickelt sich diesem Modell zufolge auf vier verschiedenen Ebenen des Gehirns: Der unteren, mittleren und oberen limbischen sowie der kognitiv-sprachlichen Ebene. Die Ebenen umschreiben die in verschiedenen Entwicklungsperioden reifenden Strukturen des Gehirns mit ihren unterschiedlichen Funktionen.

Die untere limbische Ebene

Die untere limbische Ebene umfasst tief im Gehirn angesiedelte Strukturen wie den Hypothalamus, zentrale Bereiche der Amygdala, das zentrale Höhlengrau (hierbei handelt es sich übrigens um eine Hirnstruktur und nicht die Herberge eines Ungeheuers) sowie im Hirnstamm gelegene Zentren. Diese Hirnregionen sind für die Regulation lebenswichtiger Funktionen wie Atmung, Kreislauf, Schlaf-Wach-Rhythmus, Nahrungsaufnahme und Temperatur wichtig. Sie steuern die Freisetzung von Noradrenalin und Serotonin und leiten in bedeutsamen Situationen *überlebensnotwendige angeborene Verhaltensweisen*, etwa Flucht und Aggression ein. Auf dieser Ebene wird das automatische Zurückweichen vor der großen Spinne ausgelöst, hier hat der Aufschrei des Ekels, der uns beim Anblick einer verschimmelten Frikadelle unwillkürlich entfährt, seinen Ursprung und hier entsteht das impulsive aggressive Verhalten, das man gelegentlich beobachten kann, wenn man den einen oder anderen Mitmenschen zu lange ansieht (»Was guckst Du?«). Übergeordnetes Ziel dieser Ebene ist es, unser Überleben zu sichern und unsere Reproduktion zu gewährleisten. Diese Ebene ist evolutionär alt, d.h. sie war bereits bei unseren frühen tierischen Vorfahren in ähnlicher Form wie bei uns wirksam. Sie steuert unser Verhalten entsprechend den Erfahrungen dieser Vorfahren und nicht etwa im Einklang mit den Errungenschaften der heutigen industrialisierten Gesellschaft. Diese Ebene will Zucker, um für schlechte Zeiten zu lagern, reagiert auf äußerliche Signalreize statt auf innere Werte und weiß manchmal nicht, dass wir es gewohnt sind, zwischenmenschliche Probleme mit kompromissbereiten Verhandlungen zu lösen.

Die untere limbische Ebene entsteht sehr früh im Verlauf der Hirnentwicklung. Geprägt durch die individuellen Gene und die allerfrühesten Erfahrungen bildet sie die Grundlage unseres Temperaments. Sie legt fest, ob wir eher schüchtern und ängstlich oder etwa draufgängerisch und risikobereit sind. Sie gibt vor, dass manche Kleinkinder auf ungewohnte Situationen oder Menschen sofort mit Angst und einer körperlichen Furchtreaktion reagieren. Mit klopfendem Herz laufen sie in die Arme der Mutter, wenn sie in ein fremdes Haus gehen sollen. Andere Kinder verspüren in der gleichen Situation nur Neugier. Sie gehen ohne Hemmungen auf Erkundungstour. Spätere Erfahrungen und Erziehung können die Funktionsweise dieser Ebene nur schwer verändern. Das ängstliche Kleinkind wird mit großer Wahrscheinlichkeit auch als Erwachsener tendenziell ungewohnte Situationen meiden und auf Nummer sicher gehen.

In Kapitel 3 werde ich ausführlich erläutern, welche Erfahrungen es sind, die modulierend auf die Entwicklung der unteren limbischen Ebene einwirken. Dann werde ich erklären, wie die Gene dazu beitragen, dass ein Kind ängstlich oder aggressiv wird und welchen Einfluss vorgeburtlicher Stress der Mutter, Geburtserfahrungen sowie erste Erlebnisse nach der Geburt haben können.

Die mittlere limbische Ebene

Zur mittleren limbischen Ebene gehören vor allem weitere Teile der Amygdala (etwa die sogenannte basolaterale Amygdala), die Basalganglien, der Hippocampus sowie Dopaminfreisetzende Zellen, die Informationen vom ventralen tegmentalen Areal zum Nucleus accumbens (das sogenannte mesolimbische System) senden. Hier werden grundlegende Emotionen wie Furcht, Ekel, Freude und Glück an die persönlichen Lebensumstände gebunden und es kommt zu einem *individuellen emotionalen Lernen*. Auf dieser Ebene wird abgespeichert, welches Verhalten, welche Reize und welche Situationen und Kontexte sich während der Kindheit gut oder schlecht anfühlten und positive oder negative Folgen mit sich brachten. Entwickelt ein Kind eine Aversion gegen Möhren, weil es als Baby jeglichem Ekel zum Trotz Möhrenbrei essen musste, dann ist diese unbewusste Erinnerungspur auf dieser Ebene gespeichert. Ebenso Ängste, die sich als Folge bestimmter Kindheitserlebnisse tief in unser Inneres eingegraben haben und einigen von uns wider alle Vernunft auch im Erwachsenenalter große Angst vor Flugzeugen, Wellensittichen, Gewitter, Verkehr, Nadeln, Federn, Kröten, Clowns, Gemüse, Truthähnen und was es sonst noch alles gibt bescheren.

Positive emotionale Erfahrungen prägen ebenfalls die Ausbildung dieser Ebene. Haben wir früh die Erfahrung gemacht, beschützt und geborgen zu sein, dann ist es diese Ebene, die diese Sicherheit speichert und hierdurch die Grundlage für ein solides *psychisches Fundament* bildet. Die früh angelegten Verbindungen zwischen den Nervenzellen dieser Ebene spiegeln die Fähigkeit wider, anderen Menschen mit Vertrauen und Wohlwollen begegnen zu können. Aber auch feine individuelle Unterschiede, etwa die Art der Bindungsbeziehung, hinterlassen ihre Spuren in den Netzwerken dieser Ebene.

Ferner ist das Wissen über die Bedeutung emotionaler Signale auf der mittleren limbischen Ebene gespeichert. Sprechen wir miteinander, so sind nicht nur die Worte Träger von Informationen. Über den Gesichtsausdruck, den Blick, die Gestik, die Sprachmelodie und die Körperhaltung tauschen wir immer auch emotionale Inhalte aus und nutzen diese Informationen, um richtig reagieren zu können. Stellt eine andere Mutter auf dem Spielplatz fest, dass das Kind einer anderen »ja recht selbstbewusst ist«, dann sind es diese

Signale, die darüber Aufschluss geben, ob der Kommentar schnippisch auf das bossige Verhalten des Kindes abzielt oder ehrliche Bewunderung für die anscheinend gesunde Psyche des Kindes ausdrückt. Auch die zahlreichen Varianten des »Mama!« oder »Papa!«, die tagaus, tagein den elterlichen Alltag begleiten, können mit Hilfe dieser Signale in ihrer Bedeutung unterschieden werden. Die immense Wichtigkeit dieser nicht-verbalen Signale für unsere Kommunikation zeigt sich auch daran, dass wir in heutiger Zeit, in der mehr geschrieben als geredet wird, versuchen, das Fehlen der emotionalen Signale durch den Einsatz von Emojis auszugleichen. Wie fühlt sich mein WhatsApp-Kommunikationspartner in Anbetracht der Tatsache, dass ihm heute etwas Ungerechtes widerfahren ist? Ist er traurig und muss ich ihn trösten? Oder ist er wütend und ich sollte beschwichtigen?

In Kapitel 4 werde ich erklären, wie das auf dieser Ebene gespeicherte Wissen erworben wird und dass es die frühkindlichen *Bindungserfahrungen* sind, die diese Ebene während der frühen Kindheit prägen.

Spätere Änderungen der hier gespeicherten, in der Regel unbewussten Inhalte sind nur schwer möglich und nur dann realistisch, wenn die Mittel zum Zweck emotional ansetzen und langfristig ausgelegt sind. Es wird nicht gelingen, dem Kind die Möhrenphobie zu nehmen, indem man ihm mitteilt, Möhren seien gesund und gar nicht eklig. Stattdessen muss das Kind langsam eine positive Beziehung zur Möhre aufbauen – etwa indem das Möhrenessen ohne Druck immer wieder belohnt wird. Noch schwieriger wird es, wenn man nachträgliche Änderungen am emotionalen Fundament vornehmen möchte. Nur in geduldigen zwischenmenschlichen Beziehungen, z. B. auch in Form von Psychotherapie, können Änderungen des eigenen Modells von Bindung und Sicherheit wirksam werden.

Die obere limbische Ebene

Gelegentlich wird das Geschehen im Gehirn so dargestellt, als würden Emotionen ausschließlich tief im Inneren des Gehirns verarbeitet werden, während die Hirnrinde – das grau-beige Gekräusel, das ein Gehirn wie ein Gehirn aussehen lässt – für das Denken zuständig sei. Das ist falsch, denn die Hirnrinde ist ebenfalls an der emotionalen Verarbeitung beteiligt.

Die obere limbische Ebene umfasst diese emotional bedeutsamen Areale der *Hirnrinde*: den ventromedialen präfrontalen, den orbitofrontalen, den cingulären und den insulären Cortex (nein, die Namen muss man sich jetzt nicht merken!). Während die auf der mittleren limbischen Ebene gespeicherten emotionalen Fähigkeiten, Erwartungen und Bewertungen unbewusster Natur sind, wie z. B. das Vertrauen in die Verfügbarkeit anderer, beinhaltet die obere limbische Ebene auch die Verarbeitung *bewusster* Gefühle und sozialer Bewertungen.

Die obere limbische Ebene ist aktiv, wenn wir grübeln, emotional in uns hineinhorchen oder uns an emotionale Erlebnisse erinnern. Hier ist gespeichert, wie der Körper auf bestimmte emotionale Situationen reagiert. Sie ist dafür verantwortlich, dass wir nochmals Gänsehaut kriegen, wenn wir an ein besonders gefährliches Ereignis unserer Vergangenheit zurückdenken und dafür, dass wir wieder rot werden, wenn wir uns an unser letztes Fettnäpfchen erinnern. Einige Bereiche dieser Ebene kümmern sich zudem darum, ob die jeweiligen Erfahrungen an Belohnung und Bestrafung gebunden waren und ob bei der erneuten Begegnung mit einem ähnlichen Reiz ein Risiko droht. Die obere limbische Ebene ist auch dafür zuständig, die temperamentvollen Kollegen der unteren und mittleren limbischen Ebene, z. B. die Amygdala, zu *hemmen*, wenn im Kontext vergangener Erfahrungen und Erkenntnisse deutlich wird, dass das, was diese Bereiche so schlimm finden, eigentlich ganz harmlos ist – wie z.B. die Spinne am Blasebalg. Die obere limbische Ebene *reguliert* die Emotionen.

Auf dieser Ebene werden die emotionalen Reaktionen der unteren und mittleren limbischen Ebene auch dem *sozialen Umfeld* angepasst. Was machen wir mit unseren emotionalen Tendenzen? Je nach Sozialisation und Erziehung können sie verstärkt oder abgeschwächt werden; Eigenschaften werden ausgelebt oder gezügelt. Ist es gesellschaftlich vertretbar, dass ich im Restaurant meiner Möhrenphobie lautstark Ausdruck verleihe? Oder gewöhne ich mich daran, doch den einen oder anderen Bissen herunterzuwürgen? Erlaubt mein soziales Umfeld, meine Kultur, dass ich anderen gegenüber aggressiv bin? Oder dass ich ehrgeizig meine Ziele verfolge? Nutze ich meine Fähigkeit, empathisch mit anderen Menschen mitzufühlen, um moralisch zu handeln? Wird mein Vertrauen in meine Mitmenschen mit sozialer Integration belohnt oder werde ich ausgenutzt und muss meine Neigung, anderen Menschen zu vertrauen, in manchen Situationen zügeln? Wachse ich in einer brutalen Großstadtsiedlung auf und muss aufkommendes Mitgefühl verdrängen, um selbst nicht vor die Hunde zu gehen? Die Bewertungen auf der oberen limbischen Ebene bilden entsprechend die Grundlage für Freundschaft, Liebe, Hilfsbereitschaft, Machtstreben, Leistungsorientierung und Moral.

Die individuelle Funktion dieser Ebene entwickelt sich in der Kindheit und Jugend entsprechend den jeweiligen sozialen und emotionalen Erfahrungen. Hierbei sind es nicht nur die Erfahrungen mit den Eltern oder den Hauptbetreuungspersonen, sondern auch Erfahrungen mit Gleichaltrigen oder anderen Mitgliedern der Gemeinschaft, die einen prägenden Einfluss auf die entstehende Persönlichkeit haben. Die von dieser Ebene vermittelten Eigenschaften sind durchaus später *veränderbar*, allerdings nur durch soziale und emotionale Erfahrungen, nicht etwa durch sprachliche Anweisungen. Zudem scheinen die späteren Erfahrungen die frühen nur *ergänzen* zu können. Verschaltungen, die sich aufgrund früher negativer Erfahrungen gebildet haben, werden nicht gelöscht, sondern durch neue Verbindungen erweitert. Diese Netzwerke sind aber oft weniger stabil als die früh gebildeten Verschaltungen. Unter Bedingungen erheblichen bzw. chronischen Stresses kann es deshalb zu einem Zurückfallen in alte Muster kommen.

Die kognitiv-sprachliche Ebene

Der kognitiv-sprachlichen Ebene gehören Sprachzentren in der linken Großhirnrinde ebenso an wie ein weiterer Bereich des vorderen Frontalhirns (dorsolateraler präfrontaler Cortex), der das Arbeitsgedächtnis bildet und somit dafür zuständig ist, dass wir den ersten Teil eines Satzes nicht vergessen, während wir den zweiten aussprechen und den dritten planen. Während die eben beschriebene obere limbische Ebene die emotionalen Zustände abbildet und somit dafür zuständig ist, wie man sich gerade fühlt, ist die kognitiv-sprachliche Ebene daran beteiligt, die *Ziele* abzubilden, auf die diese Emotionen ausgerichtet sind. Kommt über die Hörrinde des Gehirns ein verdächtiges Geräusch herein, so funken meine limbische Ebenen: »Vorsichtig! Fühle Angst!« Der ganze Körper wird auf erhöhte Wachsamkeit eingestellt. Dies geschieht automatisch, wird mir jedoch bewusst. Unter Verwendung meiner kognitiv-sprachlichen Ebene überlege ich: »Es könnte jemand im Haus sein!«. Schnell organisiere ich, was zu tun ist: »Ich bleibe nun noch einen Moment still. Dann gehe ich aus dem Zimmer, leise und vorsichtig, und schaue, ob etwas anderes eine Quelle des Geräusches hätte sein können. Wenn das so ist, ist ja alles gut. Dann kann ich bei der Gelegenheit auch gleich nach der Post gucken.«

Diese spät ausreifende Ebene ist zuständig für die bewusste *sprachliche* und *rationale* Kommunikation. Hier werden Handlungen geplant, die Welt wird erklärt und das eigene Verhalten beurteilt und (in der Regel) gerechtfertigt. Wie stelle ich mich vor mir selbst und vor anderen dar? Interessant ist, dass die Inhalte dieser Ebene nicht mit denen der unbewussten Ebenen übereinstimmen müssen. Man kann sich also selbst etwas vormachen. Auch ein Mensch, der aufgrund seiner genetischen Ausstattung und seiner frühen, möglicherweise negativen Erfahrungen wenig Ressourcen für Bindung, Vertrauen und Empathiefähigkeit auf seinen limbischen Ebenen angehäuft hat und im Berufsalltag über Leichen geht, kann sich selbst erfolgreich davon überzeugen, er sei ein durch und durch sozialer Mensch (vielleicht, da er jeden Monat einen winzigen Teil seines Vermögens an eine Hilfsorganisation spendet) und sich so vor anderen darstellen.

Die individuelle Funktion dieser Ebene ist äußerst wandelbar. Im Gegensatz zur Einflussnahme auf die obere limbische Ebene erfordert eine Änderung der kognitiv-sprachlichen Ebene nicht einmal emotionale Erfahrungen, die sprachliche Interaktion genügt. Was sich ändert, ist aber nicht das Innere – sondern nur, wie man sich selbst darstellt, wie man sich mit Worten beschreibt. Vielleicht gelingt es mir, einen vermeintlich sozialen Firmensanierer zu überzeugen, dass es nicht sozial ist, für eine geringfügige Gewinnmaximierung die alleinerziehende Mutter zu entlassen, auch dann nicht, wenn man jeden Monat 50 € an Unicef spendet. Er wird möglicherweise aufgrund unserer Unterhaltung sein kognitiv-sprachliches Selbstbild leicht modifizieren, zugeben, dass er nur im privaten, nicht aber im beruflichen Kontext sozial sein könne (man müsse ja schließlich das Wohl des Unternehmens im Auge behalten), aber er wird deshalb – zumindest langfristig – nicht mehr oder weniger sozial handeln als vorher – seine limbischen Ebenen bleiben unverändert.

Take Home: Der Mensch wird in seinem Handeln vor allem von seinen unbewussten Emotionen geleitet. Die emotional bedeutsamen Hirnbereiche entstehen in einem frühen Stadium der Entwicklung und werden deshalb insbesondere durch frühe Erfahrungen in ihrer Reifung beeinflusst.

2.3 Kapitel 2 in Kürze

Gene liefern einen Bauplan für den kleinen Menschen. Während der frühen Kindheit folgt einer genetisch gesteuerten Phase der schnellen Bildung von Synapsen eine weitere Phase, innerhalb derer häufig genutzte Synapsen stabilisiert und überflüssige Synapsen eliminiert werden. Der Abbau von Synapsen ist abhängig von den jeweiligen Erfahrungen und die Periode, in der dieser Abbau stattfindet, stellt eine Phase einer besonders hohen Beeinflussbarkeit des Gehirns dar. Das resultierende Gerüst miteinander verschalteter Nervenzellen bildet die Basis für unsere späteren Fähigkeiten. Es beeinflusst, wie wir unsere Welt interpretieren und mit den Informationen unserer Umwelt umgehen. Spätere Erfahrungen können die Verschaltungen verändern, allerdings werden diese neuen Netzwerke weniger stabil sein als die früh gebildeten und noch immer vorhandenen alten Verschaltungen. Unter ungünstigen Lebensbedingungen ist deshalb immer mit einem Zurückfallen in alte Muster zu rechnen.

Die Persönlichkeit des heranwachsenden Menschen entsteht in diesen Jahren der Hirnreifung vor dem Hintergrund einer stetigen Wechselwirkung der Gene und der Umwelt. Die Gene geben den Bauplan vor, Erfahrungen modifizieren ihn. Wie man heute weiß, ist das Zusammenspiel von Genen und Umwelt aber noch komplizierter, denn die individuellen Gene eines Menschen geben häufig vor, welche Auswirkungen bestimmte Erfahrungen haben. Andersherum können Erfahrungen festlegen, welche Gene wirksam werden.

Werden wir mit emotionalen Reizen oder Situationen konfrontiert, so löst unser Gehirn eine sofortige körperliche Reaktion aus, so dass wir optimal auf die bedeutsame Situation vorbereitet sind. Der Umweg über das Bewusstsein wäre zu langwierig. Erst anschließend beginnt eine detaillierte und bewusste Verarbeitung des Geschehenen mit dem Resultat, dass die erste schnelle Reaktion abgeschwächt, verstärkt oder verändert wird. Diese zweite Reaktion berücksichtigt den Kontext der Situation, gespeichertes Wissen und weitere kognitive Operationen. Es wird verglichen, abgewogen und vorausberechnet, um optimal mit der Anforderung umzugehen. Dieses hierarchische Prinzip, »Emotion vor Kognition«, findet sich auch in der Entwicklung wieder. Hirnregionen zur Verarbeitung unbewusster und automatischer emotionaler Reaktionen reifen vor denjenigen, die eine bewusste, komplexe und flexible Verhaltenssteuerung hervorbringen. Und entsprechend werden sie auch früher durch Erfahrungen beeinflusst.

In den nun folgenden Kapiteln möchte ich die zuvor dargestellten Prinzipien mit konkreten Beispielen füllen. Welche Faktoren sind es, die auf das heranwachsende Gehirn einwirken und wie beeinflussen sie die Persönlichkeit?

3 Erste Schritte in Richtung Persönlichkeit

Einige Tage nach seiner Zeugung besteht das Baby aus wenigen Zellen, nicht mehr. Streng genommen ist es natürlich noch gar kein Baby. Es ist lediglich ein kleiner Zellhaufen, Embryo genannt (manche nennen ihn auch liebevoll Karl, Rudi, Krümel oder Beule). Dieser Zellhaufen hat es in sich. In ihm sind so viele Informationen gespeichert, dass man sich fragen könnte, warum die Computerindustrie so lange für die Herstellung leistungsfähiger Speichermedien benötigt hat. Vom Bauplan des Menschen über die individuelle Haarfarbe, die spätere Form von Nase und Zähnen bis hin zu gewissen Verhaltenstendenzen ist alles als gespeicherte Erbinformation vorhanden.

Die genetisch festgelegten Verhaltenstendenzen des heranwachsenden Babys bestimmen gemeinsam mit seinen vorgeburtlichen Erfahrungen und dem Geschehen während der Geburt, wie das Baby auf seine Umwelt reagiert – die untere limbische Ebene wird geprägt. Ist es ängstlich? Leicht erregbar? Gerät es schon beim Anblick des bunten Mobiles in Aufruhr oder freut es sich an den kreisenden gelben Tigern? Wartet es geduldig, bis die Mutter einen Platz zum Stillen gefunden hat oder interveniert es ungeduldig, wenn es zu lange dauert?

In einer chronologischen Reihenfolge werde ich nun darstellen, wie die bereits im Embryo wirksamen Gene, die vorgeburtlichen Erfahrungen und die Geburt die Tendenzen des Kindes beeinflussen, auf seine Umwelt zu reagieren. Die Stillerfahrungen im ersten Lebensjahr sind ein erster Schritt in der Prägung der unbewussten Regulation der emotionalen Reaktion auf die Umwelt. Beruhigt sich das Baby schnell? Lässt es sich leicht trösten?

Nun wird es aber erst einmal etwas komplizierter, denn es geht um Gene, um Proteine, um Rezeptoren und darum, wie winzig kleine Moleküle das Temperament beeinflussen können.

3.1 Wie prägen die Gene das Kind? Was bringt das Kind mit?

Welche Neigungen sind bereits im Fötus vorhanden? Unabhängig von seinen späteren Erfahrungen? Wie können seine Gene das emotionale Erleben, das soziale und moralische Verhalten beeinflussen?

Wir müssen uns zunächst einmal daran erinnern, dass das Gehirn die Ausschüttung *neuromodulatorischer Stoffe* veranlasst, wenn die Situation es erfordert, dass man besonders aufmerksam, motiviert, empathisch oder ängstlich sein sollte. Stoffe wie Noradrenalin, Serotonin oder Dopamin, die uns dazu anhalten, emotionale Ereignisse wie den Anschlag auf das World Trade Center fest abzuspeichern oder auch in aller Frühe den Weg zum Bäcker auf uns zu nehmen, um uns mit frischgebackenen Brötchen zu versorgen.

Diese Stoffe müssen, um zu wirken, an ihre *Rezeptoren* binden. So muss beim Brötchen holen das Dopamin an einen Rezeptor binden, der nach dem Schlüssel-Schloss-Prinzip zum Dopamin passt. Der Rezeptor wird aktiviert, sobald der Schlüssel, das Dopamin, hineingesteckt wird. Die Zelle reagiert darauf, indem sie ihre Aktivität ändert und in uns die Motivation weckt, zum Bäcker zu gehen.

Rezeptoren entstehen nicht aus dem Nichts, das wäre ja noch schöner. Es handelt sich dabei um Proteine, für deren Herstellung ein entsprechendes Gen aktiviert werden muss.

Viele Gene, so auch die hierfür zuständigen, treten in verschiedenen Varianten auf, d.h. sie sind *vielgestaltig* oder polymorph.

Im Detail: Vielgestaltigkeit bedeutet, dass der zum Gen gehörende DNA-Strang zur Herstellung eines bestimmten Proteins bei einem Menschen andere Moleküle aufweist als bei einem anderen. Dies kann dazu führen, dass unterschiedliche Aminosäuren gebildet werden und das Genprodukt, das Protein, in unterschiedlichen Formen vorliegt. Handelt es sich bei dem Protein um einen Rezeptor, kann er »seinen« Stoff daraufhin mehr oder weniger gut binden.

Der dazugehörige Stoff kann in der Folge bei dem einen besonders gut, bei dem anderen weniger gut wirken, so, als würden wir ein geöltes und ein verrostetes Schloss unterscheiden. Der Schlüssel kann beide Schlösser aufschließen, es gelingt jedoch nicht gleich gut.

Weitere Gene, die die Herstellung von Proteinen für die Produktion, den Abbau oder den Transport dieser Stoffe steuern, können ebenfalls in verschiedenen Varianten vorliegen. Man nennt dieses Auftreten verschiedener Varianten für ein Gen auch »Polymorphismus«. Zusammen beeinflussen die Genvarianten eines Menschen, wie gut die modulatorischen Stoffe wirken und sein Temperament beeinflussen können, und hiermit auch, ob er sich mit lediglich einem gefalteten Stück Nylon auf dem Rücken freiwillig aus dem Flugzeug stürzt oder ob er lieber mit einem guten Buch vor dem Kamin sitzt.

Mit den wissenschaftlichen Studien, die einen Zusammenhang einer bestimmten Ausprägung verschiedener Gene einerseits und Persönlichkeitseigenschaften oder psychischen Erkrankungen andererseits gefunden haben, könnte man Bücher füllen. Das bedeutet aber nicht, dass jeder Mensch mit einer speziellen Genvariante auch diese Eigenschaft hat. Menschliche Eigenschaften, einschließlich der Haarfarbe, sind in der Regel das Ergebnis einer *Vielzahl* von Genen und Genvarianten. Man sagt, jede Genvariante erkläre nur einige Prozent der Unterschiede (genauer: der Varianz) einer bestimmten Eigenschaft. Jedes Gen, jede Genvariante, spielt eine kleine Rolle im großen Ganzen. Darüber hinaus haben – wie bereits in Kapitel 2 beschrieben – viele dieser Genvarianten nur dann eine Bedeutung, wenn sie in Kombination mit bestimmten Erfahrungen auftreten.

Es gibt unzählige Genvarianten, für die ein Zusammenhang mit Persönlichkeitseigenschaften erhoben wurde. Hier möchte ich drei davon vorstellen: Gene für Moleküle, die auf Dopamin, Serotonin und Oxytocin reagieren. Diese Beispiele können verdeutlichen, wie die Persönlichkeit durch Gene beeinflusst wird und dass es Gene gibt, die sie besonders empfindlich für Umwelteinflüsse machen.

Dopamin-Rezeptor-Gen: Belohnung und Risiko

Das Gen für eine Bindungsstelle des Dopamins (für den Dopamin-Rezeptor D4, DRD4) kann in verschiedenen Varianten vorliegen und hierdurch die Wirksamkeit von Dopamin beeinflussen. Häufig wird eine bestimmte Variante, die sogenannte 7R-Variante, mit einer anderen, der 4R-Variante, verglichen.

Obwohl sich Menschen mit den verschiedenen Varianten des Rezeptors lediglich darin unterscheiden, dass in ihren Zellkernen eine Abfolge winzig kleiner Moleküle anders ist als bei anderen, wurden die Varianten mit einer Vielzahl menschlicher Eigenheiten in Verbindung gebracht. So haben etwa Kinder mit der 7R-Variante im Alter von vier Jahren mehr Probleme mit aggressivem Verhalten als andere Kinder und fallen durch ein 10-fach erhöhtes Risiko auf, eine problematische Form von Bindungsbeziehung mit der Mutter zu entwickeln (Lakatos et al. 2002; Schmidt et al. 2002).

Allerdings scheint hier eine *Gen-Umwelt-Wechselwirkung* aufzutreten. Die Art des Gens hat nämlich nicht grundsätzlich negative Auswirkungen, sondern macht das Kind nur *empfindlicher* für seine Umwelt – und zwar im Guten wie im Schlechten (im Sinne der »Theorie der differentiellen Beeinflussbarkeit«, s.a. Kapitel 4.3). Die Kinder werden erheblich durch mütterliche Eigenschaften oder auch Fremdbetreuung beeinflusst.

Aus der Forschung: Haben Kinder mit der 7R-Variante eine eher unsensible Mutter, neigen sie sehr zu aggressivem Verhalten. Reagieren deren Mütter hingegen sehr feinfühlig auf ihr Kind, dann sind die 7R-Kinder ausgesprochen friedlich – friedlicher als die Kinder mit anderen Varianten. Bei den 4R-Kindern spielt die Feinfühligkeit der Mutter keine so große Rolle (Bakermans-Kranenburg und van IJzendoorn 2006).
Das gleiche gilt für die Fremdbetreuung: Verbringen Kinder mit der 7R-Variante sehr viele Stunden in der frühen Fremdbetreuung, so unterscheiden sie sich von den Kindern mit der anderen Genvariante durch besonders unaufmerksames und impulsives Verhalten. Werden die 7R-Kinder allerdings gar nicht oder kaum früh fremdbetreut, dann sind sie viel aufmerksamer und können sich besser selbst regulieren als Kinder der anderen Variante. Bei Letzteren werden diese Fähigkeiten nicht so stark von einer hohen Anzahl Stunden in der Fremdbetreuung beeinflusst. Sie sind unempfindlicher (Berry et al. 2014).

Diese genetisch angeschobenen Unterschiede in der Reaktion auf Fremdbetreuung können erklären, warum einige Mütter berichten, dass es ihren Kindern gar nichts ausmacht, viele Stunden in der frühen Betreuung zu verbringen, und das, obwohl sie in einer großen Gruppe mit wechselnden Betreuern untergebracht sind, während andere vermuten, dass die frühe Betreuung ihren Kindern nicht guttut.

Dopamin ist dafür zuständig, uns zu motivieren und Dinge zu tun, die mit einer Belohnung einhergehen könnten. Es macht uns aktiv und bewegt uns zum Handeln. Man muss sich nicht wundern, welche Eigenschaften es sind, die in einem Zusammenhang mit genetischen Varianten des Dopamin-Rezeptors stehen: Das Verlangen nach neuartigen und belohnenden Erfahrungen ebenso wie Impulsivität (Munafo et al. 2008). Je nach Genvariante können diese Eigenschaften mehr oder weniger ausgeprägt sein. Die Genvarianten mögen daran beteiligt sein, dass einige Kinder jeden Tag neue Hörspiele und Bücher fordern, während andere immer wieder dieselbe Geschichte wünschen oder dass einige Kinder die Tüte Gummibären von der Oma sofort leeren, während sich andere nur wenige Bären nehmen und den Rest für später aufheben.

Bei Kindern wird zudem das Aufmerksamkeitsdefizit-Hyperaktivitätssyndrom (ADHS) mit der 7R-Variante, aber auch weiteren genetischen Varianten des Dopamin-Rezeptors in Verbindung gebracht – das ist nicht überraschend, denn Kinder mit dieser Störung haben häufig Probleme, ihre Motivation und ihre Impulsivität zu kontrollieren und sich selbst zu regulieren.

Die 7R-Variante tritt weltweit bei etwa 20 % der Menschen auf. Allerdings ist die Verbreitung nicht überall gleich: In einigen Regionen Südamerikas haben weit mehr als die Hälfte der Menschen die 7R-Variante, während die Variante in anderen Völkern, etwa bei den Buschmännern der San oder auch den Chinesen kaum oder gar nicht auftritt. Europa hält sich an den Durchschnittswert der Weltbevölkerung (Chang et al. 1996). Ob diese Genvariante dafür sorgt, dass manche Bevölkerungsgruppen als zurückhaltend und wenig impulsiv gelten, während die Menschen in anderen Regionen dazu neigen, munter in den Tag hinein zu leben, mag ich allerdings nicht beurteilen.

Sind die genetischen Varianten, die einen Drang nach neuen Reizen, nach Erkundung und Belohnung sowie impulsives Verhalten und die Entstehung einer Aufmerksamkeitsstörung fördern, nun gut oder schlecht? Einer Theorie zufolge hat sich die 7R-Variante des Dopamin-Rezeptors im Verlauf der Evolution in Zeiten der Ressourcenknappheit durchgesetzt. Sie förderte hiernach die Bereitschaft der Menschen, neue Gebiete zu erkunden und neue Ressourcen zu erschließen. Diejenigen, bei denen sich das Gen zufällig so entwickelt hatte, wiesen bessere Aussichten auf Fortpflanzung auf, so dass das Gen an viele Nachkommen weitergegeben wurde. Dopamin als Schlüssel zum Fortschritt. Im Sinne dieser Theorie haben Menschen, die in der heutigen Zeit Träger dieser Variante sind und deshalb zu ADHS-Symptomen neigen, keine Störung, sondern eine Fehlpassung – die Umwelt passt nicht zum Kind. Das charakteristische Verhalten ist lediglich im typischen Alltag eines Klassenraums fehl am Platz (Wang et al. 2004).

Serotonintransporter-Gen: Angst

Eine weitere genetische Variante, für die immer wieder ein Zusammenhang mit menschlichen Eigenschaften, aber auch mit psychischen Erkrankungen beschrieben wird, betrifft das Gen für ein Transportprotein des Serotonin-Stoffwechsels. Das Gen kann als lange Variante (L-Variante) oder kurze Variante (S-Variante, s für »short«) vorliegen. Je nach Genvariante kann das Protein das Serotonin nach dessen Wirkung mehr oder weniger effizient zurück in die Zelle befördern und dessen Wirkdauer begrenzen.

Serotonin fördert, wie oben angedeutet, die Zurückhaltung, die Passivität, eine abwartende Haltung. Es hemmt hingegen impulsive Aggressionen genauso wie übertriebenes und langes Herumgrübeln, die ständige Beschäftigung mit sich selbst und den Problemen des Alltags. Depressive Erkrankungen, aber auch eine Neigung zu impulsiven Aggressionen gehen häufig mit verringerten Serotoninkonzentrationen einher.

Erste Untersuchungen haben vor einigen Jahrzehnten gezeigt, dass die S-Variante in einem Zusammenhang mit einer größeren Neigung zu Angst steht. Die Amygdala, die im Gehirn immer dann aktiv ist, wenn man Angst hat, Überraschung verspürt, oder auch versucht, Emotionen im Gesicht des anderen zu erkennen, reagiert bei Menschen mit einer S-Variante schneller auf bedrohliche Reize als bei anderen. Personen mit einer S-Variante neigen zudem zu depressiven Verhaltensweisen, sie sind einigen Untersuchungen zufolge reizbarer und stressempfindlicher als Menschen mit der L-Variante (Canli und Lesch 2007).

Die genetische Variante des Serotonintransporters hat insbesondere dann einen Einfluss auf das emotionale Erleben und das soziale Verhalten, wenn Stresserfahrungen auftreten, es also zu einer Gen-Umwelt-Interaktion kommt.

Aus der Forschung: In einer vielbeachteten Langzeitstudie wurde gezeigt, dass Menschen mit einer S-Variante eher auf negative Lebensereignisse mit Depressionen oder Selbstmordgedanken reagieren als Individuen, die von beiden Elternteilen eine L-Variante geerbt haben (Caspi et al. 2003b). Bereits Kinder mit dieser Variante neigen mehr als die L-Kinder dazu, infolge der stressreichen Erfahrung einer unsicheren Bindungsbeziehung eine hohe Ängstlichkeit auszubilden und häufig unter negativen Emotionen zu leiden (Pauli-Pott et al. 2009).

Einige Wissenschaftler nehmen an, dass Menschen mit einer S-Variante – ebenso wie Träger der im letzten Abschnitt beschriebenen 7R-Variante des Dopamin-Rezeptors – grundsätzlich empfindlicher auf eine frühe Umgebung reagieren. Sie sind formbarer. Bei ihnen kann eine problematische Umgebung große nachteilige Auswirkungen auf die Psyche haben, eine positive unterstützende Umwelt dagegen kann die gesunde Entwicklung noch mehr fördern, als dies bei Trägern der L-Variante der Fall wäre (Van IJzendoorn et al. 2012).

Oxytocin-Rezeptor-Gen: Bindung und Empathie

Oxytocin ist für den Inhalt dieses Buches einer der wichtigsten Stoffe, da es mütterliche Fürsorge, die Erkennung von Emotionen, Vertrauen und all das fördert, was eine gute Eltern-Kind-Beziehung ausmacht. Die Genvariante für den Oxytocin-Rezeptor bestimmt mit, wie empfindlich Mütter für die Botschaften ihrer Kleinkinder sind, wie einfühlsam sie auf die Kleinen eingehen und auch, ob Eltern ihre Kinder viel berühren.

Aus der Forschung: Sowohl das Gen für den Oxytocin-Rezeptor als auch das Gen für ein bestimmtes Enzym, das an der Freisetzung von Oxytocin im Gehirn beteiligt ist, können in Varianten vorliegen, die mit einer geringeren Oxytocin-Konzentration im Blut verbunden sind. Eltern mit diesen Varianten und der geringen Oxytocin-Konzentration neigen weniger als andere dazu, ihre Kinder zu berühren (Feldman et al. 2012).

Die Genvariante wirkt sich zudem darauf aus, ob wir grundsätzlich eine positive emotionale Grundstimmung haben, ob unser Selbstwertgefühl einigermaßen ausgeprägt ist, wie wir auf Stress reagieren, ob wir uns in Stresssituationen von anderen helfen lassen, ob wir beherrscht sind, wie vertrauensvoll, sozial und optimistisch wir sind, wie empathisch wir reagieren und ob wir moralisch entscheiden (für eine Übersicht s. Kumsta und Heinrichs 2013).

Aus der Forschung: Junge männliche Erwachsene wurden gebeten, sich eine Kampfsportszene anzuschauen, in der die beiden Kämpfenden offensichtlich Schmerzen erlebten. Es zeigte sich, dass Träger einer bestimmten Variante des Gens für den Oxytocin-Rezeptor mit größerem Stress auf die Szene reagierten als Träger einer anderen Variante. Zudem wurde in einer Fragebogenuntersuchung deutlich, dass sie grundsätzlich empathischer sind als die weniger erregten Teilnehmer der Studie (Smith et al. 2014).

Werden soziale Verhaltensweisen durch die Genvariante beeinflusst, dann liegt nahe, dass auch antisoziale Tendenzen mehr oder weniger auftreten, je nachdem welche Genvariante vorliegt. Tatsächlich beeinflusst die Genvariante für den Oxytocin-Rezeptor sowohl die Wahrscheinlichkeit des Auftretens ausgeprägt aggressiver Verhaltensweisen als auch emotional gleichgültigen Benehmens.

Ebenso wie bei den anderen Genen scheint auch beim Oxytocin-Rezeptor-Gen eine Gen-Umwelt-Interaktion aufzutreten, denn Träger einer bestimmten genetischen Variante haben ein *größeres* Risiko, spätere emotionale Probleme zu entwickeln, wenn sie während der Kindheit missbraucht wurden, als Träger der anderen Variante. Die andere Variante könnte dagegen *Resilienz* gegenüber den Auswirkungen früher negativer Erfahrungen fördern (Bradley et al. 2011).

Take Home: Je nachdem welche Genvarianten die Informationen für die Herstellung von Proteinen unseres Hirnstoffwechsels liefern, sind die Proteine mehr oder weniger wirksam. Dies kann unser Temperament direkt beeinflussen, aber auch festlegen, wie empfindlich wir auf Erfahrungen reagieren. Diesen Zusammenhang sollte man nicht vergessen, wenn man glaubt, dass eine Erfahrung, die dem ersten Kind nicht geschadet habe, das zweite Kind ebenfalls nicht beeinflussen wird.

3.2 Wie prägt die Schwangerschaft das Kind?

Wir alle wissen, dass es negative Auswirkungen auf das Ungeborene hat, wenn die schwangere Mutter raucht, trinkt oder Drogen nimmt. Gelingt es ihr, auf diese Dinge zu verzichten, und ernährt sie sich einigermaßen gesund, so ist dies der erste Schritt in Richtung einer optimalen Entwicklung des Fötus. Das Wissen um einen weiteren Faktor hat sich dagegen noch nicht gänzlich durchgesetzt: Das Wissen um die Bedeutung des mütterlichen *Stresses*.

Der Stress einer Schwangeren kann nachteilige Auswirkungen auf das ungeborene Kind haben. Hiermit ist nicht der Stress gemeint, vor Feierabend noch schnell einen Bericht schreiben oder nach Feierabend einkaufen zu müssen, sondern erhöhte Anforderungen, die man nicht ohne weiteres bewältigen kann. Stress, weil der Partner verschwindet, mitsamt den Möbeln. Stress, weil der Chef jeden Tag einen nicht zu meisternden Stapel Akten auf den Schreibtisch legt. Stress aufgrund von Unwetterkatastrophen oder Terror. Stress, weil die eigene Mutter plötzlich schwer erkrankt. Stress, weil die Schwester bereits zwei Fehlgeburten hatte und man selbst eine fürchtet. Oder, weil man Angst vor der Geburt hat, unter Angstzuständen oder einer Depression leidet. Unkontrollierbarer Stress.

Erlebt eine werdende Mutter einen solch erheblichen Stress, dann kann dies das emotionale Erleben und das Verhalten des Neugeborenen, seine Reaktion auf die Umwelt sowie sein Temperament erheblich beeinflussen.

Aus der Forschung: In einer Stichprobe von 248 Neugeborenen wurde der Zusammenhang von mütterlichen Stresshormonen und kindlichem Temperament untersucht. Es zeigte sich, dass Kinder, deren Mütter in der 25. Schwangerschaftswoche einen besonders geringen Gehalt an Stresshormonen im Blut hatten, im Alter von zwei Monaten weniger ängstlich und gestresst waren als die der gestressten Mütter (Davis et al. 2005). In einer anderen Studie quengelten und schrien die Säuglinge von Müttern, die in der späten Schwangerschaft hohe Stresshormonwerte aufwiesen, außerordentlich viel. In ihren Gesichtern war oft ein negativer emotionaler Ausdruck erkennbar (de Weerth et al. 2003).

Über diese im frühen Säuglingsalter beobachteten Merkmale hinaus hat der vorgeburtliche mütterliche Stress auch *langfristige* Auswirkungen auf das Kind. Vorgeburtlicher Stress wurde mit einer erhöhten Stressempfindlichkeit, mit verminderten Lernleistungen, einer reduzierten Aufmerksamkeit, Aggressivität, antisozialem Verhalten, einer erhöhten Ängstlichkeit, depressiven Symptomen und weiteren Merkmalen im späteren Leben in Zusammenhang gebracht.

Zur Beruhigung: Bevor aber nun die eine oder andere werdende Mutter alleine durch diesen Bericht in Stress gerät, schon einmal vorab zur Beruhigung: Es handelt sich hier, wie ich noch öfter betonen werde, um sogenannte korrelative Studien. Das bedeutet in diesem Zusammenhang, dass in einer Stichprobe von Nachkommen gestresster und nicht gestresster Mütter eine größere Anzahl von Kindern gestresster Mütter die Verhaltensprobleme entwickelt. In der Regel muss einiges zusammenkommen, damit Verhaltensprobleme auftreten und es gibt durchaus Möglichkeiten, das vorgeburtliche Stresserleben des Kindes nach der Geburt auszugleichen. Aber dazu später mehr!

Nicht jeder wird gleichermaßen durch den vorgeburtlichen Stress beeinflusst. Soeben habe ich Genvarianten vorgestellt, die einen Menschen besonders *empfindlich* für Umwelteinflüsse machen: die 7R-Variante des Dopamin-Rezeptor-Gens, die S-Variante des Serotonintransporter-Gens oder eine bestimmte Variante des Oxytocin-Rezeptors. Diese Empfindlichkeit betrifft auch vorgeburtliche Stresserfahrungen: Genvarianten bestimmen, wie empfindlich Menschen auf vorgeburtlichen Stress reagieren.

Aus der Forschung: Eine Reihe deutscher Wissenschaftler wies nach, dass vorgeburtlicher Stress für Träger der 7R-Genvariante des Dopamin-Rezeptors andere Folgen hat als für Personen mit der anderen Genvariante: Erleben sie vorgeburtlich Stress, sind die 7R-Träger aggressiver als die Versuchsteilnehmer mit der anderen Variante. Verbringen sie ihre Zeit als Fötus jedoch entspannt, dann sind sie weniger aggressiv als die anderen (Buchmann et al. 2014).

Nicht nur können Menschen mit bestimmten Genvarianten empfindlicher für vorgeburtlichen Stress sein als andere, sie unterscheiden sich auch in der Art der Auswirkungen.

Aus der Forschung: Ein solcher Zusammenhang wurde für die Träger verschiedener Varianten des Serotonintransporter-Gens beobachtet: Kinder von Müttern, die im dritten Trimester ihrer Schwangerschaft unter ausgeprägter Angst litten, waren im Alter von drei

Jahren ängstlicher als andere, wenn sie S-Varianten hatten, und aggressiver als andere, wenn sie L-Varianten aufwiesen (Oberlander et al. 2010).

In der Untersuchung der Auswirkungen vorgeburtlichen Stresses ist es schwierig, die genetischen von den vorgeburtlichen und den nachgeburtlichen Einflüssen genau zu trennen. Vergleicht man das Verhalten zehn Monate alter Babys, die vorgeburtlich entweder Stress erlebt oder nicht erlebt haben, so kann man aus Unterschieden im Verhalten der Babys nicht unbedingt schließen, dass dies Folgen vorgeburtlichen Stresses sind. Ist eine Mutter vorgeburtlich gestresst, dann ist die Wahrscheinlichkeit hoch, dass sie auch nach der Geburt nicht entspannt ist, und dies kann das Baby gleichermaßen beeinflusst haben. Viele Studien kontrollieren deshalb heutzutage, ob die Mutter auch nachgeburtlich gestresst war. Die genetischen Einflüsse machen die Interpretation der Versuchsergebnisse noch schwieriger. Hat das Kind Verhaltensprobleme, weil seine Mutter während der Schwangerschaft gestresst war, oder hat das Kind Verhaltensprobleme, weil seine Mutter ihre Schwierigkeiten in der Stressbewältigung an das Kind vererbt hat? Diese Einflüsse sind in wissenschaftlichen Untersuchungen nur schwer zu trennen, es wird aber zunehmend versucht, diese Zusammenhänge zu berücksichtigen.

Wie kann also der Stress der Mutter das Kind langfristig beeinflussen? Es wird angenommen, dass die Stresshormone der Mutter das kindliche Stresssystem prägen. Erlebt die Mutter erheblichen Stress, dann setzt ihr Körper verschiedene Stresshormone frei, einschließlich Cortisol. Die erhöhte Cortisolkonzentration im Blut der Mutter kann auch im Fötus zu einem erhöhten Cortisol-Spiegel führen.[6] Zwar benötigt der Fötus für die Reifung von Gehirn und Lunge durchaus etwas von diesem Stoff, allerdings können größere Mengen Cortisol seine Entwicklung negativ beeinflussen.

Wesentlich ist hierbei, dass hohe mütterliche Cortisol-Konzentrationen beim Fötus nicht nur vorübergehend eine Erhöhung der Cortisol-Werte mit sich bringen, sondern dass sie *langfristige* Auswirkungen auf den Cortisol-Haushalt und hierüber auch auf das Temperament des Kindes haben. Dies scheint nicht nur dann der Fall zu sein, wenn die Mutter gestresst ist, sondern auch, wenn Mütter während der Schwangerschaft synthetisches Cortisol als Medikament erhalten.

Aus der Forschung: Besteht der Verdacht, dass eine Schwangere vorzeitig entbinden muss, erhält sie in der Regel synthetisches Cortisol (z. B. Celestan). Das synthetische Cortisol kann sogar noch besser als das körpereigene Stresshormon die Plazenta überqueren und hierdurch die Reifung des Fötus beschleunigen, wobei insbesondere die Reifung der Lunge von medizinischer Bedeutung ist. Hierdurch können Überleben und körperliche Gesundheit des Frühgeborenen gefördert werden. Allerdings kann dieses Medikament auch langfristige Auswirkungen auf die Entwicklung des Stresssystems und des Gehirns des Fötus sowie auf sein Verhalten haben. In verschiedenen Studien wurde gefunden, dass Kinder, deren Mütter vorgeburtlich synthetisches Cortisol erhalten hatten, im Mittel aggressiver, ablenkbarer und hyperaktiver sind als andere Kinder (Peffer et al. 2015). Die Anwendung des synthetischen Cortisols sollte deshalb gut überlegt sein und Kosten und Nutzen genau abgewogen werden.

Inzwischen ahnt man, wie die vorgeburtlich hohen Cortisol-Konzentrationen das Cortisol-System in einer derart langfristigen Weise beeinflussen können. Um dies zu verstehen, muss man die sogenannte Feedbackschleife des Cortisols kennen – wenn es auch nicht nötig ist, sich die einzelnen Komponenten zu merken (Abb. 3.1).

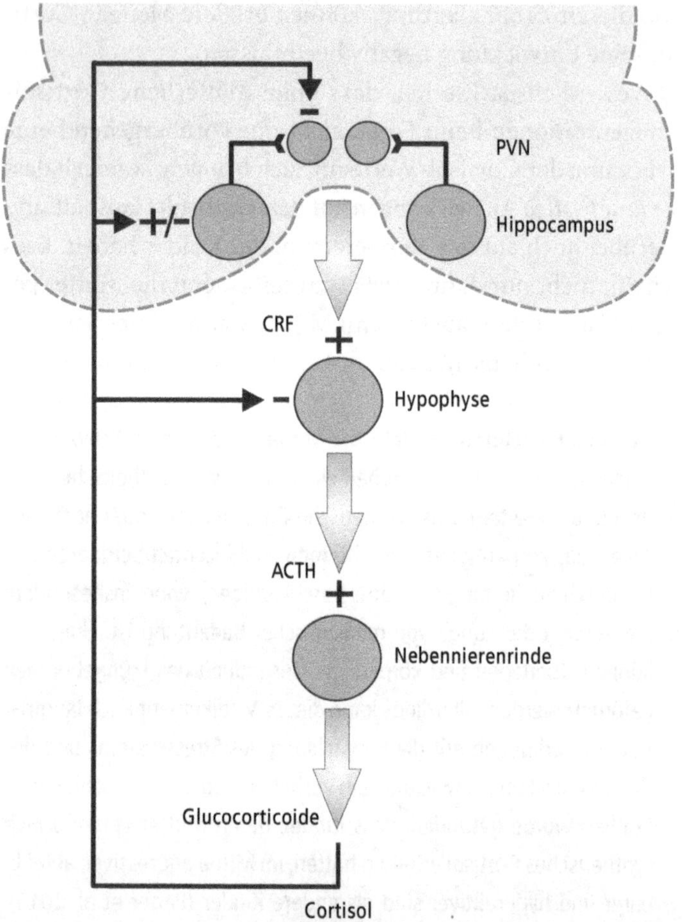

Abb. 3.1: Bei erheblichem oder anhaltendem Stress kommt es über eine Reaktionskette vom Nucleus paraventricularis (PVN) des Hypothalamus über die Hypophyse zu einer Freisetzung von Cortisol durch die Nebennierenrinde. Dies liefert dem Gehirn Energie und verstärkt die Zusammenarbeit emotionaler Hirnbereiche. Bindet das Cortisol an seine Rezeptoren in verschiedenen Strukturen des Gehirns (z.B. Hippocampus, PVN, Hypophyse), kann es zudem die Freisetzung weiteren Cortisols hemmen, aber auch fördern – je nachdem, welcher Typ von Rezeptor durch das Cortisol aktiviert wird (Abbildung aus Roth und Strüber 2014).

Ist die Cortisol-Konzentration nun vorgeburtlich erhöht, sei es, weil die Mutter gestresst ist oder ein Lungenreifungspräparat erhalten hat, ist es Tiermodellen zufolge diese Cortisol-Zufuhr, die einen *epigenetischen Mechanismus* in Gang setzt: Die Gene der Cortisol-Rezeptoren werden markiert und dadurch ausgeschaltet. Der Cortisol-Haushalt wird hierdurch langfristig verändert (Crudo et al. 2012; Palma-Gudiel et al. 2015). Dieser Mechanismus kann daran beteiligt sein, dass einige Menschen auf Stress mit einem immensen Schub von Stresshormonen reagieren, während andere Menschen in solchen Situationen kaum Energie mobilisieren können.

Aus der Forschung: Neugeborene von Müttern, die im letzten Drittel ihrer Schwangerschaft besonders depressiv oder ängstlich waren, haben einer Studie zufolge eine erhöhte epigenetische Markierung der Gene für den Cortisol-Rezeptor. Diese Kinder reagierten im Alter von drei Monaten mit einer größeren Freisetzung von Stresshormonen auf eine Stresssituation als andere Kinder (Oberlander et al. 2008).

Es wurde infolge vorgeburtlichen Stresses sowohl eine erhöhte als auch verminderte Cortisol-Freisetzung in späteren Lebensjahren gefunden. Optimal ist aber eine *mittlere* Freisetzung. Von dieser wird angenommen, dass sie den Körper in den Zustand versetzt, Herausforderungen effizient meistern zu können. Beide Abweichungen, die gegenüber der Norm erhöhte wie auch die verminderte Cortisol-Freisetzung, wurden in einen Zusammenhang mit Veränderungen des emotionalen Erlebens und des Verhaltens bis hin zu psychischen Erkrankungen in Verbindung gebracht. Eine erhöhte Cortisol-Freisetzung ist dabei eher an einen grüblerischen Typus gebunden, während eine verringerte Freisetzung eher Menschen mit einem verminderten Zugang zu den eigenen Emotionen charakterisiert (Strüber et al. 2014).

Allerdings ist es nicht so, dass am Ende der Schwangerschaft das letzte Wort gesprochen wurde. Die ersten Lebensjahre stellen ein weiteres empfindliches Zeitfenster dar, innerhalb dessen Erfahrungen einen prägenden Einfluss auf die spätere Persönlichkeit des Kindes haben. Positive Erfahrungen dieser Zeit können, wie ich später erläutern werde, die Folgen vorgeburtlichen Stresses erheblich abschwächen oder ausgleichen.

Erlebt ein Kind nach der Geburt jedoch noch weiteren erheblichen Stress, dann kann dies, so wird angenommen, einen *kumulativen* Effekt haben. Die negativen Einflüsse addieren sich und das Risiko, dass die frühen Erfahrungen nachteilige Auswirkungen haben, erhöht sich mit der Zeit.

Take Home: Erheblicher Stress während der Schwangerschaft kann zu dauerhaften Veränderungen des Stresssystems führen und hierüber die psychische Befindlichkeit und das Verhalten des Kindes langfristig negativ beeinflussen. Eine Schwangere sollte deshalb erheblichen Stress unbedingt vermeiden.

3.3 Wie prägt das Geschlecht das Kind?

Mädchen und Jungen sind gleich. Würde man sich nicht in einem Bluttest auf die Suche nach einem weiblichen XX- oder männlichen XY-Geschlechtschromosomenpaar machen, könnte man sie wohl kaum auseinanderhalten – zumindest innerhalb der ersten sechs Wochen nach der Befruchtung nicht. Dann beginnen bestimmte Gene auf dem Y-Chromosom der Jungen die Keimdrüsenanlage anzuleiten, sich zu Hoden zu entwickeln. Passiert dies nicht, erhält die Anlage also keine Y-Signale, so verläuft alles im weiblichen Modus weiter und es bilden sich Eierstöcke aus den Anlagen (wie war das nochmal: entstand Eva aus der Rippe Adams oder etwa doch Adam aus der Rippe Evas?).

Die hormonelle Welt im Inneren des männlichen Fötus unterscheidet sich wenige Wochen später erheblich von der des weiblichen. Die Hoden produzieren große Mengen Testosteron, die Eierstöcke kaum. Der XY-Fötus ist deshalb von der 8. bis zur 24. Schwangerschaftswoche großen Mengen Testosteron ausgesetzt. Seine XX-Schwester bekommt in Ermangelung eines Hodens nur wenig von diesem Stoff ab. Von anderen Säugetieren weiß man, dass dieses vorgeburtliche Testosteron oder daraus entstehende andere Substanzen viele Prozesse der Gehirnentwicklung maßgeblich beeinflussen und hierüber Geschlechtsunterschiede in der Struktur und in der Funktion des Gehirns hervorbringen können. Das Gehirn wiederum ist die Grundlage allen Verhaltens, so dass durch diese Testosteron-Wirkung ersten Unterschieden im Verhalten der Weg geebnet wird (Hines 2011).

Aber Halt! Was behaupte ich hier? Gibt es diese biologisch verursachten Geschlechtsunterschiede im Verhalten überhaupt? Darüber herrscht keine Einigkeit. Deshalb nochmal von vorne.

Sind Mädchen und Jungen gleich?

Als Mutter zweier Jungen und aufmerksame Beobachterin verschiedener Kleinkind-Zusammenkünfte beschlich mich bald nach der Geburt meiner Söhne die Ahnung, dass ich früher oder später das Klischee, Mädchen und Jungen seien gewissermaßen unterschiedlich, bestätigen müsste. Wer bürstet dem rosafarbenen Einhorn selbstvergessen die Haare? Ein Mädchen. Wer geht im Spielkreis von Kind zu Kind, um einmal spaßeshalber mit der Faust auf den Kopf zu bollern? Ein Junge. Vielleicht waren meine Beobachtungen aber auch nur zufällig.

Man sagt, Jungen seien wilder und weniger selbstdiszipliniert. Mehr Jungen als Mädchen hätten soziale Schwierigkeiten, seien körperlich aggressiv oder hätten Aufmerksamkeitsdefizite. Sind sie in Gruppen zusammen mit anderen Kindern, spielten Jungen häufiger als Mädchen konkurrenzorientierte Spiele, sie quollen über vor Energie, sie verfolgten sich und kämpften. Mädchen hingegen teilten, sie wechselten sich ab und sie warteten. Jungen richteten ihren Blick mehr als Mädchen auf Objekte, auf Dinge wie Autos, Sterne und Computer. Mädchen seien vor allem an anderen Menschen und ihren Gefühlen interessiert und spielten sie nach. Alles Vorurteile?

Die Psychiaterin und Sachbuchautorin Louann Brizendine berichtet von einer Mutter, die ihrem dreieinhalb Jahre alten Mädchen kein mädchenhaftes Spielzeug schenken wollte. Die Tochter bekam stattdessen ein größeres Feuerwehrauto. Eines Tages, als sie überraschend in das Zimmer des Mädchens kam, begrüßte die Tochter ihre Mutter mit dem Feuerwehrauto auf dem Arm. Liebevoll in eine Decke eingewickelt beruhigte sie es: »Keine Sorge, kleines Auto, alles wird gut« (Brizendine 2007, S. 32). Als Mutter zweier kleiner Jungen erging es mir ähnlich. Hoffnungsvoll hatte ich – unter dem skeptischen Blick meines Mannes – unseren beiden Zweijährigen ein puppenwagenähnliches Gefährt besorgt. Ich zeigte ihnen, wie man damit die Kuscheltiere spazieren fahren kann. Unsere Mädchenbesuche kamen selbst drauf. Mit der Zeit lernten auch meine beiden Jungs ihr Gefährt zu lieben. Allerdings hatten sie es zu einem Abschleppwagen umfunktioniert und fuhren ihre Spielzeugautos spazieren! Ach, von wegen spazieren. Unfall mit dem Abschleppwagen des Bruders war viel lustiger. Und die Rührlöffel ihrer liebevoll von mir zusammengezimmerten Holzküche wurden zu Räuberpistolen umfunktioniert. Oder zu Säbeln. Oder zu einer Verbindungsstange für den Abschleppwagen, der nach dem Unfall mit dem brüderlichen Abschleppwagen ebenfalls abgeschleppt werden musste. Aber Suppe gekocht haben sie trotzdem – mit liebevoller Hingabe.

Sind das Einzelfälle? In vielen verschiedenen Studien wurde festgestellt, dass bereits Kleinkinder ein geschlechtstypisches Spielverhalten haben (z. B. Golombok und Rust 1993; Bischof-Köhler 2006). Es scheint allerdings so zu sein, dass es insbesondere die kleinen Jungen sind, die sich vom anderen Geschlecht abgrenzen, und zwar dadurch, dass sie eine recht eindeutige Vorliebe für mechanisches oder bereiftes Spielzeug haben. Mädchen hingegen sind Studien zufolge flexibler. Dieser Geschlechtsunterschied kann selbst bei kleinen Affen beobachtet werden (für eine Übersicht s. Hassett et al. 2008).

Einen weiteren Hinweis darauf, dass Mädchen und Jungen verschieden sind, lieferten – so argumentiert die Psychologin Susan Pinker (2008) – Statistiken über psychische Auffälligkeiten. Diese seien nämlich nicht gleichmäßig unter den Geschlechtern verteilt. Im Kindesalter seien sie vor allem bei Jungen gehäuft zu beobachten und träten dann auf, wenn das typisch jungenhafte Verhalten besonders extrem sei. Zu diesen Auffälligkeiten gehören ADHS, das Asperger-Syndrom als eine der Autismus-Spektrum-Störungen, aggressive Verhaltensstörungen sowie Sprachprobleme.

Was macht Mädchen und Jungen unterschiedlich?

Mädchen und Jungen sind also irgendwie unterschiedlich. Es bleibt die Frage nach der *Ursache*. Spielen Jungen mit Autos und Mädchen mit Puppen, weil die Jungen ein Auto-Gen und die Mädchen ein Puppen-Gen haben? Oder weil den Jungen suggeriert wurde, als Junge spiele man eben mit Autos und als Mädchen eher mit Puppen? Und sind Jungen wilder und aggressiver, weil sie ein Aggressiv-Gen haben oder weil Aggressionen bei Jungen gesellschaftlich eher geduldet werden als bei Mädchen?

Tatsächlich gibt es eine anhaltende und leidenschaftliche Diskussion darüber, ob Mädchen und Jungen, Frauen und Männer aufgrund unterschiedlicher biologischer Merkmale ein charakteristisches Verhalten haben. Die einen zeichnen ein überdeutliches Bild zweier biologisch völlig verschiedener Wesen, unterschiedlich wie Tag und Nacht, wie Venus und Mars. Die anderen argumentieren, Männer und Frauen seien von Natur aus gleich. Nur die soziale Umwelt forme bzw. konstruiere die Unterschiede zwischen Mann und Frau. Oder wie Simone de Beauvoir formulierte: »Man wird nicht als Frau geboren, man wird es.« Kleine Mädchen würden eben zu Empathie und Weichheit erzogen, kleine Jungen zu Härte und Verleugnung eigener Gefühle.

Im Grunde genommen ist diese Debatte ein Spezialfall der im zweiten Kapitel erwähnten Diskussion darüber, ob der Mensch ein Produkt seiner Gene oder seiner Umwelt sei. Allerdings wird diese Spezialfall-Debatte ungleich leidenschaftlicher geführt, da ein Schatten die Debatte überzieht: Was würde es bedeuten, wenn Männer und Frauen nicht bei der Geburt gleich wären? Wäre dieser Befund eine Rechtfertigung für die Fortführung der Benachteiligung der Frau? Ist Gleichheit die Voraussetzung für Gleichstellung? Vor allem auf dem Parkett der populärwissenschaftlichen Veröffentlichungen wird diese Diskussion so ambitioniert geführt wie kaum eine andere (z. B. Brizendine 2007 vs. Fine et al. 2010).

Zurück zu den Kindern. Zu den Mädchen, die mit liebevoller Hingabe das Feuerwehrauto trösten und den Jungen, die ihre mit vielen Spielzeugautos beladenen Abschlepp-Puppenwagen ineinander krachen lassen.

Verschiedene neurobiologische und psychologische Studien legen nahe, dass es die *Biologie* ist, die einige der Verhaltensunterschiede vorgibt. Unterschiede sind nämlich vorhanden, *bevor* die Gesellschaft ihren Stempel aufdrücken kann – also bereits bei Neugeborenen.

Aus der Forschung: 102 Neugeborene, die per definitionem noch keine Gelegenheit hatten, sich von sozialen und kulturellen Normen in eine bestimmte Geschlechterrolle hineinprägen zu lassen, wurden daraufhin getestet, ob sie lieber ein physikalisch-mechanisches Objekt (ein Mobile) oder ein soziales Objekt (ein Gesicht) ansehen. Es zeigte sich, dass die neugeborenen Jungen durchschnittlich ein größeres Interesse für das mechanische Mobile hatten, die Mädchen hingegen das Gesicht bevorzugten (Connellan et al. 2000).

Die Vorliebe für *geschlechtertypisches Spielzeug* bietet ebenfalls Anlass für Theorien über die Ursache dieser Unterschiede. Sind es Sozialisationsprozesse? Sind es die Eltern oder die Gleichaltrigen, die das Spielen mit geschlechtstypischem Spielzeug ermutigen und Unterschiede in Spielzeugvorlieben formen? Oder sind es angeborene Vorlieben für bestimmte Aktivitäten, die sich in einer Vorliebe für charakteristisches Spielzeug niederschlagen? Verschiedene Forschungsergebnisse legen nahe, dass die Biologie durchaus eine Rolle spielt.

Aus der Forschung: Zum einen treten die Unterschiede in der Spielzeugvorliebe insbesondere bei Jungen auf, bevor die Kinder ihr eigenes Geschlecht identifizieren und Jungen und Mädchen aufgrund ihres Geschlechts einordnen können (Blakemore et al. 1979).
Zum anderen deutet auch die Beobachtung von Affen darauf hin. Kleine Affen kennen vermutlich den kulturellen Kontext menschlicher Spielzeuge nicht. Sie haben keine große Schwester, die zum letzten Geburtstag eine Puppe bekam, keinen Vater, der mit Hingabe Autozeitschriften durchblättert und keine Nachbarsjungen, die

ihre Bobbycars ineinander krachen lassen. Dennoch bevorzugen sie das gleiche Spielzeug wie ihre menschlichen Pendants: Vor allem die männlichen Affen lieben alles, was Räder hat (Hassett et al. 2008).

Die erhöhte *Aggression* kleiner Jungen ist ein weiterer Verhaltensbereich, der zu Diskussionen darüber einlädt, ob das geschlechtstypische Verhalten angeboren ist. Da Unterschiede im aggressiven Verhalten sehr früh auftreten, wird von einigen Forschern angenommen, dass durchaus eine genetische Komponente daran beteiligt ist.

Aus der Forschung: Männliche anderthalb bis zweijährige Kleinkinder sind aggressiver als ihre weiblichen Spielkameradinnen – ebenfalls bereits bevor sie zuverlässig zwischen den Geschlechtern unterscheiden und benennen können, was von den einzelnen Geschlechtern erwartet wird (Archer 2004). Mit zunehmendem Alter nimmt die Aggression der Jungen ab, nicht zu (Tremblay et al. 1999). Wäre die geschlechtstypisch erhöhte Aggression eine Folge der Sozialisation (d.h. eine Folge der Annahme, Jungen müssen nun mal aggressiv sein), würde man annehmen, dass sie mit zunehmendem Alter eher verstärkt würde. Stattdessen erleben männliche Kinder im Vorschulalter den Gipfel ihrer Aggressivität. Sobald ihre sozialen Fähigkeiten deutlich werden, sobald sie lernen, sich selbst zu kontrollieren und die Regeln der Gesellschaft kennenlernen, werden sie allmählich friedfertiger und kooperativer (Pinker 2008).

Die Beobachtung, dass Unterschiede im Verhalten von Mädchen und Jungen auftreten, *bevor* die Kinder ihr Geschlecht und zugehörige Rollenbilder identifizieren können, hat Wissenschaftler zu der Annahme verleitet, dass die geschlechtstypischen Gene und deren Auswirkungen auf den Hormonhaushalt bereits während der Schwangerschaft oder kurz nach der Geburt einen geschlechtsspezifischen Einfluss auf das Kind haben und Gehirn und Verhalten so organisieren, dass typisch weibliches oder typisch männliches Verhalten entsteht (z. B. Campbell et al. 1998).

Die Annahme einer biologischen Unterschiedlichkeit von Mädchen und Jungen wird zudem durch eine Reihe von Befunden gestützt, in denen ein Zusammenhang zwischen der vorgeburtlichen oder früh nachgeburtlichen *Testosteron-Konzentration* und späteren geschlechtstypischen Verhalteneigenschaften gefunden wurde. In der Regel findet man, dass eine vorgeburtlich hohe Testosteron-Konzentration mit einem eher männlichen Spielverhalten des Kindes einhergeht.

Aus der Forschung: Mehrere Methoden werden angewandt, um den Einfluss vorgeburtlicher Geschlechtshormone auf das Verhalten einzuschätzen. Eine davon ist die Untersuchung von Kindern mit einer angeborenen genetischen Störung, die zu einer erhöhten Produktion männlicher Geschlechtshormone durch die Nebenniere führt. Mädchen mit dieser Störung neigen eher zu typisch männlichen Spielen als Mädchen ohne diese Störung (Hines 2011). Für eine Bestimmung der Ursache für das charakteristische Spielverhalten wurde auch das elterliche Verhalten beobachtet. Es zeigte sich, dass die Eltern bei den Mädchen mit der Störung mehr als bei Mädchen ohne Störung weibliches (und nicht etwa männliches) Spielverhalten verstärkten. Die Sozialisation durch die Eltern kann demnach nicht das besonders männliche Verhalten hervorgebracht haben (Pasterski et al. 2005).

In anderen Studien wurde der Testosteron-Gehalt im mütterlichen Blut oder im Fruchtwasser untersucht und dessen Zusammenhang mit geschlechtstypischem Spiel beobachtet. Hier zeigte sich ebenfalls, dass hohe vorgeburtliche Testosteron-Konzentrationen mit einem typisch männlichen Spielverhalten verbunden sind.

Bei Menschen ebenso wie bei Affen (für eine Übersicht s. Hines 2011).

Eine früh erhöhte Testosteron-Konzentration – angezeigt durch eine Fruchtwasseruntersuchung oder aufgrund einer angeborenen Erkrankung – steht nicht nur in einem Zusammenhang mit einem eher männlichen Spielverhalten, sondern auch mit weiteren Eigenschaften. Hierzu gehört die Neigung zu Aggressionen, aber auch zu Empathie und weiteren sozialen Fähigkeiten.

Aus der Forschung: Jungen sind – wie oben angedeutet – von der 8. bis zur 24. Woche der Schwangerschaft einer besonders hohen Testosteron-Konzentration ausgesetzt und es wird angenommen, dass diese vorübergehend hohe Konzentration mit einer Maskulinisierung des Gehirns einhergeht. Viele Schwangere entscheiden sich dafür, innerhalb dieses Zeitraums eine Fruchtwasseruntersuchung vornehmen zu lassen. In einer Serie von Studien wurde im Rahmen einer solchen Untersuchung die Testosteron-Konzentration im Fruchtwasser erhoben und mit späteren Verhaltenseigenschaften verglichen. Es zeigte sich, dass Kinder mit höheren Konzentrationen dazu neigten, im Alter von 12 Monaten weniger häufig Blickkontakt aufzubauen und im Alter von 18 und 24 Monaten ein geringeres Vokabular zu haben als andere. Je höher die Testosteron-Konzentration, desto geringer war zudem die Qualität sozialer Beziehungen im Alter von vier Jahren und die Empathie im Alter von 4 Jahren und 8 Jahren. Die Kinder mit den höheren Testosteron-Konzentrationen waren hingegen besonders gut darin, ihre Aufmerksamkeit auf kleine Details zu richten. Da dies Verhaltenseigenschaften sind, die auch bei Jungen und Mädchen in einem unterschiedlichen Ausmaß auftreten, nimmt man an, dass die vorgeburtliche Testosteron-Konzentration das Gehirn so beeinflusst, dass geschlechtstypische Verhaltensweisen entstehen (für eine Übersicht s. Baron-Cohen et al. 2011).

Das vorgeburtliche Testosteron-Milieu hinterlässt auch körperlich sichtbare Spuren. Und zwar an den Fingern. Vorgeburtliches Testosteron beeinflusst sowohl bei Männern als auch Frauen das Längenverhältnis zwischen Zeigefinger (2D genannt) und Ringfinger (4D genannt) der rechten Hand. Das sich daraus ergebende sogenannte *2D:4D-Verhältnis* wird von einigen Autoren mit der Ausprägung geschlechtstypischen Verhaltens in Verbindung gebracht. Ein geringes Verhältnis ist ein Zeichen hoher vorgeburtlicher Testosteron-Konzentrationen und wird häufig von einer Neigung zu eher männlichen Verhaltensweisen begleitet. Allerdings ist dieser Zusammenhang nicht ganz unumstritten.

Aus der Forschung: Bereits bei Kleinkindern sind Auswirkungen dieses Verhältnisses zu beobachten: In einem Miteinander mit ihren Eltern haben Kinder mit einem eher weiblichen Verhältnis länger und häufiger Augenkontakt mit ihren Müttern und Vätern als Kinder mit einem eher männlichen Verhältnis. Ihnen scheint das soziale Miteinander wichtiger zu sein (Saenz und Alexander 2013).

Man nimmt an, das Verhältnis von Zeigefinger zu Ringfinger würde widerspiegeln, in welchem Verhältnis die beiden Geschlechtshormone Testosteron und Östrogen während der vorgeburtlichen Entwicklung auf den Fötus einwirkten. Aber auch die Gene können Auswirkungen auf das 2D:4D-Verhältnis haben. Menschen mit verschiedenen Genvarianten für den Testosteron-Rezeptor unterscheiden sich darin, ob sie zu einer eher männlichen oder einer eher weiblichen Hand neigen.

Das vorgeburtliche Milieu von Geschlechtshormonen und deren Rezeptoren scheint einerseits das Fingerverhältnis und andere körperliche Kennzeichen hervorzubringen und andererseits die individuelle Entwicklung des Gehirns zu lenken.

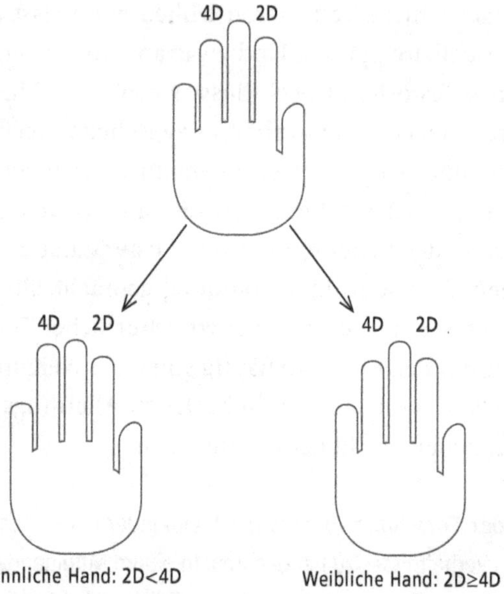

Abb. 3.2: Abhängigkeit des Fingerverhältnisses von der vorgeburtlichen Testosteron-Wirkung. Links ist eine männliche rechte Hand mit einem geringen 2D:4D-Verhältnis dargestellt: Der Zeigefinger ist kürzer als der Ringfinger. Diese Handform deutet auf eine relativ hohe vorgeburtliche Testosteron-Konzentration hin. Die rechte weibliche Hand, rechts abgebildet, hat ein hohes 2D:4D-Verhältnis und ist ein Kennzeichen eher geringer vorgeburtlicher Testosteron-Konzentrationen (Abbildung verändert nach Manning et al. 2011).

Letzteres wiederum stattet den Menschen mit bestimmten Eigenschaften aus, die bestimmte Aspekte seines Fühlens, seines Denkens und seines Handelns bis in das Erwachsenenalter hinein beeinflussen. Dies betrifft vor allem Situationen, die mit einer Freisetzung von Testosteron einhergehen – so etwa, wenn Herausforderungen zu meistern sind (s. Kapitel 5.3).

Eine weitere Welle der Testosteron-Freisetzung tritt bei männlichen Kindern kurz nach der Geburt auf, und zwar von der 2. bis zur 26. Woche. Man nennt dies *Mini-Pubertät.* Mädchen hingegen sind kurz nach der Geburt einem Anstieg an Östrogenen ausgesetzt. Nicht nur die individuelle vorgeburtliche Testosteron-Konzentration, auch diejenige der Mini-Pubertät steht in einem Zusammenhang mit dem späteren Ausmaß geschlechtstypischen Verhaltens.

Aus der Forschung: Je größer die Konzentration an Testosteron im Speichel drei bis vier Monate alter männlicher und weiblicher Säuglinge, desto größer ist einer Studie zufolge die Neigung der Kinder, im zweiten Lebensjahr typisch männliches Verhalten zu zeigen (Saenz und Alexander 2013). Auch das Spielverhalten der Kinder wird beeinflusst: Je größer der in den ersten Lebensmonaten festgestellte Testosteron-Gehalt im Urin von Jungen, desto weniger sind sie an Puppen interessiert. Andersherum neigen Mädchen umso mehr zu einer Beschäftigung mit Spielzeugzügen, je höher der Testosteron-Gehalt ausfällt (Lamminkmäki et al. 2012).

All dies spricht dafür, dass es die Biologie ist, die mit frühen Hormonkonzentrationen und Rezeptordichten festlegt, ob bei einem Kind eher männliches oder weibliches Verhalten überwiegt. Ist der Mensch also bereits durch seine Gene in seinem geschlechtstypischen Verhalten determiniert?

Nein, so einfach ist das nicht. Auch für die biologische Grundlage geschlechtstypischen Verhaltens spielen Erfahrungen eine Rolle. Vorgeburtliche Stresserfahrungen, von denen wir im letzten Abschnitt gehört haben, beeinflussen beispielsweise, mit welcher Menge Testosteron der kleine Fötus konfrontiert ist und hierüber sein späteres Verhalten. Der frühe Stress scheint kleinen Jungen eher mädchenhafte und kleinen Mädchen eher jungenhafte Züge zu geben – zumindest wird dies von einer aktuellen Studie angedeutet.

Aus der Forschung: Vorgeburtlicher Stress kann nicht nur – wie in Kapitel 3 beschrieben – das Cortisol-System, sondern auch das Testosteron-System beeinflussen. In verschiedenen Tiermodellen wurde gezeigt, dass vorgeburtlicher Stress bei männlichen Tieren mit einer verringerten Testosteron-Konzentration und einem weiblicheren Verhalten einhergeht. Kürzlich wurde auch bei Kindern ein Einfluss vorgeburtlichen Stresses auf geschlechtstypisches Verhalten gefunden. Es zeigte sich nämlich, dass Jungen, die vor der Geburt Stress ausgesetzt waren, eher zu einem mädchenhaften Spiel (z. B. Spiel mit Puppen, Nachspielen typischer Familienszenen) neigen als andere Jungen. Mädchen hingegen, die vorgeburtlich Stress erlebten, haben eine Tendenz zu eher männlichem Spiel (z. B. Spiel mit Werkzeugen, Autos und Flugzeugen, Raufen und Kämpfen) (Barrett et al. 2014).

Neben diesen vorgeburtlichen Stresserfahrungen ist natürlich auf Seite der Erfahrungen auch die *Sozialisation* von großer Bedeutung. Es ist kaum vorstellbar, dass es *keinen* Einfluss auf das geschlechtstypische Verhalten eines Kindes haben sollte, wenn dessen Eltern bestimmte Rollenvorstellungen im Kopf haben und das entsprechende kindliche Verhalten, zum Beispiel Puppenliebe oder Autospiel, Schüchternheit oder Aggression bei dem einen Geschlecht mehr verstärken oder dulden als bei dem anderen Geschlecht. Das ist nicht neu (siehe z.B. Eccles et al. 1990; Wharton 2005; Fine 2010). *Einseitige* Sichtweisen über den Ursprung von Geschlechtsunterschieden entsprechen allerdings nicht mehr den aktuellen Forschungsergebnissen. Gene und Erfahrungen oder Biologie und Soziologie beeinflussen sich immer gegenseitig. Biologische Faktoren wie die vorgeburtliche Testosteron-Konzentration beeinflussen die Hirnentwicklung und damit auch, wie das Individuum auf die Umwelt reagiert, welche Erfahrungen es im Miteinander mit anderen macht und mehr noch, welche Umwelt, welche Spielkameraden, welche Freunde es sich später aussucht (Miller und Halpern 2014). Hinzu kommen die genannten Einflüsse: Rollenvorstellungen und geschlechtertypische Behandlung durch Eltern, Erzieher, Lehrer, aber auch Gleichaltrige. Die gesamten Erfahrungen beeinflussen gemeinsam wiederum die weitere biologische Entwicklung, so etwa die Reifung der limbischen Ebenen. Gene und Erfahrungen formen zusammen mädchenhaftes oder jungenhaftes Verhalten.

Gibt es also zwei Sorten von Kindern? Diejenigen mit und diejenigen ohne Testosteron? Nein, genauso wie es nicht ausschließlich große Menschen und kleine Menschen gibt, treten auch beim geschlechtstypischen Verhalten innerhalb der Geschlechter große Unterschiede auf. Geschlechtshormone sind nicht nur ursächlich für Unterschiede zwischen den Geschlechtern, sondern ebenso daran beteiligt, individuelle Unterschiede *innerhalb* eines jeden Geschlechts hervorzubringen. Es gibt besonders mädchenhafte Mädchen und eher jungenhafte Mädchen, eher mädchenhafte Jungen und besonders jungenhafte Jungen. Es gibt nicht *das* weibliche oder männliche Gehirn bzw. *das* weibliche oder männliche Verhalten. Geschlechtstypisches Verhalten beinhaltet lediglich Durchschnittswerte, die sich ergeben, wenn man größere Gruppen von Mädchen und Jungen oder Frauen und Männern vergleicht.

Der Einfluss der Geschlechtshormone ist kompliziert und es mag sein, dass verschiedene Hirnstrukturen und Verhaltensweisen in unterschiedlichen kritischen Perioden der Entwicklung durch das hormonelle Milieu beeinflusst werden. In der Folge könnte ein Kind in mancherlei Hinsicht besonders männlich sein, in anderen Verhaltensbereichen jedoch eher weibliche Züge aufweisen (Hines 2011).

In einem späteren Kapitel werde ich noch einmal auf die Geschlechtsunterschiede zurückkommen. Dann wird es darum gehen, was aus diesen frühen Geschlechtsunterschieden wird, wenn die Kinder erwachsen sind, wenn sie eigene Kinder haben. Dann geht es um die Unterschiede von Frau und Mann und Mutter und Vater.

Take Home: Mädchen und Jungen kommen mit unterschiedlichen emotionalen Anlagen auf die Welt. Mädchen scheinen im Mittel eher eine angeborene Vorliebe für soziale Reize zu haben als Jungen, die – Vorurteil hin oder her – ihrerseits oft an mechanischen Dingen interessiert sind. Allerdings können diese angeborenen Tendenzen durch die frühe Umwelt einschließlich der im gesellschaftlichen Umfeld verankerten Rollenbilder verstärkt oder abgeschwächt werden und treten deshalb individuell sehr unterschiedlich auf. Die Welt braucht alle. Sie braucht kleine Jungen und kleine Mädchen. Sie braucht Männer, die besonders männlich sind und Frauen, die besonders weiblich sind. Und all diejenigen, die mit ihrer biologischen Ausstattung und ihren Verhaltensweisen irgendwo dazwischen gelandet sind, sowieso. Wichtig ist es, die kleinen Mädchen und Jungen so zu akzeptieren wie sie sind und ihnen weder ein bestimmtes Rollenbild, noch eine zwanghafte Gleichheit aufzudrängen. Ach ja, und eine sichere Bindung brauchen sie alle, um ihre Anlagen positiv entfalten zu können. Aber dazu später mehr.

3.4 Wie prägt die Geburtserfahrung das Kind?

Eines der Kennzeichen der menschlichen Spezies ist das im Vergleich zu seiner Körpermasse besonders große Gehirn. Dies hängt möglicherweise damit zusammen, dass der Mensch besonders anpassungsfähig und sozial ist, bringt jedoch auch eine gewisse unpraktische Komponente mit sich, da dieses große Gehirn durch das Becken der Mutter muss. Der aufrechte Gang des Menschen begrenzt nämlich die Beckengröße bzw. die Weite des Geburtskanals der Frau. Diese beiden Eigenschaften kollidieren – man nennt dies auch das *obstetrische Dilemma* (Burton et al. 2015). Das Dilemma hat zur Folge, dass einerseits die Geburt mühsam, schwierig und gelegentlich gefährlich ist und andererseits der Mensch zu einem Zeitpunkt geboren werden muss, an dem er noch äußerst unfertig und hilflos ist. Um diesem Problem beizukommen, hat die Natur in Millionen Jahren andauernder Kleinarbeit den Prozess der Geburt so optimiert, dass einerseits das chemische Milieu Mutter und Kind effizient durch die Gefahren und Anstrengungen der Geburt leitet und andererseits bereits mit der Geburt beide bestmöglich für eine enge Beziehung ausgerüstet werden, so dass Schutz und Fürsorge des Kindes gewährleistet sind.

Vorbereitung der Geburt und das Grande Finale

Neun Monate warten wir auf den ersehnten ersten Anblick unseres Kindes, auf die Geburt. Während wir Strampler, Decken und Kinderwagen kaufen, Testberichte lesen und uns mit der Suche nach dem besten Kinderarzt des Viertels beschäftigen, läuft auch das mütterliche Hormonsystem auf Hochtouren, um sie und ihr Kind auf den großen Moment vorzubereiten.

Östrogen, Progesteron, Prostaglandin – zahlreiche Stoffe sind daran beteiligt, den mütterlichen Körper auf die Geburt einzustellen. Schon lange vor der Geburt beginnt das Prolactin mit diesem Job. Dieses Protein befähigt Mütter, Milch zu produzieren und stimuliert die Nahrungsaufnahme. Es informiert das mütterliche Gehirn über den reproduktiven Zustand und treibt die Anpassung von Gehirn und Körper an diesen Zustand an.

Ansteigende Konzentrationen von Östrogen bereiten die Gebärmutter auf die anstehenden Wehen vor. In der Gebärmutter werden hierdurch etwa zusätzliche Bindungsstellen für Oxytocin geschaffen, damit dieser Stoff während der Geburt die Kontraktionen der Gebärmutter effektiv steuern kann. Im Gehirn wird die Anzahl der Bindungsstellen für die körpereigenen Opioide (genauer: die sogenannten β-Endorphine) erhöht, so dass diese während der Geburt die Geburtsschmerzen dämpfen können. Ebenso wird im Gehirn, aber auch in der Brust die Produktion von Bindungsstellen für Oxytocin und Prolactin hochgefahren, um optimale Bedingungen für die Mutter-Kind-Bindung sowie das Stillen zu schaffen.

Nicht nur die Mutter, auch das Baby wird vorgeburtlich auf die Geburt und den kritischen Übergang in ein Leben außerhalb des Mutterleibs vorbereitet. Eine große Anzahl von Bindungsstellen für Adrenalin und Noradrenalin wird produziert, damit der während der Geburt stattfindende Schub dieser sogenannten Catecholamine seine Wirkung zeigen kann. Während der Geburt kann hierdurch der Blutdruck erhöht und der Blutfluss zu wichtigen Organen wie Herz und Gehirn aufrechterhalten werden. Das schützt das Baby auch im Angesicht heftiger Kontraktionen vor den Folgen von Sauerstoffmangel. Diese Stoffe gewährleisten zudem, dass Energie mobilisiert und gegen Ende der Geburt die Wachsamkeit erhöht wird. Ebenso wie die Mutter wird auch das Kind in den Zustand versetzt, Höchstleistungen vollbringen zu können. Das Baby wird auf den großen Moment vorbereitet.

Die Geburt rückt näher, alles ist vorbereitet und wartet. Sogar Papa sitzt hibbelig auf dem Stuhl neben der werdenden Mutter und kann gar nicht fassen, was um ihn herum geschieht. Besonders wichtig ist nun das *Oxytocin*, das uns im Verlauf der nächsten Kapitel immer wieder begegnen wird.

Für Interessierte: Im Gehirn wird Oxytocin im Hypothalamus der unteren limbischen Ebene produziert (genauer im Nucleus supraopticus und im Nucleus paraventricularis, aber das muss sich keiner merken) und über verschiedene Wege freigesetzt (s. Abb. 3.3).

1. Eine bestimmte Art von Zellen, die großen »magnozellulären« Nervenzellen, erreicht mit ihren Axonen den Hypophysenhinterlappen. Das Oxytocin ist in kleinen Vesikeln im Endknöpfchen des Axons gespeichert. Sobald Aktionspotentiale über das Axon eintreffen, werden die Moleküle in kurzen Pulsen freigesetzt. Über ein dichtes Kapillarnetz im Hypophysenhinterlappen erreicht das Oxytocin die Blutbahn und kann an verschiedenen Organen wie etwa der Gebärmutter wirken. Der Weg zurück ins Gehirn wird allerdings von der Blut-Hirn-Schranke blockiert.
2. Auch die Dendriten der magnozellulären Nervenzellen setzen Oxytocin frei, und zwar lokal, innerhalb des Hypothalamus. Das Oxytocin beeinflusst hierdurch Zellen im Hypothalamus selbst. Zu den beeinflussten Zellen gehören Zellen des Stresssystems ebenso wie die Oxytocin-Zellen selbst. Das Oxytocin kann dadurch seine eigene Freisetzung regulieren.
3. Zudem gibt es in den Zellgruppen noch kleinere Zellen, die »parvozellulären« Nervenzellen, und auch sie produzieren Oxytocin. Sie schicken das Oxytocin über ihre Fortsätze in verschiedene Hirnregionen, etwa zum Hypophysenvorderlappen, ins basale Vorderhirn und in verschiedene limbische Hirngebiete. Dort bindet es an seine Rezeptoren auf den dortigen Zellen und beeinflusst deren Aktivität (Landgraf und Neumann 2004; Baribeau und Anagnostou 2015).

Im Zusammenhang mit der Geburt ist das *Oxytocin* der wesentliche Auslöser für die rhythmischen Kontraktionen der

Gebärmuttermuskulatur während der Wehen. Eine weitere sehr wichtige Funktion des Oxytocins ist seine *stresslösende* Wirkung – darauf werde ich in Kapitel 4 ausführlich eingehen. In Zusammenarbeit mit den körpereigenen Opioiden hat es zudem eine schmerzstillende Wirkung. Gemeinsam erlauben diese beiden Stoffe der Mutter, mit dem Stress und den Schmerzen der Wehen klarzukommen. Sie hält es aus.

Das mütterliche Gehirn weiß, was zu tun ist, welche Stoffe auszuschütten sind und wann die Mutter sich wie zu verhalten hat. Zwar wird die mütterliche Gehirnaktivität während der Geburt in der Regel nicht untersucht (welche Mutter möchte schon in einem Hirnscanner gebären), das Wissen um die Funktion der Hirnzentren legt jedoch nahe, dass sich dann, wenn es soweit ist, die Hirnregionen der kognitiv-sprachliche Ebene, rational und berechnend wie sie sind, zurückziehen und der unteren limbischen Ebene den Job überlassen. Die Anleitung für die Geburt ist in den unbewussten Tiefen der unteren limbischen Ebene der Mutter gespeichert. Sie beherbergt etwa die unbewusst wirkenden Komponenten der schnellen Stressantwort. Jenes automatische Programm, das uns zu Höchstleistungen befähigt, wird von dieser Schaltzentrale aus hochgefahren und wieder heruntergefahren. Die Schmerzwahrnehmung wird gesenkt und sogar der Bewusstseinszustand durch die körpereigenen Opioide verändert. Manche Gebärenden fühlen sich daraufhin wie auf Droge. Während ihre untere limbische Ebene die Angelegenheit mit der Geburt ganz alleine mit dem Körper regelt, ohne Anwesenheit der kognitiv-sprachlichen Ebene mit all ihren Rationalisierungen und Erklärungen, fühlen sich die Frauen oft, als würde ihre Welt schrumpfen, sie sich auf einem anderen Planeten befinden. Sie haben ein anderes Erleben von Zeit und sind nicht in der Lage, auf Menschen oder Ereignisse in ihrer Umwelt zu fokussieren. Holt man sie aus diesem Zu-

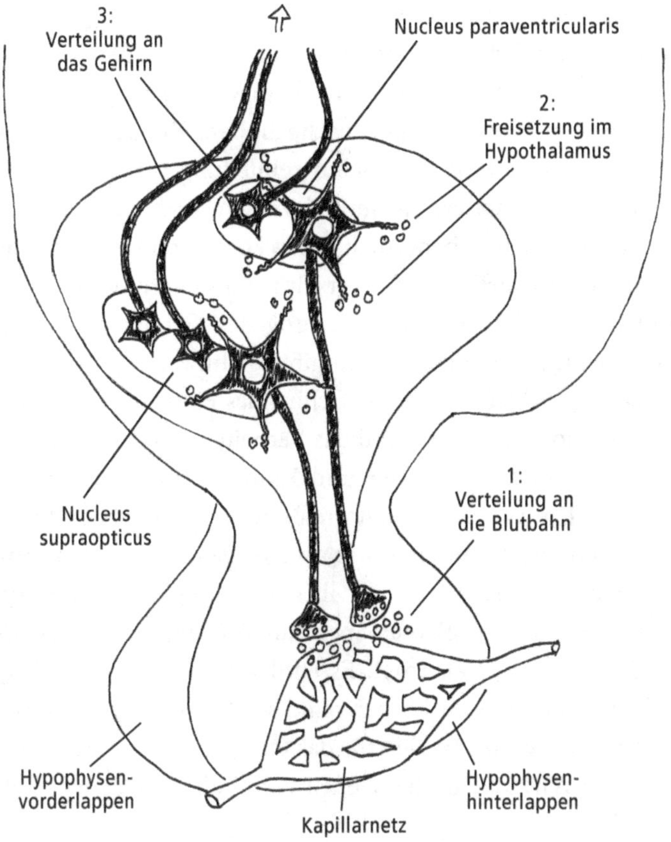

Abb. 3.3 Freisetzung von Oxytocin im Gehirn. Erläuterungen im Text (Abbildung verändert nach Baribeau und Anagnostou 2015).

stand heraus, etwa, weil man ihnen eine rationale Entscheidung über den weiteren Geburtsverlauf abverlangt, so verlieren die limbischen Hirnbereiche ihre Dominanz, und die Geburt könnte verzögert werden.

Medizinische Interventionen

Verläuft die Geburt nicht so optimal wie von der unteren limbischen Ebene vorgesehen, dann wird häufig mit medizinischen Interventionen nachgeholfen. Kommt sie etwa nicht in Gang, wird eine Geburtseinleitung vorgenommen. Oxytocin oder andere Hilfsmittel werden verabreicht, um die Geburt voranzutreiben. Auch dieses körperfremde Oxytocin kann Wehen auslösen oder verstärken und wird deshalb zur Einleitung oder zur Unterstützung des Geburtsvorganges eingesetzt. Seit einigen Jahren gibt es Hinweise, dass dieser Eingriff möglicherweise das Gehirn des Fötus und hierüber das emotionale Erleben und das Verhalten des Kindes sowie die Beziehung von Mutter und Kind negativ beeinflussen könnte.[7] Die Wirkung des normalerweise förderlichen Oxytocins könnte somit auch negative Folgen haben. Von großer Bedeutung ist hierbei vor allem eine mögliche Erhöhung des Risikos, eine Autismus-Spektrum-Störung zu entwickeln (z.B. Weisman et al. 2015). Es wird vermutet, dass die Zufuhr großer Mengen körperfremden Oxytocins die Ausbildung von Bindungsstellen für das Oxytocin über eine epigenetische Wirkung an den Genen vermindert (Gregory et al. 2009).

Der Eingriff in den natürlichen Prozess der Oxytocin-Ausschüttung birgt hiernach Risiken für das Kind. In vielen Fällen ist das Vorgehen einer Verabreichung körperfremden Oxytocins jedoch medizinisch notwendig. Wie geht man damit um? Wie immer, wenn gängige medizinische Interventionen kontrovers diskutiert werden, fragt man sich, was man tun soll, wenn der Arzt dazu rät. Wichtig ist es, im Kopf zu behalten, dass die wissenschaftlichen Studien immer nur statistische Mittelwerte liefern. Es heißt: Das Risiko ist erhöht. Es heißt nicht: Nach einer durch Oxytocin unterstützten Geburt wird das Kind Entwicklungsdefizite haben. Wie bei vielen Erkrankungen wird es auch für die Entwicklung einer Autismus-Spektrum-Störung nötig sein, dass verschiedene ungünstige Faktoren zusammenkommen, so etwa Erfahrungen, die auf bestimmte genetische Prädispositionen treffen. Oft kommt es aber auch ohne nachvollziehbare medizinische Indikation zu einer Einleitung (Lydon-Rochelle et al. 2007) und viele Frauen stehen dieser Intervention alles andere als abneigend gegenüber. Bequemlichkeit oder Vorlieben bezüglich des Geburtstermins sollten allerdings keine Auslöser für eine Geburtseinleitung sein und der Körper den Termin frei wählen dürfen.

Als angehende Eltern wissen wir zwar, ob wir noch rechtzeitig die Strampler frisch gewaschen in die Regale geräumt haben, sind jedoch hinsichtlich der Vorbereitungen im mütterlichen Körper ahnungslos. Wir wissen nicht, ob er zum Zeitpunkt einer eingeleiteten Geburt auf das große Finale vorbereitet ist, ob etwa die Bindungsstellen für die verschiedenen Moleküle ausreichend aufgestockt wurden, um eine effektive und erträgliche Geburt zu gewährleisten.

Beispiel: Wird eine Geburt vor dem Termin eingeleitet, so kann es möglicherweise passieren, dass die Anzahl der Oxytocin-Bindungsstellen in der Gebärmutter noch nicht ausreichend erhöht wurde. In der Folge wäre Oxytocin in seinen Versuchen, die Gebärmuttermuskulatur zur Kontraktion zu bringen, nicht ausreichend effizient, um die Geburt voranzubringen. Ebenso könnte auch im Gehirn die Ausstattung mit Bindungsstellen für Oxytocin und die endogenen Opioide noch nicht abgeschlossen sein, so dass deren umfangreiche, schmerzstillende Wirkung im Kontext der Geburt begrenzt wäre.

Mehr noch als die Einleitung betrifft diese Unterbindung der natürlichen Prozesse den geplanten (»primären«) Kaiserschnitt. Die Mutter erlebt – im Gegensatz zum nach Beginn der natürlichen Geburt durchgeführten (»sekundären«) Kaiserschnitt – keine Kontraktionen der Gebärmuttermuskulatur und keine Wehen. Ihr Körper wird nicht mit Oxytocin und endogenen Opioiden überflutet und ebenso wenig erhält das Kind die notwendige Dosis Adrenalin und Noradrenalin, um dem Leben da draußen wachsam und offen für die neuen Reize zu begegnen.

Die mit zunehmender Nähe zum Geburtstermin und während der Wehen stattfindenden hormonellen Veränderungen bereiten nicht nur auf die körperlichen Vorgänge der Geburt vor. Ebenso stimmen sie das emotionale Erleben und das Verhalten auf den bevorstehenden großen Moment ein. Deshalb kann das Ausbleiben dieser hormonellen Veränderungen – etwa aufgrund eines geplanten Kaiserschnitts – auch Defizite im Gefühlsleben der Mutter und in der Mutter-Kind-Bindung mit sich bringen, wie ich gleich erläutern werde.

Kaiserschnitte werden immer häufiger eingesetzt, oft auch ohne zwingende medizinische Indikation. In Deutschland liegt die Kaiserschnitt-Rate inzwischen bei 31 % (Zeitlin et al. 2010). Werden die Folgen des geplanten Kaiserschnitts mit denen einer Spontangeburt verglichen, dann berücksichtigt man häufig nur kurzfristige gesundheitliche Auswirkungen sowie Überlebensraten, nicht jedoch langfristige Folgen für die Mutter-Kind-Bindung und die psychische Gesundheit des Kindes.

Nach der Geburt: Prägung in der Ruhe nach dem Sturm

Das Baby wurde geboren. Mutter und Kind haben Höchstleistungen vollbracht und dürfen sich das erste Mal in die Augen schauen. Ein unvergesslicher Moment.

Nun ist es wichtig, das Stressniveau der beiden baldmöglichst zu dämpfen. Dieser Übergang von einem Zustand hohen Stresses zu einem Zustand der Ruhe wird natürlicherweise durch den Hautkontakt des Kindes mit der Mutter unmittelbar nach der Geburt ausgelöst. Die Mutter schaut ihr Baby an, lächelt und spricht mit ihm. Die Stresshormonkonzentration in ihrem Körper fällt, und sie entspannt sich. Der Säugling beruhigt sich ebenfalls. Er hört auf zu schreien, und seine Stresshormone fallen in einen ruhigen Schlaf. Auch jetzt, nach der Geburt, spielt das körpereigene Oxytocin eine wichtige Rolle. Es wird beim Hautkontakt ebenso wie beim Stillen freigesetzt, beruhigt das Stresssystem und hat weitere positive Auswirkungen auf das emotionale Erleben (s. u.), aber auch auf die körperliche Gesundheit. Es ist übrigens auch daran beteiligt, dass sich frühgeborene Babys nach einer Känguruversorgung besser entwickeln als nach konventioneller Frühchenversorgung.

Auch die Oxytocin-Wirkung nach der Geburt funktioniert besser, wenn die Geburt spontan verlaufen ist. Anscheinend ist die hohe Oxytocin-Konzentration während der Geburt wichtig, um das Tor für die anschließende Wirkung des aufgrund von Hautkontakt und Stillen freigesetzten Oxytocins zu öffnen. Bei Frauen, die aufgrund eines geplanten Kaiserschnitts keine Wehen erleben, wird die Geburt nicht von einer vergleichbaren Oxytocin-Freisetzung begleitet. Bei ihnen führen Hautkontakt und Stillen nach der Geburt nicht automatisch zu einer Ausschüttung großer Mengen Oxytocins und die normalen psychologischen Anpassungen an das Mutterdasein bleiben aus. Erhalten die Mütter jedoch eine Oxytocin-Infusion nach der Geburt, werden diese Funktionen wiederhergestellt und die Mütter reagieren mit einer Freisetzung von Oxytocin auf den Hautkontakt und das Stillen und erleben die psychologischen Anpassungen wie andere Mütter (Uvnäs-Moberg et al. 2014). Die Weichen für eine frühe Bindung sind gestellt.

Für Interessierte: Körperfremdes Oxytocin kann nicht nur während der Geburt, sondern auch nachgeburtlich eingesetzt werden, um über weitere Kontraktionen der Gebärmuttermuskulatur die Plazentaablösung zu fördern und Blutungen zu verhindern. Wird dies nach einem geplanten Kaiserschnitt eingesetzt, so ist dies ein Beispiel dafür, dass manchen Interventionen wiederum andere Interventionen folgen müssen, um Nebenwirkungen abzumildern.

Ist die Geburt ohne größere Komplikationen verlaufen, funktioniert das Oxytocin-System gut und zuverlässig, dann sind beide, Mutter und Kind, relativ ruhig und haben eine große Bereitschaft, sich auf den anderen einzulassen (auf den Vater komme ich später zu sprechen, gebären tut ja schließlich die Mutter). Sie verlieben sich ineinander, und ein erstes Band wird gespannt.

Eine kleine Geschichte: »In einem erstaunlichen Zwischenfall in einem israelischen Krankenhaus erhielten zwei Mütter versehentlich die falschen Babys, nahmen sie mit nach Hause und sorgten für sie. Im Zuge einer zwei Wochen später anstehenden Untersuchung wurde der Fehler entdeckt und die Rückgabe der Babys in ihre eigenen Familien vorbereitet. Überraschend hatten sich beide Mütter so erheblich an das Baby gebunden, für das sie in den ersten 14 Tagen gesorgt hatten, dass sie es nicht hergeben wollten. Ihre Ehemänner hingegen befürworteten die Fehlerkorrektur jedoch eindringlich, da gewisse Gesichtsmerkmale und andere Eigenheiten der Kinder eine Zugehörigkeit zu ihrer individuellen Familie deutlich machten.« (Kennell et al. 1975, S. 89, eigene Übersetzung). Wie die Geschichte ausging, weiß ich nicht.

Das Oxytocin aktiviert das Belohnungssystem. Es fördert die Freisetzung körpereigener Opioide, die ihrerseits die Mutter glücklich oder gar euphorisch werden lassen. Der Zusammenhang zwischen dem Baby und dem Gefühl des Wohlbehagens wird vom Gehirn abgespeichert – in den Tiefen des Belohnungssystems werden das Baby, das Stillen des Babys, sein Geruch und sein Anblick mit Freude assoziiert.

Es wird angenommen, dass die ersten Stunden und Tage nach der Geburt eine frühe sensible Periode darstellen, während der ein intensiver Kontakt zwischen Mutter und Kind deren späteres Miteinander fördert. Eine *Prägungsbindung* findet statt.

Im Detail: Die unmittelbar nach der Geburt erhöhte Bereitschaft, eine Bindung zueinander zu entwickeln, wird im Englischen als »Bonding« und in der deutschen Sprache als »Prägungsbindung« bezeichnet. Die eigentliche Bindungsbeziehung (englisch: attachment) entsteht erst im weiteren Verlauf des ersten Lebensjahres (Suess 2011), und zwar dann, wenn die zunehmende Mobilität des Kindes ein unsichtbares Band zwischen Mutter und Kind erfordert.

Mütter und Kinder, die in den ersten zwei Stunden nach der Geburt Hautkontakt miteinander hatten, können verschiedenen Studien zufolge besser miteinander umgehen als Mutter-Kind-Paare, die nach der Geburt voneinander getrennt wurden. Die Mütter sind auch ein Jahr nach der Geburt feinfühliger, und die Kinder können sich besser regulieren und mit Stress umgehen (Bystrova et al. 2004). Dennoch ist die Prägungsbindung keine Voraussetzung dafür, dass sich im Verlauf des ersten Lebensjahres eine sichere Bindungsbeziehung entwickelt und die Kinder langfristig von deren positiven Wirkungen profitieren. Es mag etwas schwieriger sein, aber es ist durchaus möglich (s.a. 4.3 und 6.2).

Take Home: Die Natur hat sich Mühe gegeben, die chemischen Vorgänge im Körper von Mutter und Kind so zu choreographieren, dass nicht nur der Ablauf der Geburt möglichst effizient gestaltet wird, sondern auch die Mutter-Kind-Bindung vorbereitet wird. Der beste Zeitpunkt für die Geburt ist entsprechend auch der, den der Körper durch ein Einsetzen der Wehen signalisiert. Geplant werden sollte die Geburt nur dann, wenn es unbedingt medizinisch notwendig ist.

3.5 Wie prägt Muttermilch das Kind?

Preist man heutzutage die naturgegebene mütterliche Milch als biologisch vorgesehene Erstnahrung an, so mag man für konservativ gehalten werden. Oder für zu sehr ökologisch ambitioniert. Heutzutage sei die Rezeptur des Muttermilchersatzes so gut, dass es kaum noch Unterschiede gebe.

Das ist nicht so. Die Weltgesundheitsorganisation rät, Säuglinge in den ersten sechs Monaten ausschließlich zu stillen und dann bis zum ersten oder zweiten Geburtstag oder darüber hinaus neben der Beikost weiterhin mit Muttermilch zu ernähren. Grund für diese Haltung sind die erwiesenen Auswirkungen des Stillens für die *Gesundheit* des Kindes. In einer umfangreichen Analyse wurden über 9000 Studien und Übersichtsarbeiten gesichtet und auf Effekte hin durchkämmt. Es zeigte sich, dass die positiven Auswirkungen noch größer sind, als zuvor angenommen. Werden Kinder einige Monate lang gestillt, so kann dies das Risiko für die Entwicklung von Infektionen, etwa des Mittelohrs oder der Atemwege, um 50–70 % senken. Ebenso schützt das Stillen vor Leukämie, Diabetes, Übergewicht, Asthma, atopischer Dermatitis sowie dem plötzlichen Kindstod. Die Dauer des Stillens spielt ebenfalls eine große Rolle. Werden Säuglinge »nur« vier bis sechs Monate gestillt, haben sie ein vierfach größeres Risiko, eine Lungenentzündung zu bekommen als Kinder, die länger als sechs Monate gestillt wurden (WHO 2009; Eidelmann et al. 2012). Für das Vermögen der Infektionsabwehr ist die besondere Zusammensetzung der Muttermilch verantwortlich.

Für Interessierte: Menschliche Milch besteht aus Fetten, Proteinen und Zuckern. Darüber hinaus wimmelt es in der Milch noch von Immunzellen wie Makrophagen, Stammzellen zur Regeneration und vielen weiteren funktionellen Molekülen. Eine besonders wichtige Bedeutung für die positive Wirkung der Muttermilch hat eine bestimmte Art von Zucker: die Oligosaccharide. Oligosaccharide fördern in der Darmflora des Neugeborenen das Wachstum von Bifidobakterien, die nach zahlreichen Auftritten im Werbefernsehen ja bereits recht populär sind. Diese »guten« Bakterien ernähren sich von den Oligosacchariden, vermehren sich und verdrängen die »schlechten« und schädlichen Konkurrenten. Nebenbei produzieren sie noch Fettsäuren, die anderen nützlichen Bakterien als Nahrung dienen und locken Krankheitserreger wie Salmonellen an, die sich statt an die Darmwand an die Zucker der Muttermilch binden. Diese Wirkungen machen Muttermilch zum ersten »Functional Food« – einem Trendsetter (Gura 2014).

Im Gegensatz zu früheren Jahrzehnten, in denen gelegentlich ein strikter 4-Stunden-Rhythmus des Stillens angepriesen wurde, wird heutzutage empfohlen, die Häufigkeit des Stillens nicht zu begrenzen, sondern sich an den Bedürfnissen des Kindes zu orientieren, auch wenn dies vorübergehend anstrengend ist (WHO 2009). Diese Notwendigkeit ist ebenfalls in der Zusammensetzung der menschlichen Muttermilch begründet.

Für Interessierte: Das Verhältnis der Fette, der Proteine und der Zucker beträgt in der menschlichen Muttermilch etwa 1:3:7. Bei der Rezeptur dieses Verhältnisses hat die Natur berücksichtigt, dass der Mensch ein Tragling ist, durch die Nähe der Mutter häufig gestillt werden kann und keine ausgereifte eigene Wärmeregulation benötigt. Die Milch von Säugetiermüttern, die ihre Schützlinge zurücklassen, während sie auf Nahrungssuche gehen, ist reicher an Fett und Proteinen. Diese Milch erlaubt es den Jungtieren, über eine längere Zeit von den Reserven zu zehren (Soltis 2004). Eine solche Warteschleife ist für den menschlichen Säugling nicht vorgesehen.

Nicht nur die körperlichen Funktionen werden durch die Muttermilch positiv beeinflusst. Gestillte Kinder weisen darüber hinaus im Mittel eine höhere Intelligenz sowie ein besseres Bildungsniveau im Alter von fünf Jahren auf. Und auch ihr emotionales Erleben wird berührt: Insbesondere bei längerer Stilldauer sind sie positiven Emotionen anderer gegenüber aufmerksamer als ungestillte oder nur kurz gestillte Kinder. Letztere reagieren eher auf ängstliche Emotionen anderer mit Aufmerksamkeit (Krol et al. 2015). Zudem können gestillte Kinder gut mit aufreibenden Situationen umgehen – zumindest legt die Funktionsweise ihres Stresssystems dies nahe (Beijers et al. 2013). Für diese Auswirkungen scheint das *Oxytocin* verantwortlich zu sein. Das beim Stillen in hoher Konzentration ausgeschüttete Oxytocin fördert nicht nur das Vertrauen zwischen Mutter und Kind und stärkt das Band zwischen ihnen, sondern hemmt auch das Stresssystem des Kindes und fördert seine Fähigkeit, Emotionen zu erkennen, was ich in Kapitel 4 beschreiben werde.

Ob die positiven Effekte des Stillens allerdings allein auf das spezielle Getränk, die Muttermilch, zurückzuführen sind, wurde meines Wissens noch nicht eingehend untersucht. Oxytocin wird nämlich nicht nur beim Stillen, sondern auch infolge eines engen Körperkontaktes ausgeschüttet. Zärtliches Kuscheln mit der Mutter, eine liebevolle Umarmung, Babymassage, Getragenwerden: All dies führt ebenfalls zu einer Freisetzung von Oxytocin im Kind. In diesem Zusammenhang ist es nicht verwunderlich, dass der eben zitierte Befund, dass gestillte Kinder gut mit aufreibenden Situationen umgehen können, ebenso für Kinder gilt, die in den ersten Lebensjahren häufig im Bett der Eltern schlafen (s.a. Kapitel 6.3). Es ist möglich, dass ein Teil der positiven Auswirkungen des Stillens auf das innige Zusammensein von Mutter und Kind zurückzuführen ist. Sollte es mit dem Stillen also nicht klappen, bitte kuscheln!

Positive Effekte des Stillens wurden auch für die mütterliche Gesundheit gezeigt – möglicherweise werden diese ebenfalls vom Oxytocin und seiner stresshemmenden Wirkung vermittelt. Stillende Mütter haben einen geringeren Blutdruck und sind weniger stressempfindlich. Sie schütten weniger Stresshormone aus, sind ruhiger und offener gegenüber sozialen Kontakten. Sie sind weniger ängstlich und im Umgang mit ihren Kindern positiver, lächeln sie z.B. mehr an. Mütter, die nicht stillen oder früh abstillen, haben dagegen ein erhöhtes Risiko, eine postpartale Depression zu entwickeln (Eidelmann et al. 2012).

Take Home: Säuglinge sollten während der ersten sechs Monate voll gestillt werden, damit sie von den zahlreichen Vorteilen des Stillens für die körperliche Gesundheit, das psychische Wohlbefinden und die kognitive Entwicklung profitieren können. Ist das nicht möglich, dann sollte über viel Körperkontakt und Nähe versucht werden, möglichst viele der Vorteile des Stillens zu erhalten.

3.6 Kapitel 3 in Kürze

Jedes Kind erhält von seinen Eltern einen bestimmten Satz Gene. In diesem Satz ist vieles gespeichert. Es wird festgelegt, ob das Kind blonde oder dunkle Haare haben wird, ob seine Nase jenseits des Stupsnasenstadiums spitz oder breit werden, ob eine Zahnlücke das Lächeln charakterisieren, und ob das Kind besonders anfällig für den Einfluss früher Umwelterfahrungen sein wird. Bis diese Eigenschaften offensichtlich werden, bis die Nase seine endgültige Form angenommen hat und die zweiten Zähne sichtbar sind, wissen weder die Eltern noch das Kind, was sich in der Wundertüte verbirgt.

Die erste Umwelt, die einen prägenden Einfluss auf das Kind hat, ist die Gebärmutter. Insbesondere vorgeburtliche Stresserfahrungen können den Fötus langfristig beeinflussen – den einen mehr und den anderen weniger. Heutzutage nimmt man an, dass eine vorgeburtlich erhöhte Cortisol-Freisetzung über einen epigenetischen Mechanismus Gene abschaltet und hierüber eine langfristige veränderte Stresshormon-Freisetzung verursacht. Diese kann Auswirkungen auf die menschliche Psyche haben, die bis in das Erwachsenenalter hineinreichen.

Vorgeburtlich beginnt auch bereits die Prägung geschlechtstypischen Verhaltens. Mädchen und Jungen unterscheiden sich in ihrem Verhalten – zumindest im Durchschnitt. Kleine Jungen sind häufig eher an mechanischen Objekten interessiert und manchmal etwas aggressiver, während Mädchen soziale Inhalte bevorzugen oder sich flexibel für alles begeistern können. Eine Vielzahl von Studien deutet darauf hin, dass an den geschlechtstypischen Unterschieden im Verhalten biologische Mechanismen beteiligt sind. Eine charakteristische vorgeburtliche Geschlechtshormon-Freisetzung scheint nämlich eine prägende Wirkung auf die Gehirnentwicklung zu haben und hierdurch Geschlechtsunterschieden den Weg zu ebnen. Diese Tendenzen können jedoch durch frühe Erfahrungen, etwa durch eine bestimmte Sozialisation in einem Elternhaus mit mehr oder weniger konservativen Rollenbildern, abgeschwächt oder verstärkt werden.

Während der Schwangerschaft passt sich der Körper der Mutter der neuen Rolle an, um eine optimale Entwicklung des Fötus zu gewährleisten, den Fötus vor schädlichen Einflüssen zu schützen, eine zeitgerechte Geburt anzutreiben und um sicherzustellen, dass nach der Geburt warmherziges mütterliches Verhalten das Baby willkommen heißt. Diese Anpassungen werden im Gehirn durch die Schwangerschaftshormone angetrieben.

Die Geburt ist über ein präzise eingestelltes chemisches Milieu an der Einstellung der Weichen für eine langfristige Bindungsfähigkeit und soziale Kompetenz des kleinen Menschen beteiligt. Welche Richtung der Zug in den kommenden Jahren jedoch einschlägt, hängt von vielen weiteren Faktoren ab, wie ich in den nachfolgenden Kapiteln beschreiben werde. Das Stillen ist einer der Faktoren, der die frühe Entwicklung des Kindes maßgeblich beeinflusst. Die Muttermilch leistet nicht nur einen hervorragenden Immunschutz, sondern beeinflusst über die direkte Weitergabe eines bestimmten hormonellen Cocktails auch die emotionale Entwicklung – möglicherweise sogar hin zu einem positiveren Gemüt. Ob dieser Zusammenhang allerdings alleine durch die Muttermilch begründet ist oder auch der besonders innige Körperkontakt für diese Wirkung eine Rolle spielt, ist noch nicht geklärt.

Im nächsten Kapitel werde ich zusammenfassen, wie das kindliche Temperament vor dem Hintergrund der hier beschriebenen genetischen Veranlagung und der jeweiligen vorgeburtlichen und früh nachgeburtlichen Erfahrungen entsteht und welche Bedeutung die frühe Bindungsbeziehung hierfür hat. Es wird auch darum gehen, dass vor und nach der Geburt auftretende Belastungen nicht unbedingt mit lebenslang wirksamen negativen Konsequenzen für die Kinder einhergehen müssen. Es ist durchaus noch Zeit für ausgleichende Erfahrungen in einer frühen sicheren Bindungsbeziehung. Dies gilt auch für früh adoptierte Kinder.

4 Das kindliche Gehirn: Wie Bindung die Persönlichkeit reifen lässt

Unmittelbar nach der Geburt ist der kleine Mensch kaum mehr als ein kleines warmes Etwas. Er ist unselbstständig und schutzbedürftig, kann nicht um ein Glas Milch bitten und sich auch nicht alleine vor wilden Tieren oder deren neumodischen Entsprechungen verstecken. Die Natur hat deshalb ein Programm geschrieben. Sie hat den Säugling darauf vorbereitet, sich mit Hilfe anderer weiterzuentwickeln. Der Saugreflex lässt ihn von der mütterlichen Brust trinken, die angeborene Vorliebe für Gesichter lenkt seine Aufmerksamkeit auf die Menschen um ihn herum und mit einem ersten Lächeln belohnt er schon bald die Fürsorge. Dem Erwachsenen hat die Natur ebenfalls ein Programm implementiert: Das Kindchenschema – hohe Stirn, große Augen, kleine Stupsnase, weiche Haut – löst in uns eine sofortige Fürsorgebereitschaft aus.

In den ersten Tagen und Wochen ist das Miteinander aus Sicht des Babys noch recht einfach. Nahrung rein, Nahrung raus, kuscheln, beruhigen. Dann aber wird eine komplizierte Gratwanderung nötig. Einerseits muss das Baby weiterhin Schutz und Fürsorge erhalten, andererseits muss es langsam beginnen, seine Umwelt zu erkunden. Es muss von ihr lernen und sich im Einklang mit seinem Umfeld weiterentwickeln. Erhielte das Baby nur Schutz und Fürsorge und könnte nicht erkunden, würde es kein Wissen über die Umwelt erwerben. Würde es dagegen nur erkunden, dann fehlte der Schutz, die Fürsorge. Es würde nicht überleben.

Um dem Kind diese Gratwanderung zu ermöglichen, hat die Natur die *Bindungsbeziehung* vorgesehen. Ein unsichtbares elastisches Band verbindet das Baby mit seinen Fürsorgenden. Ist Babys Umwelt sicher, ist es satt und fühlt sich wohl, kann es die Umwelt erkunden. Zuerst mit den Augen, dann mit den Händen und irgendwann wird der ganze Körper durch das Wohnzimmer gerobbt. Es wird angefasst, in den Mund gesteckt, mit den Füßen getreten und durch Umwerfen von Türmen und Bücherstapeln die Schwerkraft getestet – aber immer in der Sicherheit, dass dann, wenn etwas doof ist, der Bindungspartner mit offenen Armen bereitsteht und gewillt ist, Schutz und Fürsorge zu bieten. Wenn dies so ist, wenn das Baby Hunger hat, müde ist, ihm ein Bauklotzturm auf den Kopf gefallen ist oder ein fremder Mensch das Haus betritt, dann wird das Bindungssystem aktiv und das Baby reagiert mit Bindungsverhalten. Das Baby weint, es will auf den Arm, läuft hinterher oder klammert sich ans Hosenbein. Es vermittelt seiner Bezugsperson, dass es diese nun braucht. Das Bindungssystem wird auch aktiv, wenn die Bindungsperson weggeht, wenn dem Baby bewusst wird, dass die Rückendeckung nun fehlen wird. Das Baby zeigt seiner Bezugsperson: Bleib bei mir, ich brauche dich doch! Das ist auch der Grund, weshalb viele Mütter kleiner Babys nicht zum Haare waschen kommen. Das Baby fühlt sich ohne die mütterliche Absicherung einfach nicht wohl.

Exkurs: Beim Baby tritt das Bindungsverhalten noch ganz offensichtlich auf. Es weint oder schreit, streckt die Ärmchen aus oder protestiert. Menschen jenseits des Babyalters, ältere Kinder und Erwachsene, benötigen ebenfalls die Nähe ihrer Bindungspersonen, allerdings nicht so oft wie das Baby. Sind sie aber belastet, krank, erschöpft und traurig oder sehen sie die Bindungsbeziehung gefährdet, äußern auch Jugendliche und Erwachsene Bindungsverhalten.

Dies geschieht jedoch in einer anderen Weise: Statt die Arme hochzureißen oder sich an das Hosenbein zu krallen, seufzen und klagen sie, rufen an, argumentieren, mailen oder schreiben eine WhatsApp-Nachricht mit vielen Emojis.

Die Bindung besteht kontinuierlich über Raum und Zeit hinweg. Fühlt sich ein Kind wohl und ist seine Bindungsperson anwesend, dann ist auch dann eine Bindung vorhanden, wenn es kein Bindungsverhalten zeigt. Sobald das Kind belastet ist, führt jedoch die bestehende Bindung dazu, dass durch Bindungsverhalten die Nähe zur Bindungsperson hergestellt wird. Geschieht dies nicht, ist ein kleines Kind müde, krank oder hungrig, wird es bedroht, angegriffen oder hat es sich verletzt und sucht keine Hilfe bei einer anwesenden Person, dann ist entweder die Person keine Bindungsperson für das Kind oder das Kind hat wiederholt die Erfahrung gemacht, dass es von dieser Bindungsperson keine Hilfe erwarten kann (Grossmann und Grossmann 2008).

In der Bindungstheorie spricht man von einem Gleichgewicht aus Bindungsverhalten und Erkundung (Exploration). Man kann sich das Verhältnis der beiden Verhaltensweisen als Wippe oder als Seilzug vorstellen: Ist alles gut, überwiegt das Explorationsverhalten. Ist eine Situation belastend, tritt das Bindungsverhalten in den Vordergrund (s. Abb. 4.1). Die Gegenüberstellung von Bindung und Erkundung ist auch deshalb interessant, weil bei manchen Kindern das Gleichgewicht in die eine oder andere Richtung verschoben ist: Sie klammern (Bedürfnis nach Bindung überwiegt) oder sind abweisend (Neigung zu Erkundung überwiegt). Auf diese individuellen Arten der Bindungsbeziehung werde ich im nächsten Abschnitt eingehen.

Entsprechend stellt die Mutter für das Baby sowohl eine sichere Basis als auch einen sicheren Hafen dar: Fühlt sich das

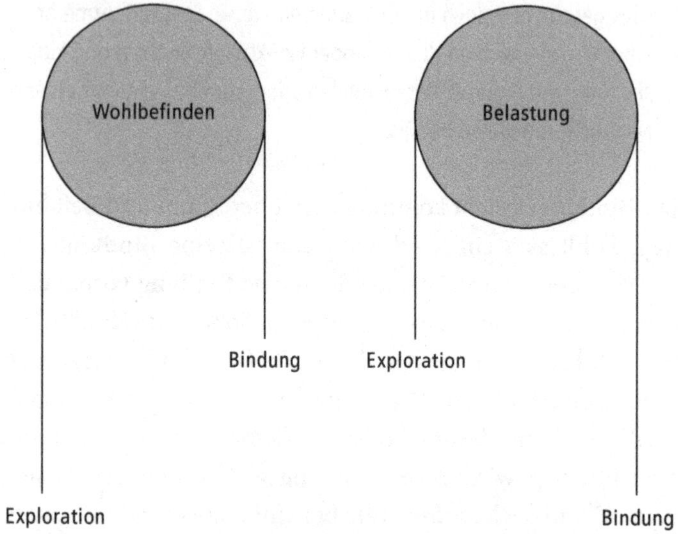

Abb. 4.1 Seilzug zur Verdeutlichung des Verhältnisses von Bindung und Erkundung. A: Das Kind fühlt sich wohl und das Bedürfnis zur Exploration überwiegt. B: Das Kind ist belastet und das Bedürfnis nach Bindung überwiegt.

Kind wohl, so ist die Mutter eine *sichere Basis* und ermöglicht dem Kind eine unbeschwerte Erkundung seiner Umwelt. Ist das Kind aus irgendwelchen Gründen belastet, dann bietet die Mutter einen *sicheren Hafen*, in dem es Trost und Schutz erfahren kann (Suess 2011). In Abschnitt 4.2 werde ich erklären, wie dies im Gehirn realisiert wird.

Zwar bereitet die vorgeburtliche Entwicklung den Fötus und seine spätere Beziehung zur Mutter vor, jedoch entsteht das, was wir als Bindung bezeichnen, erst nach der Geburt, dann, wenn Mutter und Kind räumlich getrennt bzw. voneinander trennbar sind. Dann ist die Bindungsbeziehung nötig, um sie dennoch zusammenzuhalten und dem Baby die Unterstützung gewähren zu können, die es braucht.

Die individuelle Beziehung entwickelt sich in Phasen. In einer ersten Phase, während der ersten beiden Lebensmonate, treten beim Baby soziale Reaktionen wie Anschauen, Schreien und Umklammern reflexartig auf. Sie sind noch nicht bewusst an eine bestimmte Person gerichtet. Erst in der zweiten Phase, die etwa bis zum sechsten Monat andauert, sind vor allem die Mutter oder wenige andere Vertraute Ziel der sozialen Kontaktaufnahme. Sie werden angelächelt, man plaudert mit ihnen, streckt ihnen die Arme entgegen und lässt sich von ihnen trösten. Anschließend, in der dritten Phase, entwickelt sich mit zunehmender Mobilität des Säuglings auch eine geistige Vorstellung von der Mutter. Der Säugling weiß, dass er eine Mutter hat, die für ihn da ist, weiß, wie sie aussieht und hat eine Ahnung, wie sie reagiert – auch dann, wenn sie sich gerade nicht in seinem Gesichtsfeld befindet. Er protestiert, wenn sie duschen möchte, und erst recht, wenn sie mit ihrer Freundin telefoniert, sucht sie oder ruft nach ihr, wenn sie weggeht. Ihre Anwesenheit nutzt er als sichere Basis für die Erkundung. In der vierten Phase, etwa im Vorschulalter, beginnt das Kind, sich in seine Mutter hineinzuversetzen. Es ahnt langsam, dass die Mutter auch Ziele und Absichten hat (Haare waschen) und dass ihre Ziele nicht unbedingt mit den eigenen übereinstimmen. Es muss nun versuchen, die eigenen Ziele durchzusetzen oder Kompromisse zu erreichen. Das gelingt einigen Babys besser als anderen.

Natürlich haben Babys mehrere Bindungsbeziehungen. In der Regel ist jedoch die erste Beziehung die zur Mutter. Ein erstes Kennenlernen erfolgte bereits im Mutterleib, fortgeführt durch innige Momente des Stillens. Mit der Zeit entwickeln sich weitere Bindungsbeziehungen: Vater, Oma, Opa, Babysitter, Krippenbetreuerin. Es entsteht eine *Bindungspyramide*: Der Säugling ernennt die Person, die am häufigsten für ihn da ist und am feinfühligsten auf ihn reagiert, zur Hauptbindungsperson. Andere Personen, die vielleicht ebenso feinfühlig sind, aber weniger Zeit mit ihm verbringen oder die viel Zeit mit ihm verbringen, aber weniger feinfühlig sind, werden zu nachgeordneten Bindungspersonen. Benötigt der Säugling Schutz und Fürsorge, wendet er sich mit seinem Bindungsverhalten zunächst an seine Hauptbindungsperson und lässt sich von ihr schnell trösten. Steht sie nicht zur Verfügung, so kommen die nachgeordneten Bindungspersonen zum Zuge. Bei ihnen dauert es allerdings etwas länger, bis sie den Säugling beruhigen und ihm Sicherheit vermitteln können. Geht es dem Kind schlecht, etwa, weil es krank ist, dann möchte es umso mehr bei seiner Hauptbindungsfigur sein (Brisch 2014, S. 32f.; Grossmann und Grossmann 2008).

Nach diesem Muster können auch Vater, Oma oder Krippenbetreuerin zur Hauptbindungsperson werden, wenn die Mutter wenig feinfühlig oder häufig abwesend ist. Da jedoch die Mutter das Kind gebärt, in der Regel den ersten innigen Hautkontakt zum Baby hat und auch diejenige ist, die es stillt, ist ausgehend von diesen allerfrühesten Erfahrungen in den meisten Beziehungen die Mutter die Hauptbindungsperson. Da zudem in der Forschung vor allem die Mutter-Kind-Bindung untersucht wurde, wird sich in den folgenden Abschnitten vieles vor allem um diese frühe Bindungsbeziehung drehen. Würde ich aus Gründen der Gleichberechtigung von »Eltern« schreiben, wäre dies in den allermeisten Fällen wissenschaftlich nicht korrekt, da die zugrundeliegenden Inhalte aus Untersuchungen der Mutter-Kind-Beziehung stammen. Ich möchte damit nicht nahelegen, dass unter geeigneten Bedingungen nicht auch der Vater oder eine andere Person diese Rolle übernehmen kann, möchte aber die Lesbarkeit des folgenden Textes nicht durch Einführung aller möglichen Eventualitäten einschränken. In einem späteren Kapitel werde ich aber auf die Unterschiede zwischen Mutter und Vater ausführlich eingehen.

4.1 Grundsteinlegung: Bildung innerer Modelle von Bindung und Vertrauen

> »Der Kern meiner Aussagen ist, daß eine enge und kausale Beziehung besteht zwischen den Erfahrungen eines Individuums mit seinen Eltern und seiner späteren Fähigkeit, emotionale Bindungen einzugehen« (Bowlby 1979, S. 135 – zitiert in Grossmann und Grossmann 2008).

Sobald das Baby nach der Geburt seiner Mutter in den Arm gelegt wird, beginnt es, Erfahrungen mit ihr zu machen. Ist sie immer für mich da? Reagiert sie feinfühlig auf meine Signale? Kuschelt sie warmherzig und liebevoll mit mir? Macht es ihr Freude? Oder ist sie distanziert? Natürlich spielt auch das Temperament des Babys eine Rolle für das frühe Miteinander. Hat das Baby ein schwieriges Temperament entwickelt, vielleicht aufgrund seiner genetischen Ausstattung oder auch seiner vorgeburtlichen Erfahrungen, schreit es unentwegt, findet es schlecht in den Schlaf und reagiert mit Wutanfällen auf die kleinste Verzögerung bei der Nahrungsmittelversorgung, dann ist es auch für eine feinfühlige und warmherzige Mutter schwierig, fortwährend ruhig und liebevoll zu bleiben (s. 4.3). Die Umstände tun das Ihre: Hat das Baby Geschwister? Hat die Mutter Unterstützung? Oder muss sie gerade eine Trennung verarbeiten? Leidet sie vielleicht unter einer Depression?

Das Temperament des Kindes, die Persönlichkeit der Mutter sowie das gemeinsame Umfeld der beiden bestimmen die Art des Miteinanders. Eine individuelle Bindungsbeziehung entsteht. Nach und nach entwickelt das Baby ein *inneres Modell* dieses Miteinanders (das sogenannte »innere Arbeitsmodell«). Es hat bestimmte Erwartungen an das Verhalten der Mutter und passt sein Verhalten unbewusst den Erwartungen an. Reicht ein kleines Wimmern, damit sie meine Signale sofort erkennt? Muss ich besonders laut und lange schreien, damit sie endlich reagiert? Oder hilft das auch nicht und ich kann gleich meine Stimmbänder schonen?

Zu Beginn der 1970er Jahre begann man, die Bindungsbeziehung zwischen Mutter und Kind zu klassifizieren. Ein psychologisches Verfahren wurde entwickelt, in dem aus dem Verhalten des Kleinkindes in einer unbekannten Situation auf die Art der Beziehung geschlossen wird: die *Fremde Situation* nach Mary Ainsworth. Es wird geprüft, wie das Kind reagiert, wenn es in einer bestimmten Abfolge mit oder ohne Mutter und/oder einer fremden Person in einem fremden Zimmer spielen soll. Dieses Verfahren wird auch in heutigen wissenschaftlichen Untersuchungen von Bindungsbeziehungen noch verwendet. Es ist ein streng standardisiertes Verfahren, d.h. die Untersuchung muss nach einem genauen Plan von geschulten Psychologen durchgeführt werden (es ist deshalb auch nicht ratsam, selbst aus dem Verhalten der eigenen Kinder in Alltagssituationen auf die Art der Bindungsbeziehung zu schließen).

Es zeigte sich in diesem Verfahren, dass die Kinder hinsichtlich ihres Bindungsverhaltens und ihrer Neigung zur Erkundung unterschiedlich auf diese Situation reagieren. Insbesondere unterscheiden sie sich in der Reaktion auf ihre Mutter, wenn sie diese nach einer kurzen Trennung wiedersehen. Man kann am Verhalten des Kindes in diesen Episoden die Erwartungen des Kindes an die Zugänglichkeit und Schutzbereitschaft der Mutter erkennen.

Das Verhalten kann verschiedenen Mustern zugeordnet

werden: Sicher gebunden; Unsicher-vermeidend gebunden; Unsicher-ambivalent gebunden. Bei den unsicheren Bindungsbeziehungen handelt es sich nicht um diagnostizierbare Störungen, sondern um charakteristische Bindungsstile innerhalb eines normalen Spektrums. Die Beschreibung des kindlichen Verhaltens gilt übrigens nur für Kinder im Alter von 12 bis 18 Monaten. Jenseits dieser Altersgrenze können andere Verhaltensweisen auf den Bindungstyp schließen lassen.

Gleichzeitig sind in dieser Situation Unterschiede im mütterlichen Verhalten zu beobachten. Mütter sicher gebundener Kinder gehen in der Regel feinfühliger auf ihre Kinder ein als Mütter von Kindern mit einer unsicheren Bindungsklassifikation.

Sicheres Bindungsmuster: Diese Kinder können ihre Mutter als sichere Basis für die Erkundung ihrer Umwelt und als sicheren Hafen für Trost und Beruhigung nutzen. Sie erkunden, wenn sie sich in ihrer Nähe sicher fühlen. Geht die Mutter weg, so verlagern sie ihre Aufmerksamkeit in Richtung Bindung, und sie weinen eventuell kurz, beruhigen sich aber schnell. Kommt die Mutter wieder, so zeigen sie Bindungsverhalten. Sie freuen sich und setzen die konzentrierte Erkundung der Umwelt fort.
Diese Kinder haben ein ausgewogenes Gleichgewicht von Bindung und Erkundung.
Kinder, die in einer solchen Bindungsbeziehung aufwachsen, erfahren in ihrem frühen Miteinander mit der Mutter eine feinfühlige und liebevolle Fürsorge. Die Mutter kann gut beurteilen, wie sich das Kind gerade fühlt, und geht angemessen und prompt auf die Bedürfnisse des Kindes nach Bindung (in Situationen der Verunsicherung) oder Erkundung (in Situationen der Sicherheit) ein. Die Kinder sind sich sicher, dass ihre Mutter sie nicht im Stich lassen wird und können eine kurzzeitige Trennung gut ertragen.

Unsicher-vermeidendes Bindungsmuster: Diese Kinder scheinen auf dem ersten Blick keine sichere Basis für die Erkundung und auch keinen sicheren Hafen zu benötigen. Geht die Mutter weg, wirken sie unbeeindruckt. Sie spielen, erkunden den Raum und scheinen zufrieden zu sein. Kommt die Mutter wieder, wird sie ignoriert.

Obwohl die Kinder wirken, als ließe die Situation sie kalt, reagieren sie eher mit einer Ausschüttung von Stresshormonen als die sicher gebundenen Kinder. Sie scheinen mit ihrer Gelassenheit den Stress zu überspielen, ihr Leid nicht zu zeigen. Sie richten ihre Aufmerksamkeit gezielt von der Bindungsperson weg und verlagern sie etwa auf Gegenstände. Schauen sie die Mutter an, um festzustellen, ob sie bleibt, so machen sie dieses häufig, wenn die Mutter gerade wegschaut. Versucht die Mutter, den Blick zu erwidern, wenden die Kinder den Blick ab.

Bei diesen Kindern ist das Bindungssystem unteraktiviert.

Diese Kinder haben die Erwartungshaltung, dass sie zurückgewiesen werden. Sie haben gelernt, dass sie keinen Schutz und keine Fürsorge erhalten, wenn sie das typische Bindungsverhalten zeigen. Unbewusst scheinen sie zu wissen, dass sie noch am ehesten geschützt sind, wenn sie Bindungsverhalten vermeiden und sich etwa »wie zufällig« im Bereich der Bindungsperson aufhalten.

Unsicher-ambivalentes Bindungsmuster: Diesen Kindern scheint die Bindungsbeziehung keine Sicherheit vermitteln zu können. Sie können in einer belastenden Situation ihre Aufmerksamkeit nicht von der Bindungsperson abwenden. Sie sind anhänglich und klammern sich fest, wollen die Trennung von der Mutter nicht zulassen. Geht sie trotzdem, so sind sie verunsichert, laufen zur Tür und protestieren. Nach der Wiederkehr der Mutter sind diese Kinder nur schwer zu beruhigen. Sie verhalten sich oft gleichzeitig anklammernd und ärgerlich aggressiv – deshalb die Bezeichnung »ambivalenter« Bindungsstil. Erkunden sie ihre Umwelt, wirken sie dabei ängstlich oder verärgert.

Bei diesen Kindern ist das Bindungssystem überaktiviert.
Dies ist eine Reaktion darauf, dass sie nicht genau vorhersagen können, wie ihre Mutter reagiert. Mal ist sie feinfühlig, mal ablehnend. Das Kind versucht einzuschätzen, was die Mutter gerade fühlt und denkt, damit es sich anpassen kann. Was will sie? Wie ist ihre Stimmung? Häufig ist die Mutter auch dann nicht verfügbar, wenn sie in der Nähe ist. Das Bindungssystem ist deshalb ständig aktiviert, und das Kind kann sich nicht auf die Erkundung der Umwelt einlassen. Es ist sehr gestresst.

Eine weitere Gruppe von Kindern reagiert in der Testsituation nicht mit einer einheitlichen Strategie. Sind sie in der Untersuchungssituation von der Mutter getrennt, zeigen sich die eben aufgezählten Bindungsmuster. Im Beisein der Mutter, besonders bei Wiederkehr der Mutter, ist ihr Verhalten jedoch desorganisiert bzw. desorientiert. Die eigentliche Bindungskategorie wird deshalb um diesen Zusatz erweitert.

Desorganisiertes Verhalten: Diese Kinder wirken im Beisein der Mutter desorientiert. Sie wissen nicht, ob ihr Hafen sicher ist oder nicht. Sie verhalten sich bizarr, scheinen gleichzeitig Nähe zu wünschen und diese abzulehnen, sie wenden sich etwa der Mutter zu, drehen aber den Kopf weg. Manchmal drehen sie sich im Kreis, schaukeln oder haben eingefrorene Bewegungen. Sie sind ängstlich und verzweifelt, ohne sich jedoch mit diesen Gefühlen an die Bezugsperson zu wenden. Einige Kinder mit diesem Bindungsmuster schreien bei der Trennung von der Mutter, reagieren jedoch ablehnend, wenn diese wiederkommt.
Diese Kinder haben keine einheitliche Bindungsstrategie.
Ihr Verhalten in der Bindungssituation ist häufig die Antwort auf problematisches oder schlecht einzuschätzendes elterliches Verhalten und tritt dann mit großer Häufigkeit auf, wenn die Kinder Misshandlungen oder Vernachlässigung ausgesetzt sind oder die Eltern selbst

traumatisiert sind bzw. einen Verlust noch nicht verarbeitet haben. Die Eltern sind dann gleichzeitig sicherer Hafen und Quelle der Gefahr oder Angst (Grossmann und Grossmann 2008).

Die Untersuchungen in der Fremden Situation wurden erstmals in Baltimore durchgeführt, wo man etwa zwei Drittel aller Kinder als sicher gebunden klassifizierte. Als 1976 in Bielefeld mit der ersten deutschen Erhebung begonnen wurde, zeigte sich ein anderes Ergebnis: Fast die Hälfte aller Kinder war unsicher-vermeidend gebunden. In weiteren deutschen Studien war dieser Anteil zwar etwas geringer, aber im Vergleich mit anderen Ländern immer noch hoch. Die Entwicklungspsychologin Lieselotte Ahnert (2010) berichtet, dass diese hohen Anteile an unsicher-vermeidenden Bindungsmustern als »typisch deutsch« gedeutet und auf eine Erziehung zur frühen Selbstständigkeit zurückgeführt wurden. Deutsche Mütter schienen, so Ahnert, zumindest in einigen Regionen fordernder als Mütter anderswo auf der Welt zu sein.

Der frühe Bindungsstil wurde mit zahlreichen *langfristigen Merkmalen* des Kindes in Verbindung gebracht. Sicher gebundene Kleinkinder verhalten sich auch im Kindergarten- und Schulalter in sozialen Situationen besonders angemessen, sie sind offen und aufgeschlossen. Sie sind kooperationsbereit, wissbegierig, haben mehr Phantasie, eine längere Aufmerksamkeitsspanne und ein höheres Selbstwertgefühl, ein ausgeprägteres Mitgefühl und eine höhere Frustrationstoleranz als unsicher gebundene Kinder. Eine unsichere Bindung hingegen wurde mit einem größeren Risiko für emotionale Schwierigkeiten und Verhaltensprobleme im Umgang mit Gleichaltrigen und Erziehern sowie mit Angststörungen in Verbindung gebracht. Später in diesem Kapitel werde ich noch einmal ausführlich auf die Persönlichkeit und das Gehirn des sicher gebundenen Kindes zurückkommen und berichten, dass es vor allem diese Kinder sind, die durch eine hohe Selbstständigkeit auffallen.

Infolge der frühen Erfahrungen im Miteinander mit den Bindungspersonen bilden sich langfristig wirksame innere Modelle von Bindung und Vertrauen. Psychologen können in Gesprächen mit Erwachsenen Rückschlüsse auf diese tief im Inneren wirksamen Modelle ziehen. Beim sogenannten *Adult Attachment Interview* (AAI) wird darum gebeten, frühere Beziehungen zu beschreiben. Die Psychologen halten das Gesagte fest, beobachten aber auch ganz genau, ob – unbewusst für den Sprecher – Widersprüche oder andere Ungereimtheiten auftreten. Aus dem Gesamteindruck schließen die Psychologen auf das innere Arbeitsmodell von Bindungen – die *Bindungsrepräsentation*. Ebenso wie bei den Kleinkindern können auch hier verschiedene Kategorien unterschieden werden (s. Reiner et al. 2013). Es sollte auch hier nicht vergessen werden, dass diese Kategorien das Ergebnis der professionell geführten Interviews und nicht für eine Selbsteinteilung geeignet sind.

Sicher-autonome Bindungsrepräsentation Erwachsener: Erwachsene mit einem solchen inneren Bild von Bindung neigen dazu, Bindungen wertzuschätzen. Sie können ihre eigenen Bindungserfahrungen gut und ohne Idealisierung beschreiben und wissen, dass diese ihre Persönlichkeit beeinflusst haben. Sie müssen nicht unbedingt positive Erfahrungen gemacht haben. Manche blicken auch auf negative frühe Bindungserfahrungen, wie z. B. Verlust oder Ablehnung, zurück, haben diese Erfahrungen jedoch lange vor dem Interview reflektiert und verarbeitet. Meist sind diese Erwachsenen in der Lage, selbstbestimmt und zwanglos über ihr Handeln zu entscheiden, sind dabei jedoch empathisch gegenüber den Gefühlen und Bedürfnissen anderer.

Distanzierte Bindungsrepräsentation Erwachsener: Diese Erwachsenen glauben nicht, dass Bindungen besonders wichtig sind und einen großen Einfluss auf die Persönlichkeit haben. Häufig idealisieren sie ihre eigenen Eltern, glauben, eine sehr liebevolle und fürsorgliche Mutter gehabt zu haben. Gleichzeitig beschreiben sie Erinnerungen, in denen eine ausgeprägte Ablehnung der Mutter deutlich wird. Das positive Bild ihrer Kindheit kann nicht mit konkreten Erinnerungen belegt werden. Oft beharren sie darauf, sich nicht an die eigene Kindheit erinnern zu können. Die Erwachsenen neigen häufig dazu, sich selbst als stark und unabhängig zu charakterisieren. Sie schreiben Spaß, materiellem Besitz und Aktivitäten eine große Bedeutung zu. Ihr Wunsch nach Bindung scheint heruntergefahren worden zu sein.

Verstrickte Bindungsrepräsentation Erwachsener: Erwachsene mit einem solchen inneren Modell von Bindung sind mit sich und ihren frühen Bindungserfahrungen stark beschäftigt – sie sind verstrickt. Sie reden viel und ausführlich über positive und negative Kindheitserinnerungen, springen dabei allerdings gedanklich und widersprechen sich. Im Gespräch wird häufig Wut gegenüber der Bindungsperson deutlich. Manchmal wird diese so ausgedrückt, als sei diese Bindungsperson anwesend. Meist sind die verstrickten Erwachsenen auch erheblich mit ihren gegenwärtigen Beziehungen beschäftigt. Sie haben Schwierigkeiten, ihre negativen Emotionen zu regulieren, leiden unter Schuldgefühlen und machen gleichzeitig anderen Menschen Schuldzuweisungen. Häufig sind diese Erwachsenen in einer emotional chaotischen und unbeständigen Familienatmosphäre mit einer überforderten Bezugsperson aufgewachsen. Ihr Bindungssystem scheint langfristig überaktiv zu sein.

Ungelöst-desorganisierte Klassifikation Erwachsener: Einige der Erwachsenen erhalten zusätzlich zu der eigentlichen Kategorie diese

Klassifikation – ähnlich den Kindern mit dem desorganisierten Bindungsverhalten. Dies geschieht dann, wenn die Personen psychische Traumatisierungen mit Bindungspersonen erlebt und noch nicht verarbeitet haben (z. B. sexueller Missbrauch, körperliche Misshandlungen, Tod einer Bindungsperson). Beschreiben diese Erwachsenen die traumatischen Erlebnisse, dann treten häufig irrationale Bemerkungen oder Fehler in der Rede auf. Zeitliche Abfolgen und Orte werden durcheinandergebracht oder Personen als gleichzeitig tot oder lebendig dargestellt.

Es wurde beobachtet, dass Kleinkinder in der Fremden Situation häufig eine Klassifizierung erhalten, die derjenigen entspricht, die ihren Eltern aufgrund des Interviews zugeschrieben wird, d. h. Eltern mit einer sicheren Bindungsrepräsentation haben oft sicher gebundene, Eltern mit einer distanzierten Bindungsrepräsentation unsicher-vermeidend gebundene und Eltern mit einer verstrickten Bindungsrepräsentation unsicher-ambivalent gebundene Kinder (van IJzendoorn 1995).

Es wird deshalb angenommen, dass sich die Bindungsorganisation von einer Generation an die nächste und sogar auf die übernächste überträgt. Auf diese generationsübergreifende Übertragung komme ich in Kapitel 5 zurück.

Take Home: in der frühen Bindungsbeziehung bildet das Kind Erwartungen an die Verfügbarkeit seiner Bindungsperson aus und lernt, sich so zu verhalten, dass es unter den gegebenen Bedingungen möglichst geschützt ist. Gelingt es den Eltern, dem Kind in den ersten beiden Lebensjahren die Sicherheit zu vermitteln, dass sie immer für das Kind da sind und dass es deshalb mit Ruhe und Gelassenheit seine Welt erkunden darf, dann ist ein stabiles Fundament gelegt: Das Kind wird zwischenmenschliche Beziehungen wertschätzen und ist in der Lage, sich mit Ruhe und Gelassenheit auf all das zu konzentrieren, was es in dieser Welt lernen möchte

4.2 Wie beeinflusst Bindung das kindliche Gehirn?

In Kapitel 2 habe ich die mittlere limbische Ebene beschrieben, habe erläutert, dass auf dieser Ebene das individuelle emotionale Lernen stattfindet, dass sich dort u.a. die Fähigkeit zur Deutung emotionaler Hinweise ausbildet. In diesem Kapitel werde ich zeigen, dass es die frühkindlichen Bindungserfahrungen sind, die diese Ebene während der frühen Kindheit prägen. Die Erfahrungen innerhalb der Bindungsbeziehung bilden zudem die Grundlage für die Entwicklung differenzierter emotionaler Reaktionen auf der oberen limbischen Ebene. Gemeinsam bestimmen die mittlere und obere limbische Ebene, wie ein Kind seine eigenen Emotionen wahrnimmt und reguliert und wie es die Emotionen anderer Menschen erkennt und mit ihnen mitfühlt.

Im frühen Miteinander mit fürsorglichen Personen ist vor allem ein Molekül von besonderer Bedeutung: Das schon mehrfach erwähnte Oxytocin, das auch als Bindungshormon bezeichnet wird. Oxytocin wird während der Geburt, beim Stillen, beim engen Hautkontakt zwischen Mutter und Kind, aber auch in weiteren Situationen, in denen zwei Menschen liebevoll miteinander interagieren, freigesetzt.

Für Interessierte: Verschiedene Auslöser führen zur Freisetzung von Oxytocin. Dazu gehören Hormone wie Östrogene, die Stimulation der Haut ebenso wie bestimmte stressreiche, aber auch positive und erfreuliche Ereignisse. Nach der Geburt, zumindest nach der Spontangeburt, weist ein Neugeborenes hohe Oxytocin-Konzentrationen auf. Der enge Hautkontakt mit der Mutter oder einer anderen nahestehenden Person – aber auch eine Babymassage – bringen, ebenso wie das Saugen an der mütterlichen Brust, weitere Oxytocin-Schübe mit sich. Etwas später kann selbst das Sehen der Mutter, das Hören ihrer Stimme oder das Riechen ihrer Anwesenheit beim Baby eine Oxytocin-Freisetzung in Gang setzen, noch später reicht alleine die geistige Vorstellung der Mama oder einer anderen Bezugsperson. Bei Erwachsenen wird Oxytocin ebenfalls im Kontext eines körperlichen Zusammenseins oder eines vertrauensvollen Miteinanders ausgeschüttet. Selbst das Streicheln von Hunden wird von einer Oxytocin-Freisetzung bei Hund und Herrchen begleitet (Uvnäs-Moberg et al. 2014; Neumann und Landgraf 2012).

Was passiert im kindlichen Gehirn, wenn Moleküle wie Oxytocin ausgeschüttet werden? Man kommt auf mindestens vier wichtige Prozesse:

1. Die frühe Bindungsbeziehung wird im Gehirn als Belohnung abgespeichert. Das Gehirn hält fest, wer dem Kind in Situationen, in denen es Hilfe braucht, zur Seite steht und wie es sich verhalten muss, damit es am meisten Unterstützung erhält.
2. Die frühe Bindungsbeziehung hemmt das Stresssystem des Kindes und bietet dem Gehirn so eine optimale Lernumgebung für die Erkundung der Welt und des Selbst.
3. Die frühe Bindungsbeziehung stellt das Gehirn so ein, dass Bindungsbeziehungen grundsätzlich geschätzt werden. Es wird zudem eine Basis für den späteren Umgang mit Stress geschaffen.
4. Die frühe Bindungsbeziehung bildet die Grundlage dafür, dass die tief im Inneren des Gehirns erzeugten Emotionen vom Kind identifiziert und beschrieben werden können und das Kind lernt, mit anderen mitzufühlen.

Die Bindungsperson wird mit Belohnung assoziiert

Wird das Kind geboren, so ist es noch nicht an seine Mutter oder irgendjemand anderen gebunden. Die Mutter ist dem Neugeborenen vertraut, es kennt bereits ihre Stimme und ihren Geruch. Es wurde genetisch mit Bindungsverhaltensweisen ausgestattet und hierdurch auf die Bindungsbeziehung vorbereitet, aber von einer richtigen Bindung kann man noch nicht sprechen. Bindung entwickelt sich im Laufe des ersten Lebensjahres.

Früh in der Entwicklung des Babys sind es vor allem Wärme und Berührung, die es beruhigen, die sein Unwohlsein beseitigen und ein Wohlbehagen erzeugen. Etwas später können auch gelernte Assoziationen, z. B. das Gesicht der Mutter, ihr Geruch oder ihre Stimme signalisieren, dass Nähe und Schutz gewährleistet sind. Das Gehirn weiß nun, vom wem es Liebe und Schutz erwarten kann und wer mit großer Zuverlässigkeit ein Gefühl von Geborgenheit auslösen kann. Der soziale Bindungspartner wird mit Wohlbehagen assoziiert. Die Bindung ist langfristig gespeichert (Panksepp et al. 1980).

Wichtig für die Einspeicherung der emotionalen Erfahrungen ist das Belohnungssystem. Das Gehirn hat ein ausgeklügeltes System zur Einspeicherung von Informationen darüber, wer, wie und was irgendwann einmal zu Belohnungen geführt hat. Selbst wenn es uns nicht in allen Situationen bewusst ist, weiß unser Gehirn: Tätigkeiten, die einmal eine Belohnung zur Folge hatten, müssen unbedingt wiederholt werden. Mit Belohnung ist nicht nur der Sternchenaufkleber für das besonders geduldige Kind gemeint, sondern jegliches Wohlgefühl des Körpers. Haben wir Hunger und nehmen wir den Weg zum Bäcker auf uns, so stellt das Brötchen eine Belohnung dar. Unser Gehirn speichert: »Ich hatte Hunger und habe ein Brötchen gegessen. Danach ging es mir besser.

Ich habe gelernt, dass Brötchen gut gegen Hunger sind, und möchte fortan oft Brötchen essen.« Bei Nutellabrötchen und Currywurst funktioniert das noch besser.

Im Gehirn sind Dopamin und die körpereigenen Opioide dafür zuständig, dass wir wissen, was uns belohnt und dass wir uns gut fühlen, wenn wir die Belohnung erhalten haben.

Im Detail: Wir alle kennen das: Die Katze miaut erwartungsvoll vor dem Schrank mit den Leckerlis, der Hund kommt beim ersten Klackern des Napfes aus seiner Ecke geschossen. Bestimmte Reize, wie der Schrank oder das Klackern des Napfes, werden mit einer Belohnung assoziiert. Das Dopamin ist es, das Katze und Hund in Erwartungshaltung bringt. Man sagt, Dopamin codiere den Belohnungswert. Das bedeutet, dass es immer dann in Schüben freigesetzt wird, wenn irgendetwas in der Umwelt darauf hindeutet, dass nun ein bestimmtes Verhalten eine Belohnung mit sich bringen könnte. Es motiviert uns zu entsprechendem Verhalten. Es bringt uns dazu, zu miauen, aus der Ecke zu schießen oder auf dem Weg zur Currywurstbude einen Schritt vor den anderen zu setzen. Und es motiviert das Baby, seine Ärmchen hochzureißen und mit großen Augen ums Hochnehmen zu bitten. Ist das, was wir uns wünschen, eingetreten, dann kommen die körpereigenen Opioide ins Spiel. Sie verbreiten Wohlgefühl in unserem Körper, lassen uns die Wurst genießen, und das Baby in Mamas Arm glückselig lächeln.

Verschiedene Hirnstrukturen sind daran beteiligt. Nervenzellen aus dem sogenannten ventralen tegmentalen Areal schicken ihre Fortsätze zum Nucleus accumbens und schütten dort das Dopamin aus, um uns zu motivieren, einhergehend mit dem Gefühl des Wollens. Der Nucleus accumbens war der in Kapitel 2 als Ursprungsort von Freude benannte Liebhaber von schöner Musik und Rotwein. In diesem Bereich, aber auch im orbitofrontalen Cortex der oberen limbischen Ebene, binden die körpereigenen Opioide an ihre Rezeptoren. Der orbitofrontale Cortex spiegelt durch seine Aktivität das bewusste Gefühl des Wohlempfindens wider (Berridge und Kringelbach 2015). Das Baby freut sich über Trost und Liebe, wir erfreuen uns an Babys Lächeln und später am Abend über den Austausch der Benjamin-Blümchen-Musik.

Das Miteinander von Mutter und Kind fühlt sich infolge der Opioidwirkung extrem gut an, und es wird abgespeichert, wer es ist, dessen Gegenwart und Fürsorge so angenehm ist. Es ist möglich, dass sich Kinder ohne diese Lernunterstützung durch die Opioide in die Arme irgendeiner Mutter kuscheln würden, nicht unbedingt in die der eigenen – zumindest ist dies bei Schafen so!

Aus der Forschung: Normalerweise suchen Schafe Trost und Sicherheit bei ihrer eigenen Mutter. Wird aber die Wirkung der körpereigenen Droge verhindert, dann ist es den kleinen Schafen gleichgültig, um welche Mutter es sich handelt. Hauptsache wollig (Shayit et al. 2003). In der Paarbindung scheinen die Opioide übrigens eine ähnliche Funktion zu haben. Wird die Opioidwirkung bei einer normalerweise monogam lebenden Wühlmausart (den Präriewühlmäusen) blockiert, dann sind die weiblichen Tiere nicht mehr auf ihren bekannten Partner fixiert, sondern paaren sich ebenso häufig mit fremden Partnern (Burkett et al. 2011).

Verantwortlich dafür, dass nicht nur Currywurst, sondern auch die Mutter-Kind-Beziehung von Mensch oder Schaf zu einer Freisetzung von Opioiden führen kann, scheint das Oxytocin zu sein. Man vermutet, dass das im Zuge des engen Miteinanders von Mutter und Kind freigesetzte Oxytocin das Belohnungssystem hochgradig aktiviert: Es kann die Ausschüttung der körpereigenen Opioide um 300 % erhöhen. Hierdurch wird anscheinend nicht nur das Wohlempfinden im Zusammensein mit der Bindungsperson ausgelöst, sondern auch die Einspeicherung der Informationen über die Bedeutung der Bindungsperson gefördert.

Aus der Forschung: Zumindest bei Nagetieren scheint dies direkt über den Nucleus accumbens zu laufen. Der Nucleus accumbens als Ursprungsort des Wohlbehagens erhält nicht nur ein Signal von den Dopaminzellen aus dem ventralen tegmentalen Areal, sondern wird wie in einem turbulenten Kreisverkehr von vielen weiteren Zellen aus verschiedenen Hirngebieten angesteuert. Er erhält nicht nur von verschiedenen sensorischen Systemen Informationen über die Umwelt einschließlich der sich darin befindlichen Personen, sondern hält außerdem Bindungsstellen für viele weitere Stoffe bereit, die von anderen Nervenzellen aus weiteren Hirngebieten herangeschafft werden. So auch für Oxytocin – zumindest bei den Nagern. Es wird angenommen, dass das in der Rattenmutter-Rattenkind-Beziehung freigesetzte Oxytocin, aber auch die dadurch aktivierten Opioide hier binden und den Nucleus accumbens dazu anhalten, den belohnenden Wert des sozialen Miteinanders abzuspeichern. Die beteiligten Nervenzellen sind nun als Netzwerk stabil miteinander verbunden und leiten die Information darüber, dass es schön ist, von der Rattenmutter liebkost zu werden, an den orbitofrontalen Cortex weiter. Daraufhin wird das Miteinander bewusst als Belohnung empfunden und immer wieder angestrebt (Depue und Morrone-Strupinsky 2005; Baribeau und Anagnostou 2015).
Mäuse, bei denen die Bindungsstellen für Oxytocin aufgrund einer genetischen Veränderung ausgeschaltet sind, erleben soziale Interaktionen nicht als Belohnung. Sie sind nicht interessiert. Diese Beobachtung zeigt, dass soziales Miteinander nur dann als Belohnung empfunden wird, wenn Oxytocin an bestimmte Bindungsstellen bindet (Dölen et al. 2013).
Beim Menschen scheint dieser Zusammenhang allerdings noch etwas komplizierter zu sein, denn bislang wurden im Nucleus accum-

bens selbst noch keine Oxytocin-Rezeptoren lokalisiert. Dennoch ist auch beim Menschen die belohnende Wirkung des sozialen Miteinanders mit einer Oxytocin-Freisetzung verbunden. Es wird angenommen, dass beim Menschen weitere Gehirnregionen beteiligt sind (vor allem das sogenannte basale Vorderhirn) und bei Bindung von Oxytocin ihre Informationen an das Belohnungssystem senden.

Die Inhalte oder Assoziationen, die von diesem System als belohnungsrelevant beurteilt werden, leiten unser Handeln an. Man kann sich den Nucleus accumbens auch wie einen Türsteher vorstellen (obwohl Wissenschaftler eher von einer Filter- oder Gatingfunktion sprechen als von Türstehern): Informationen über verschiedene emotionale Reize und Situationen, vom mütterlichen Gesicht über den Duft von Currywurst oder die graufilzige Schafswolle, durchlaufen den kindlichen Nucleus accumbens. Je nachdem, ob diese Reize zuvor zu einer Belohnung geführt haben und von einer schubartigen Dopamin-Freisetzung begleitet werden, zeigt der Türsteher auf den einen oder anderen Reiz und stellt fest, dass er wichtig ist und ernstgenommen werden muss. Er zeigt auf die Mutter und motiviert das Kind, ihre Nähe zu suchen. Fremde Leute oder Schafe werden nicht durchgelassen.

Das Kind wendet sich an die Mutter, reißt seine Ärmchen hoch und bittet darum, hochgenommen zu werden. Ganz automatisch und ohne zu wissen, was in seinem Gehirn gerade für ein Zirkus um Belohnungen gemacht wurde.

Dieses System aus Belohnung und Handlungsmotivation ist nicht nur dafür zuständig, dass das Baby weiß, auf wen es seine Ärmchen ausrichten muss, sondern auch, unter welchen Bedingungen dies Erfolg verspricht. Das Baby lernt, welche seiner Verhaltensweisen am ehesten dazu führt, dass es das bekommt, was es will, und das ist im ersten Lebensjahr nicht das Kaugummi an der Supermarktkasse, sondern Fürsorge und Schutz. Über diese Mechanismen werden bestimmte Verhaltensweisen verstärkt und können in der oben beschriebenen Testsituation als bestimmte Bindungsmuster identifiziert werden.

Das Stresssystem wird gehemmt und das Lernen gefördert

Das Gehirn wächst und reift. Netzwerke aus Nervenzellen werden geschaffen, und eine kleine Persönlichkeit entsteht. Die enge Bindungsbeziehung gibt hierbei Sicherheit. Sie lässt das Kind seine Umwelt erkunden, immer in der Gewissheit, dass Mama es schon richten wird, sollte mal was schiefgehen. Auf der Ebene des Gehirns bedeutet Sicherheit, dass das Stresssystem seine Füße stillhält. Aber eins nach dem anderen.

Menschen, das wissen wir spätestens seit dem zweiten Kapitel, reagieren auf das Erleben hoher Anforderungen der Umwelt mit der Freisetzung eines Cocktails von Stresshormonen. Umfliegt ein surrendes Kampfgeschwader unsere Küchenlampe, dann werden wir auf Befehl der unteren limbischen Ebene wachsam, und unser Körper wird blitzschnell darauf eingestellt, mit den erhöhten Anforderungen umgehen zu können. Um was für ein Geschwader handelt es sich? Könnte es mein auf dem Boden krabbelndes Baby angreifen? Dauert der Stress über einen kurzen Moment hinaus an, vielleicht weil das nicht identifizierbare Geschwader nicht den Raum verlässt, dem Baby zeitgleich ein Zeitungsstapel vom Tisch auf den Kopf fällt, und weil uns in diesem Moment klar wird, dass in fünf Minuten auch noch der Klempner vor der Tür steht, um den Abfluss der Badewanne (in der noch die Wäsche auf das Aufhängen wartet) von hineingestopften Toilettenpapiertüchern zu befreien, wir aber noch immer im Schlafanzug mit ungekämmten Haaren an der Kaffeemaschine nesteln, dann wird Cortisol ausgeschüttet.

Das Cortisol führt zu einer Versorgung des Gehirns mit Energie in Form von Glucose. Unser Gehirn kann daraufhin besser mit Stresssituationen umgehen. Besonders dann, wenn diese länger andauern und eine soziale Komponente beinhalten. Darüber hinaus stimuliert das Cortisol auch direkt verschiedene Hirnstrukturen.[8] Hirnrindenbereiche der oberen limbischen Ebene werden stärker in die Verarbeitung einbezogen.

Diese Hirnbereiche prüfen die Situation im Angesicht vergangener Erfahrungen. Kommen sie zu dem Schluss, dass die Situation doch nicht so gefährlich und unkontrollierbar ist, wie ein erster Schreck nahelegte, hemmt die obere limbische Ebene die schnelle und automatische Stressreaktion. Sie dämpft die aufgeregte Amygdala, normalisiert den Herzschlag und beendet unsere Panik. Wir beruhigen uns und trösten das Kind, befördern das Marienkäfergeschwader nach draußen, springen in die Jeans, lagern die Wäsche im Schlafzimmer zwischen und öffnen dem Klempner die Tür. Alles in fünf Minuten.

Beim Säugling und Kleinkind funktioniert diese Hemmung durch die obere limbische Ebene noch nicht. Diese Ebene ist noch nicht reif. Meint die Amygdala des acht Monate alten Krabbelkindes beim Anblick des Klempners in Mamas Bauch zurückzuwollen, so erfährt sie keine Hemmung durch eine handwerkererprobte obere limbische Ebene. Seine Amygdala hält das Kind an, sich vorsichtshalber hinter Mama zu verstecken. Das Kind weiß auch nicht, dass der Stapel Zeitungen nur deshalb auf seinen Kopf gefallen ist, weil es an der Tischdecke gezogen hat, und ist erst einmal ziemlich aufgebracht über den Angriff des Zeitungsstapels. Mit wütend zusammengezogenen Augenbrauen verlangt es schreiend nach Hilfe im Kampf gegen den Bösewicht.

Der Fundus eigener Erfahrungen ist gering und die hemmende obere limbische Ebene noch nicht reif. Das Baby ist im Krabbelalter immer wieder einer unvorhersehbaren Umwelt ausgesetzt und müsste eigentlich ein ständig überschießendes Stresssystem haben.

Das kann sich das entwickelnde Gehirn aber nicht leisten. Erlebt das Kind immer wieder starken Stress, kann dies Nervenzellen schädigen (nicht unbedingt die geeignete Voraussetzung für eine Zeit der schnellen Hirnentwicklung) und flexibles Lernen beeinträchtigen. Das Kind muss seine Umwelt erkunden und viele Dinge lernen. Es muss lernen, dass fürsorgliche Menschen wiederkommen, es muss lernen, menschliche Mimik und Gestik und den Tonfall zu deuten; überhaupt muss es die Sprache lernen, Geräusche interpretieren, Zusammenhänge begreifen, physikalische Grundgesetze wie die Schwerkraft ergründen und so weiter.

Aus der Forschung: In einer kürzlich veröffentlichten Studie wurden die Auswirkungen von Stress auf das Lernen beobachtet. 15 Monate alte Kinder wurden in Einzelsitzungen Stress ausgesetzt, d.h. sie wurden von einer fremden Person zum Spielen aufgefordert und einige Minuten später mit einem tanzenden Roboter konfrontiert. Stress pur, weiß man doch aufgrund mangelnder Erfahrungen mit tanzenden Robotern nicht, dass diese harmlos sind. Kinder in einer nicht-gestressten Kontrollgruppe durften friedlich mit ihrer Mutter spielen. Anschließend wurden die Kinder mit einer Aufgabe konfrontiert, in der das Drücken eines bestimmten Knopfes regelmäßig von Licht- oder Toneffekten begleitet wurde. Als der Effekt plötzlich ausblieb, reagierten die gestressten und die nicht-gestressten Kinder unterschiedlich. Die gestressten Kinder versuchten immer und immer wieder, mit ihrer ursprünglichen Strategie den Effekt zu erzielen – erfolglos. Die nicht-gestressten Kinder hingegen passten ihr Verhalten schnell der neuen Situation an und versuchten mit alternativen Strategien ihr Ziel zu erreichen. Flexibel versuchten sie, mit der neuen Situation umzugehen (Seehagen et al. 2015).

Das Leben ist für das unerfahrene Baby potentiell stressreich. Klempner, Zeitungsstapel, tanzende Roboter – die Welt ist voller Gefahrenquellen. Gleichzeitig tut es dem Baby nicht gut, immer wieder Stress zu erleben. Die Natur hat dieses Dilemma geschickt gelöst und für das Baby eine mehrjährige Periode eingerichtet, in der nicht jeder Stress von einer Stresshormon-Freisetzung begleitet wird. Das Stresssystem wird gehemmt, ohne dass die noch nicht ausgereifte obere limbische Ebene mitmachen muss.

Ist man alleine mit einer Fremden und wird man in dieser Situation auch noch von einem Roboter angetanzt, kommt es zwar auch in dieser Periode zu einer Cortisol-Freisetzung, den größten Teil ihrer Zeit verbringen die Babys jedoch innerlich ungestresst – bzw. nicht so gestresst, dass sie gleich schweres Cortisol-Geschütz auffahren müssten. Selbst wenn ihr körperliches Agieren oder ihr Schreien darauf hindeutet, dass ihr autonomes Nervensystem irgendein Problem entdeckt hat, wird in psychologischen Stresssituationen kaum Cortisol freigesetzt. Diese Periode wird in der Wissenschaft *stress-hyporesponsive Periode* genannt. Sie beginnt im Säuglingsalter und reicht bis in die Kindheit hinein. Für diese Ruhigstellung des Stresssystems scheint die mütterliche Fürsorge verantwortlich zu sein.

Die Mutter hemmt das Stresssystem des Kindes. Sie übernimmt dabei die Funktion der noch unreifen oberen limbischen Ebene. Sie weiß, dass Klempner in der Regel nicht böse sind, dass ein zeitungsstapelbedingter Kopfschmerz schnell vorübergeht und dass Zeitungsstapel auch nicht prinzipiell hinterhältig sind.

Sie beruhigt und tröstet das Kind und bietet ihm einen sicheren Hafen, in den es einkehren kann, sobald es verunsichert ist. Genauso wie sie dem Kleinkind eine Jacke überzieht, um es vor der Kälte zu bewahren, schützt sie mit ihrer Fürsorge das sich entwickelnde Gehirn vor Stress. Die Mutter stellt für das Kind zudem eine sichere Basis dar, von dem aus es die weite Welt erkunden und sich Wissen über die Welt aneignen kann – ohne dass das Gehirn vor Stresshormonen überschäumt und wichtige Prozesse des Lernens dadurch verhindert werden.

Aber wie wird diese Ruhigstellung des Stresssystems im Gehirn realisiert?

Hier kommt wieder das Oxytocin ins Spiel. Oxytocin wird – wie oben beschrieben – im Miteinander zwischen Mutter und Kind freigesetzt. Zärtliche Berührungen der Mutter, ein freundliches und aufmunterndes Lächeln oder auch bereits die Erwartung dieser mütterlichen Reaktionen führen beim Kind zu einer Freisetzung großer Mengen Oxytocin. Das Oxytocin hat eine außerordentlich bedeutsame Wirkung im Gehirn, der wir in den nächsten Kapiteln immer wieder begegnen werden: *Oxytocin dämpft das Stresssystem.* Damit einhergehend beruhigt es und hemmt die Angst. Es fördert das Wohlbefinden und die Bereitschaft, soziale Kontakte einzugehen. Es gibt Sicherheit für die Erkundung der Welt.

Im Detail: Das Oxytocin wirkt dabei auf eine Vielzahl von Hirnregionen und Transmittersystemen ein. Es hemmt den »sympathischen« Teil des autonomen Nervensystems, d.h. das System, das für automatische Reaktionen wie Kampf und Flucht zuständig ist, und außerdem die Freisetzung der Stressstoffe Noradrenalin, CRF und Cortisol.

Die Stressreaktion des Körpers wird somit abgemildert. Gleichzeitig wird mit dem »parasympathischen« Teil des autonomen Nervensystems das körperliche System zur Beruhigung und Verdauung aktiviert. Über eine hemmende Wirkung auf die Amygdala, aber auch über eine Stimulation der Serotonin-Freisetzung werden Emotionen wie Furcht und Angst reduziert. Das Wohlempfinden hingegen wird über eine Aktivierung der Freisetzung von Dopamin und Opioiden gesteigert. Darüber hinaus können über den Einfluss auf die Opioide auch die Schmerzempfindlichkeit sowie die Angst vor Zurückweisung gehemmt werden (Uvnäs-Moberg 1998).

Oder wie eine Forscherin es formuliert: »Oxytocin führt einen Zustand der physiologischen Stille herbei, der eine Mitwirkung in der Welt ohne Furcht erlaubt und das Verlangen nach sozialen Kontakten stimuliert« (Feldman 2015b, S. 381, eigene Übersetzung).

Oben habe ich erklärt, dass es ungelernte Reize wie Wärme oder Berührung sind, die früh in der Entwicklung eine Freisetzung von Oxytocin und Opioiden auslösen, und dass etwas später jedoch auch das Gesicht der Mutter, ihr Geruch und ihre Stimme mit ihrer Nähe und ihrem Schutz assoziiert werden. In der späteren Kindheit kann Oxytocin auch ohne die körperliche Nähe zur Mutter seine stresshemmende Wirkung ausüben.

Aus der Forschung: In einer Untersuchung wurden 7–12 Jahre alte Mädchen einer sozialen Stresssituation ausgesetzt und untersucht, unter welchen Bedingungen sie sich am besten von dem Stress erholen. Es zeigte sich, dass sowohl körperlicher Trost als auch ein rein sprachlicher Kontakt mit der Mutter (über das Telefon) zu einer erheblichen und anhaltenden Oxytocin-Freisetzung führten. Die Konzentration des Stresshormons Cortisol nahm bei diesen getrösteten Mädchen jedoch schnell ab. Die anderen Mädchen, die ihre Mutter nicht kontaktieren durften, wiesen keine verstärkte Oxytocin-Freisetzung auf. Die Cortisol-Konzentration war jedoch anhaltend erhöht (Seltzer et al. 2010).

Bei Präriewühlmäusen wurde ein ähnlicher Zusammenhang gefunden, allerdings im Miteinander mit dem Partner, nicht mit der Mutter. Erlebt eine Präriewühlmaus eine Stunde lang Stress, dann ist sie auch im Anschluss daran noch ängstlich und weist eine hohe Cortisol-Freisetzung auf. Darf sie sich allerdings im Beisein ihres Partners vom Stress erholen, dann reagiert sie nicht mit erhöhter Angst oder einer verstärkten Cortisol-Freisetzung. Stattdessen werden hohe Mengen Oxytocin freigesetzt (Smith und Wang 2014).

Zurück zum Baby. Kann das Baby in der sicheren Bindungsbeziehung genau vorhersehen, wie seine Mutter reagieren wird und weiß es, dass sie immer da ist, wenn es sie braucht, dann reicht eine kurze Umarmung, vielleicht sogar ein schneller Blick, um im Kind zuverlässig eine Oxytocin-Freisetzung auszulösen. Das sicher gebundene Baby hat in ihrer Gegenwart ein rund um die Uhr in Watte gepacktes Stresssystem. Hat das Baby keine sichere Bindung zu seiner Mutter oder einer anderen engen Bezugsperson, dann kommt es immer wieder zu einer erhöhten Freisetzung von Cortisol und den damit verbundenen Folgen für das Gehirn und das Verhalten.

Das Bindungssystem und das Stresssystem werden programmiert

Nun wird es darum gehen, dass die frühen Bindungserfahrungen das kindliche Gehirn so programmieren können, dass es später mehr oder weniger gut mit zwischenmenschlichen Bindungen, aber auch mit Stress umgehen kann. Später heißt dann, wenn es erwachsen ist.

Oben habe ich beschrieben, dass auch Erwachsene innere Modelle von Bindung haben. Diese können entweder sicher, distanziert oder verstrickt sein und gelegentlich auch die Klassifikation ungelöst-desorganisiert beinhalten. Diese inneren Modelle beinhalten, welche Bedeutung zwischenmenschliche Bindungen für den Erwachsenen haben, ob er sie wertschätzt und sich in ihnen wohlfühlt.

Bindungen sind auch für Erwachsene von großer Bedeutung. Das wird jeder unterschreiben, so er nicht gerade eine distanzierte Bindungsrepräsentation in sich trägt. Nehmen wir die beruhigende Wirkung von Bindung auf Stress. Wir alle haben gelegentlich Stress. Stress, weil wir zu viel zu tun haben und meinen, die an uns gestellten Aufgaben nicht bewältigen zu können. Stress, weil wir uns ungerecht behandelt fühlen oder weil unser Computerprogramm abgerauscht ist, ohne dass wir gespeichert haben. Stress, weil der Kollege meint, alles besser zu wissen. Stress, weil wir uns darüber ärgern, dass ein rücksichtsloser Autofahrer fast in den Fahrradanhänger mitsamt Kind reingefahren ist. Wir fühlen unsere Aufregung, unseren Ärger oder unsere Angst. Die meisten Menschen können in dieser Situation davon profitieren, mit einer vertrauten Person über den Stress, den Ärger oder die Ängste zu sprechen. Sie fühlen sich dann besser. Menschen unterscheiden sich allerdings in dem Ausmaß, in dem soziale Unterstützung bei ihnen zur Beruhigung führt. Manche fressen ihre Sorgen in sich hinein und ärgern sich noch tagelang über die bissige Reaktion des Kollegen und den rücksichtslosen Autofahrer, andere können sich schnell beruhigen, sobald sie einmal Dampf abgelassen haben.

Die Fähigkeit, sich in Momenten des Stresses, der Hilflosigkeit oder der Trauer von lieben Mitmenschen trösten lassen zu können, ist eine langfristige Eigenschaft, die bei dem einen mehr, bei dem anderen weniger gut ausgeprägt ist. Man könnte etwas vereinfacht sagen: Die Fähigkeit des Oxytocin-Systems, das Stresssystem dämpfen zu können, ist individuell unterschiedlich ausgeprägt. Wie gut dieser Mechanismus funktioniert, ist von der Menge ausgeschütteten Oxytocins, aber auch von der Anzahl und der Empfindlichkeit der Bindungsstellen für Oxytocin abhängig.

Aus der Forschung: Dieser Zusammenhang wird auch an unseren Präriewühlmäusen deutlich. Blockiert man im Gehirn der eben vorgestellten Wühlmäuse die Bindungsstellen des Oxytocins mit Hilfe eines anderen Stoffes, dann bleibt der Effekt der sozialen Stressdämpfung aus: Auch diejenigen Wühlmäuse, die in der Erholungsphase nach dem Stress ihren Partner an der Seite haben, reagieren ängstlich und mit einer hohen Cortisol-Freisetzung. Das Miteinander kann aufgrund der blockierten Oxytocin-Rezeptoren keine Wirkung zeigen (Smith und Wang 2014).

Man geht davon aus, dass solche Prozesse bei Wühlmaus und Mensch ähnlich funktionieren. Führt bei einer Wühlmaus die Blockade des Oxytocin-Rezeptors dazu, dass sie sich nicht wie sonst durch das Miteinander mit ihrem Partner beruhigen lässt, dann spricht vieles dafür, dass es auch beim Menschen für die soziale Stressdämpfung von Bedeutung ist, wie viele hiervon für eine Wirkung zur Verfügung stehen. Das zeigt sich auch daran, dass Genvarianten für diesen Rezeptor beeinflussen können, wie gut soziale Unterstützung das Stressempfinden abmildert (Kanthak et al 2016). Die individuelle Funktion des Oxytocin-Rezeptors kann dadurch darauf einwirken, ob man in Beziehungen Trost und Unterstützung findet und den Bindungsbeziehungen einen hohen Stellenwert einräumt.

Das Ausmaß der Ausbildung von Oxytocin-Rezeptoren und auch die Menge freigesetzten Oxytocins kann wiederum durch frühe Erfahrungen der Fürsorge beeinflusst werden.

Aus der Forschung: Bei jungen Ratten wurde gefunden, dass eine erhöhte mütterliche Fürsorge zu einer verstärkten Produktion von Bindungsstellen für das Oxytocin führt – zumindest bei weiblichen Nachkommen. Es wird angenommen, dass das im Zusammenhang mit der Fürsorge freigesetzte Oxytocin selbst reguliert, wie viele Bindungsstellen dauerhaft ausgebildet werden. Vermutlich werden die Gene für die Bindungsstellen über einen epigenetischen Mechanismus an- oder abgeschaltet. Das Ausmaß der Oxytocin-Ausschüttung im späteren Leben scheint dagegen keinen großen Einfluss auf die langfristige Anzahl der Bindungsstellen zu haben (Francis et al. 2002). Neuere Untersuchungen zeigen auch beim Menschen die Folgen früher Fürsorge für das Oxytocin-System. Bei Erwachsenen, die während der Kindheit nur eine geringe mütterliche Fürsorge erfahren haben, sind die Bindungsstellen für das Oxytocin häufig epigenetisch abgeschaltet und Oxytocin wird in einem geringeren Ausmaß freigesetzt (Heim et al. 2009; Unternaehrer et al. 2015).

Das frühe Miteinander kann hierdurch die spätere Wirkung des Oxytocins einstellen. Es scheint die sichere Bindungsbeziehung zu sein, die ein besonders gut funktionierendes Oxytocin-System hervorbringt. Es wird angenommen, dass Erwachsene, die in ihrer Kindheit eine sichere Bindungsbeziehung hatten und auch als Erwachsene ein sicheres inneres Modell von Bindungsbeziehungen haben, eine größere Anzahl von Bindungsstellen für das Oxytocin aufweisen und besser von den Wirkungen des Oxytocins profitieren können als andere. Bei ihnen wird Oxytocin im Umgang mit ihren Kindern freigesetzt, begleitet aber auch den vertrauensvollen Austausch oder körperliche Berührungen in partnerschaftlichen und freundschaftlichen Beziehungen. Funktioniert das Oxytocin-System gut, so kann das soziale Miteinander auch beim Erwachsenen eine effiziente Beruhigungsstrategie darstellen (Uvnäs-Moberg et al. 2014).

Vermutlich ist diese prägende Wirkung der frühen Bindungserfahrungen auf das Oxytocin-System daran beteiligt, dass das jeweilige Bindungsmodell einen Menschen häufig relativ stabil durch das Leben begleitet. Einige Langzeitstudien fanden eine hohe Stabilität von 70 bis 80 %. Das bedeutet, dass bei sieben bis acht von zehn Menschen das frühe Bindungsmuster mit seinem späteren Modell von Bindungen übereinstimmt, sicher gebundene Kinder also auch im Erwachsenenalter ein sicheres Modell von Bindungen haben. Andere Studien hingegen, so auch zwei große deutsche Langzeitstudien aus Bielefeld und Regensburg, konnten die Deutlichkeit dieses Ergebnisses nicht bestätigen (Grossmann und Grossmann 2008).

Spätere Erfahrungen können manchmal das innere Modell von Bindungen verändern, insbesondere dann, wenn sich das Beziehungsumfeld des Kindes ändert. Wege zu einer sicheren späteren Bindungsrepräsentation können gelegentlich auch feinfühliges mütterliches Verhalten in der mittleren Kindheit beinhalten und auch der Vater kann jenseits des ersten Lebensjahres mit seinem feinfühligen Verhalten (insbesondere seiner Feinfühligkeit im Spiel, s. Kapitel 5) ein sicheres späteres Bindungsmodell des Kindes fördern, selbst dann, wenn das Miteinander im ersten Lebensjahr nicht so optimal war. Weitere zugeneigte Bezugspersonen, etwa Verwandte, Kindergärtnerinnen oder Lehrerinnen können die Entwicklung des Kindes ebenfalls stützen und auch Psychotherapie kann das innere Modell von Bindung positiv beeinflussen. Weniger optimale Erfahrungen der allerersten Lebensjahre werden durch diese späteren Beziehungen zwar nicht ungeschehen gemacht, aber verarbeitet. Sie werden durch neue ergänzt. Wichtig ist aber, dass es sich bei den hier beschriebenen frühkindlichen Erfahrungen und den sich daraus ergebenden Bindungsmodellen um Veränderungen im Normbereich handelt. Verschiedene Studien deuten darauf hin, dass es durchaus frühe kritische Zeitfenster gibt, innerhalb derer ausgeprägter Stress und eine erheblich gestörte Bindungsbeziehung die kindliche Entwicklung auch dann nachhaltig beeinflussen kann, wenn anschließend positive Erfahrungen gemacht werden.

Eine spätere Umkehr in die andere Richtung ist ebenfalls möglich. Erleben Kinder mit einem ursprünglich sicheren Bindungsstil spätere einschneidende Veränderungen der Lebenssituation, etwa Tod, schwere Krankheit oder Verlust einer nahestehenden Person, kann dies die Entwicklung eines späteren sicheren inneren Modells von Bindungen negativ beeinflussen. Aber auch hier bleiben Ressourcen erhalten, selbst wenn zwischenzeitlich der Wert von Bindungen angezweifelt wird. Dies wurde etwa in einer Studie aus Minnesota deutlich.

Aus der Forschung: In dieser Langzeitstudie, auf die ich in Abschnitt 4.3 ausführlich eingehen werde, wurde bei einer großen Zahl von Kindern der frühe Bindungsstil festgestellt und anschließend die soziale und emotionale Entwicklung der Kinder verfolgt. Es zeigte sich, dass Kinder mit einer ursprünglich sicheren Bindungsbeziehung, die während der mittleren Kindheit problematischen Erfahrungen ausgesetzt waren und Verhaltensauffälligkeiten entwickelten, sich viel häufiger von diesen erholten als die unsicher gebundenen Kinder. Sie kehrten auf einen positiven Entwicklungspfad zurück (Sroufe 2005).

Unklar ist noch, ob den späteren Veränderungen des Bindungsmodells auch Veränderungen in der epigenetischen Markierung und folglich der Ausbildung von Oxytocin-Rezeptoren zugrunde liegen. In Kapitel 6.3 werde ich noch einmal darauf zurückkommen.

Unabhängig davon scheint die frühere sichere Bindungsbeziehung auch deshalb spätere Ressourcen zu fördern, da die sicher gebundenen Kinder – wie ich nun erklären werde – während dieser frühen Periode einen guten Zugang zur inneren Welt erwerben.

Das Kind lernt seine Gefühle kennen und benennen

Die frühe sichere Bindungsbeziehung und die frühkindlich hohe Oxytocin-Freisetzung fördern nicht nur eine effiziente Stresshemmung, sondern auch die Fähigkeit des Kindes, sich in der Welt seiner eigenen Emotionen zurechtzufinden. Das wiederum ist die Grundlage für viele weitere Eigenschaften von der Regulation der eigenen Emotionen über Empathie hin zu einer hohen sozialen Kompetenz.

Für diesen Zusammenhang von Bindung und emotionaler Entwicklung wird unter anderem die sogenannte *biobehaviorale Synchronizität* verantwortlich gemacht. Das, was uns an Synchronschwimmerinnen oder ein Hotdog-Wettessen erinnert, beschreibt, dass es Momente gibt, in denen bei verschiedenen Menschen einige Prozesse gleichzeitig passieren. Bestimmte biologische Signale (z.B. die Aktivität von Hirnregionen oder die Freisetzung von Hormonen) sowie Verhaltensreaktionen (z.B. Beinbewegungen) treten synchron auf. In der ersten Beziehung eines Menschen sind es meist Mutter und Kind, die den Zustand der Gleichzeitigkeit erleben. In Momenten des Miteinanders, des gemeinsamen Anschauens, des Lautierens oder des Hautkontaktes synchronisieren sich die Körperfunktionen von Mutter und Kind, der Herzrhythmus ebenso wie die Freisetzung von Oxytocin. Überhaupt gilt: Je mehr Gleichzeitigkeit im emotionalen Miteinander, desto mehr Oxytocin bei Eltern und Kind (Feldman et al. 2010). Umgekehrt führt Oxytocin aber auch zu mehr Gleichzeitigkeit. Eine Henne-Ei-Angelegenheit.

Aus der Forschung: Ein kleiner Vorgeschmack auf die väterliche Welt (s. Kapitel 5): Wird Vätern fünf Monate alter Kinder per Nasenspray Oxytocin verabreicht, so führt dies zunächst zu einem Anstieg in der Oxytocin-Konzentration im Speichel des Vaters. Zudem übernimmt der beruhigende Teil seines autonomen Nervensystems (der Parasympathikus) mehr Verantwortung und der Vater geht besonders fürsorglich und liebevoll mit seinem Baby um. Bemerkenswert ist aber vor allem, dass das väterliche Nasenspray auch beim Baby zu einem Anstieg an Oxytocin führt. So als ob der Papa Wein trinkt und das Baby einen Schwips bekommt. Außerdem wird auch beim Baby der beruhigende Parasympathikus aktiv und auch das Baby engagiert sich mehr im sozialen Miteinander mit seinem Vater. Die beiden sind synchronisiert, gefördert durch das Oxytocin (Weisman et al. 2012).

Dieses frühe Auftreten von Gleichzeitigkeit ist eine wichtige und kritische Umwelterfahrung, die ein Kind in einer *sensiblen Periode* zwischen dem zweiten und dem neunten Lebensmonat regelmäßig machen sollte. Langzeitstudien, in denen die Entwicklung von Kindern über mehrere Jahre verfolgt wurde, zeigen, dass Kleinkinder, die diese Momente der Gleichzeitigkeit häufig erleben, in der späteren Kindheit und in der Jugend ein gut ausgeprägtes Vermögen zur Regulation von Emotionen und zur Selbstkontrolle haben. Sie sind sicher gebunden, haben viele freundschaftliche Beziehungen, sind effektiv in der Stressbewältigung und besitzen eine deutliche Empathiefähigkeit (Feldman 2015a).

Ein anderer wissenschaftlicher Ansatz zur Erklärung des Zusammenhangs einer frühen optimalen Bindungsbeziehung und einer hohen sozialen, empathischen und moralischen Kompetenz beruht auf der mütterlichen Unterstützung der emotionalen Entwicklung des Kindes. Greifen wir einmal vorweg auf die Vorgänge im mütterlichen Gehirn, die ich im nächsten Kapitel beschreiben werde: Das Oxytocin, das in diesem Miteinander von Mutter und Kind im Gehirn der Mutter ausgeschüttet wird, befähigt das mütterliche Gehirn, die emotionalen Signale des Kindes genau zu erfassen. Instinktiv und unbewusst. Diese durch Oxytocin verstärkte Fähigkeit ermöglicht die mütterliche *Unterstützung der Emotionsentwicklung* des Kindes. Im Miteinander gelingt es der Mutter gut, ihrem Kind dabei zu helfen, die eigenen Emotionen kennenzulernen.

Das Baby verhält sich so, wie sein Inneres es vorgibt. Es weint, wenn es enttäuscht ist, es schreit, wenn ihm etwas weh tut und es rülpst, wenn es Luft im Bauch hat. Es gibt Laute von sich, ändert seine Mimik und gestikuliert. Unbewusst und intuitiv interpretiert seine Mutter das Verhalten und benennt überdeutlich und oft im Babytalk-Modus seinen emotionalen Zustand: »Ist Dir alles zu viel, brauchst Du jetzt Deine Ruhe?« Instinktiv liegen Mütter in der Regel richtig mit ihren Vermutungen und *spiegeln* dem Baby, das eigentlich nur ahnt, dass irgendetwas richtig doof ist, seinen Zustand wider. Mit ihrer eigenen Mimik und Gestik unterstreicht die Mutter, was sie meint. Glaubt sie, das Baby sei enttäuscht, so hebt sie die Innenseite ihrer Augenbrauen, legt ihre Stirn in Falten und senkt ihre Mundwinkel. Vielleicht schiebt sie auch noch Unterlippe vor und zieht einen Flunsch. In einer übertrieben deutlichen Weise imitiert sie die Emotionen des Babys, legt dabei aber immer wieder kurze »neutrale« Pausen ein, damit das Baby spürt, dass es nicht die Mutter ist, um die es gerade geht: »Na, bist Du enttäuscht, dass Du einen Moment warten musst, bis wir im Haus sind und Du etwas trinken kannst?«

Das Baby erlebt, dass seine Mutter zuverlässig seine Emotionen aufgreift und als beschriftetes Päckchen zurückgibt. Es lernt sich *selbst* und seine unterschiedlichen *Emotionen* kennen. Es lernt, dass es verschiedene Kategorien von Emotionen gibt, dass diese an einen bestimmten Ausdruck gebunden sind und dass sie Namen haben. Es lernt, seine *Aufmerksamkeit* auf seine Gefühle auszurichten und diese bewusst wahrzunehmen, zu unterscheiden und zu verstehen. Auf diese Weise entwickelt das kleine Kind ein breites Spektrum differenzierter Emotionen und kann diese als Teil seines Ichs benennen und damit umgehen.

Die Mutter schließt vom Verhalten des Kindes auf dessen Inneres. Was geht im Kopf des Kindes vor? Was sind seine Gefühle, Wünsche und Intentionen? Mütter, denen diese Reflexion, das sogenannte *Mentalisieren*, besonders gut gelingt, haben in der Regel eine sichere Bindungsbeziehung mit ihrem Kind. Das sicher gebundene Kind wiederum wird selbst zum Erwachsenenalter hin eine gute Fähigkeit entwickeln, sich in andere hineinversetzen und deren Gefühle, Wünsche und Intentionen verstehen zu können. Die Fähigkeit ist innerhalb der sicheren Bindungsbeziehung in der sozialen Interaktion mit der Mutter entstanden. Entsprechend wird die Bindungsbeziehung als Organisator der Hirnentwicklung angesehen. Das Gehirn benötigt und erwartet eine Bindungsbeziehung, um sich selbst und andere verstehen zu können (Fonagy und Target 2005).

Problematisch wird es allerdings, wenn die Bezugsperson diese Reflexion des Inneren des Babys und die damit einhergehende Spiegelung von Emotionen nicht vornimmt, sei es, weil sie depressiv ist, weil sie selbst in ihrer Kindheit keinen Zugang zu den eigenen differenzierten Emotionen erworben hat oder weil sie aus anderen Gründen wenig feinfühlig ist. Oder auch, weil sie als Erzieherin für sechs Kinder gleichzeitig zuständig ist. Das Kind erhält dann keine vergleichbare Unterstützung in der emotionalen Entwicklung.

Kindern, die nicht sicher an ihre Hauptbezugsperson

gebunden sind, fällt es wesentlich schwerer, die Emotionen anderer zu verstehen und auf diese Emotionen zu reagieren.

Aus der Forschung: Kinder, die im Alter von einem Jahr eine sichere Bindung zu ihrer Mutter hatten, haben fünf Jahre später eine wesentlich besser ausgeprägte Fähigkeit, emotionale Gesichtsausdrücke zu identifizieren als unsicher-vermeidend oder unsicher-ambivalent gebundene Kinder. Die unsicher-ambivalent gebundenen Kinder haben bei dieser Aufgabe die größten Probleme (Steele et al. 2008). In einer anderen Studie wurde der Zusammenhang zwischen dem Bindungsstatus und dem Zugang zu eigenen Emotionen untersucht. Es zeigte sich, dass Jugendliche mit einem unsicheren Bindungsmodell Schwierigkeiten haben, ihre eigenen Emotionen zu identifizieren und zu beschreiben (Oskis et al. 2013).

Nun wissen wir, dass Kinder in der sicheren Bindungsbeziehung lernen, ihre eigenen Emotionen zu identifizieren und zu benennen. Was passiert aber im Gehirn? Welche Spuren hinterlässt dieser Prozess – oder seine Abwesenheit – im Gehirn?

Eine Emotion beinhaltet neben dem von uns bewusst erlebten Gefühl immer einen bestimmten Zustand des Körpers, etwa ein spezielles Funktionsmuster des autonomen Nervensystems oder eine Aktivität der verschiedenen neuromodulatorischen Stoffe. Der körperliche Zustand einer Emotion wird in den Tiefen der unteren und mittleren limbischen Ebene erzeugt und in den emotionalen Hirnrindenbereichen der oberen limbischen Ebene abgebildet und für die bewusste Wahrnehmung freigegeben. Genauso wie visuelle Informationen aus dem Auge die Hirnrinde erreichen müssen, damit wir den bewussten Eindruck bekommen, dass das weiche Objekt in unseren Händen wirklich ein Kissen und nicht etwa eine Windel ist, werden auch Zustände aus dem Inneren des Körpers an die Hirnrinde zurückgemeldet. Ist ein Kleinkind im Angesicht des im Matsch gelandeten Schokoladeneises enttäuscht, dann wird der mit diesem Gefühl verbundene Zustand des Körpers, einschließlich der inneren Erregung, dem Kloß im Hals und den heruntergezogenen Mundwinkeln, an die emotionalen Hirnrindenbereiche der oberen limbischen Ebene zurückgemeldet.

Im Detail: Sein Belohnungssystem liefert eine Fehlermeldung. Es hatte auf eine hohe Zuckerzufuhr gehofft und sich die Angelegenheit mit dem Eis anders vorgestellt. Es schlägt Alarm und stellt alles auf »nicht gut« ein. Die Dopaminzellen reduzieren beleidigt ihre Aktivität, und das Kind hält inne. Muskelzellen werden veranlasst, die Mundwinkel hinunterzuziehen und die Augenbrauen in entsprechende Stellung zu bringen. Tausende von Nervenzellfortsätzen erreichen die obere limbische Ebene und informieren sie über jegliche Veränderungen im Körper. Je nachdem, was gerade im Körper passiert, ist ein bestimmtes Netzwerk von Nervenzellen aktiv und bildet hierdurch das Geschehen ab. Gleichzeitig melden weitere Nervenzellen aus anderen Hirnrindenbereichen, was sie gesehen, gehört oder gerochen haben. Auch diese Nervenzellen dürfen sich an dem Netzwerk beteiligen. Alle sind gleichzeitig aktiv und ermöglichen uns, die Situation, den Kontext, in dem sie auftritt, und die damit verbundenen Emotionen bewusst wahrzunehmen.

Die Mutter unterstützt diesen Prozess. Aufgrund ihrer Spiegelung der Emotionen wird der emotionale Zustand – wie eben beschrieben – bewusst verarbeitet und ein Kontext für diese unbewusste Erregung aus dem Körperinneren geschaffen: »Ist dein Eis runtergefallen? Jetzt bist Du bestimmt enttäuscht, oder?« Es wird abgespeichert, dass der Zustand »Eis im Matsch« an einen Kloß im Hals und das Wort »enttäuscht« gebunden ist. Das Kleinkind lernt, eine emotionale Kategorie zu bilden (Wir reden hier übrigens nicht über die mütterliche Reaktion auf den Fünfjährigen, der schon zum fünften Mal in diesem Sommer sein Eis schief gehalten hat. Es geht um das Kleinkind.).

Hat das Kind Angst vor dem Klempner, dann schlägt sein Herz schnell und es fühlt eine innere Erregung gepaart mit einer Tendenz, sich zu verstecken. Wird all dies noch begleitet von den Worten der Mutter »Na, hast Du Angst vor dem Mann?«, dann können all diese Informationen auf der oberen limbischen Ebene integriert werden. Die Nervenzellen, die aus der unteren limbischen Ebene kommend ihre Fortsätze in die obere limbische Ebene senden und eine schnelle Herzfrequenz zurückmelden oder aus der Amygdala kommend das Erkennen von Bedrohungen signalisieren, bilden zusammen mit denen, die beim Hören des Wortes »Angst« aktiv werden, nun ein Grüppchen. Sie wissen, dass sie zusammengehören. Sie sind nun ein Netzwerk.

Das Oxytocin, das im Miteinander von Mutter und Kind in hohen Konzentrationen freigesetzt wird, könnte diesen Prozess unterstützen, denn es verstärkt die Zusammenarbeit der unteren limbischen Ebenen mit der oberen limbischen Ebene (Sripada et al. 2012).

Das Kind lernt, Emotionen bewusst zu erleben, sie zu benennen und voneinander zu unterscheiden. Es ist in der Lage, die Emotionen in einem Kontext zu sehen und entwickelt eine gute Fähigkeit, sie gegebenenfalls bewusst regulieren zu können. Die frühe mütterliche Unterstützung der kindlichen Emotionsregulation bildet hierdurch die Grundlage für deren eigene Fähigkeit der Emotionsregulation – für deren eigene spätere Fähigkeit, sich selbst zu beruhigen (s. Kapitel 4.3 für eine ausführliche Darstellung).

Das Verständnis der eigenen Emotionen ist wiederum die

Grundlage dafür, auch die Emotionen anderer zu verstehen. Kann ein Kind seine eigene Angst nicht benennen oder empfindet es in Situationen des Verlusts nur eine diffuse Erregung, nicht aber das bewusste Gefühl der Trauer, dann kann es diese Gefühle auch bei anderen nur schwer verstehen. Das Verstehen der eigenen Emotionen ist eine Voraussetzung für die Entwicklung der *Empathie*, für das Teilen von Emotionen, das Mitfühlen mit anderen Menschen.

Im Gehirn wird dies daran deutlich, dass die Fähigkeit, auf die emotionalen Zustände (z.B. Trauer, Ekel oder Schmerz) anderer Menschen empathisch zu reagieren, mit einer Aktivierung von Hirnregionen der oberen limbischen Ebene einhergeht, die auch an der eigenen Erfahrung entsprechender Emotionen beteiligt sind, so etwa des insulären Cortex und des anterioren cingulären Cortex. Die ekelerregende Inhalation übelriechender Substanzen führt beispielsweise zu einer Aktivierung der gleichen Hirnbereiche wie die Beobachtung von Bildern mit Gesichtsausdrücken des Ekels.

Menschen, die etwa aufgrund nicht optimaler Bindungserfahrungen Schwierigkeiten haben, ihre eigenen Emotionen zu identifizieren oder zu beschreiben, haben oft auch ein geringeres empathisches Mitempfinden (Bird et al. 2010).

Oxytocin und das soziale Gehirn: Eine Übersicht

Wir merken: Immer wieder ist es das *Oxytocin*, das in der frühen Bindungsbeziehung Auswirkungen auf das sich entwickelnde Gehirn hat. Diese Wirkung des Oxytocins scheint nicht auf die Entwicklung beschränkt zu sein. Meta-Analysen der großen Zahl von Oxytocin-Studien zeigen, dass Oxytocin grundsätzlich die Bedeutung emotionaler Reize hervorhebt, Stress und Erregung vermindert, die empathische Anteilnahme erhöht und das fürsorgliche Kümmern – insbesondere um Nachkommen und Mitglieder der eigenen sozialen Gruppe – fördert (für eine Übersicht s. van IJzendoorn und Bakermans-Kranenburg 2015).

Aus der Forschung: In einer großen Anzahl von Studien, in denen Versuchspersonen über ein Nasenspray Oxytocin verabreicht wurde, wurden verschiedene Eigenschaften, die für das soziale Miteinander benötigt werden, durch das Oxytocin gefördert. Dazu gehören das Vertrauen in Mitmenschen, die Neigung, zu anderen Menschen Blickkontakt aufzubauen, aber auch die Fähigkeit, die Emotionen anderer an deren Gesichtsausdruck oder Stimme zu erkennen. Es verstärkt Empathie sowie die Motivation, mit anderen Menschen zu interagieren, und verringert die Abneigung gegenüber wütenden Gesichtern (für eine Übersicht s. Kumsta und Heinrichs 2013).

Nun könnte man auf die Idee kommen, unseren Mitmenschen, die eher durch ein Defizit in diesen Eigenschaften auffallen, ein Oxytocin-Nasenspray zu verschreiben. Leider scheint es aber so zu sein, dass die wiederholte Verabreichung von Oxytocin-Nasenspray negative Auswirkungen haben kann. Das wurde etwa bei kleinen Schweinen gezeigt. Bei ihnen geht ein regelmäßiger Oxytocin-Schub mit einer erhöhten Aktivität des Stresssystems, mit einer verstärkten Aggressivität und einer verminderten Neigung zu sozialen Kontakten einher (Rault et al. 2013).

Anzunehmen ist, dass aufgrund der wiederholten Verabreichung die Anzahl der Bindungsstellen herunterreguliert wird. Die Wirkung des Oxytocins wird also mit der Zeit vermindert. Bei einer natürlichen Aktivierung des Oxytocin-Systems, etwa durch das Kuscheln mit der Mutter, scheint dieser Effekt nicht aufzutreten. An diesem Zusammenhang kann eine wichtige Eigenschaft der Oxytocin-Freisetzung beteiligt sein: Oxytocin wird im Gehirn in kurzen Pulsen frei-

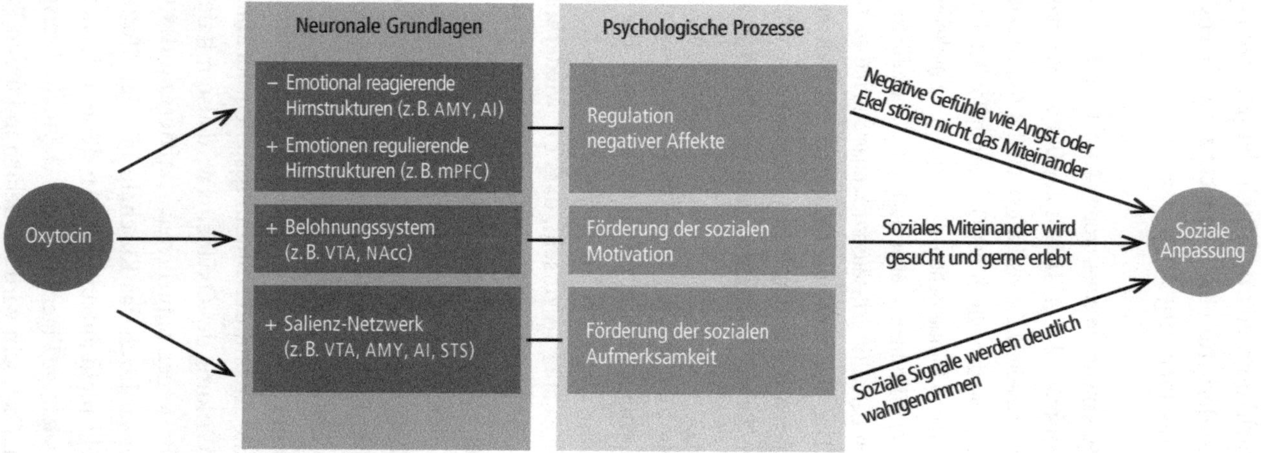
Oxytocin
Neuronale Grundlagen
– Emotional reagierende Hirnstrukturen (z. B. AMY, AI)
+ Emotionen regulierende Hirnstrukturen (z. B. mPFC)
+ Belohnungssystem (z. B. VTA, NAcc)
+ Salienz-Netzwerk (z. B. VTA, AMY, AI, STS)
Psychologische Prozesse
Regulation negativer Affekte
Förderung der sozialen Motivation
Förderung der sozialen Aufmerksamkeit
Negative Gefühle wie Angst oder Ekel stören nicht das Miteinander
Soziales Miteinander wird gesucht und gerne erlebt
Soziale Signale werden deutlich wahrgenommen
Soziale Anpassung

gesetzt, d.h. Wellen der Freisetzung kleinster Mengen und Pausen wechseln sich ab – nicht vergleichbar mit der Überschwemmung durch einen Nasenspray-Tsunami. Diese Art der Freisetzung ist in vielen hormonellen Systemen nötig, damit die Bindungsstellen ansprechbar bleiben. Werden sie von einer zu großen Menge überflutet, stehen sie für die nächste Dosis nicht mehr zur Verfügung.

Es scheint zu den wesentlichen Funktionen des Oxytocins zu gehören, das Individuum auf seine soziale Umwelt einzustellen: Über eine Wirkung auf verschiedene Hirnregionen hilft es dem Menschen, negative Gefühle einzudämmen, eine Motivation zum sozialen Miteinander zu spüren und soziale Reize bevorzugt verarbeiten zu können (Ma et al. 2016).

◀ **Abb. 4.2**: Das Modell der sozialen Anpassung: Oxytocin wirkt auf verschiedene Bereiche des Gehirns ein und beeinflusst hierdurch psychologische Prozesse, die ihrerseits eine Anpassung des Menschen an die soziale Umwelt fördern. Über einen ersten Pfad verhindert Oxytocin, dass Strukturen wie die zentrale Amygdala den Hirnstamm aktivieren und vermindert dadurch die Neigung eines Individuums, auf andere Menschen oder soziale Situationen mit Angst zu reagieren. Gleichzeitig stimuliert Oxytocin emotionsregulierende Hirnstrukturen wie den mPFC, zu deren Funktionen es gehört, die Aktivität der Amygdala zu dämpfen. Zweitens wirkt Oxytocin auf Strukturen des Belohnungssystems sowie drittens des sogenannten Salienz-Netzwerkes ein. Bei letztgenanntem handelt es sich um ein System von Hirnstrukturen, dass die Aufmerksamkeit auf soziale Reize ausrichtet und hierdurch deren bevorzugte Verarbeitung erlaubt. Der Mensch ist aufgrund dieser Wirkungen geneigt, soziales Miteinander aufzusuchen und passt sich der sozialen Umwelt an. Aus dem Menschen wird ein sozialer Mensch. Amy = Amygdala; AI = anteriore Insula; mPFC = medialer präfrontaler Cortex; VTA = ventrales tegmentales Areal; NAcc = Nucleus accumbens; STS = superiorer temporaler Sulcus (verändert nach Ma et al. *2016).*

Take Home: Gelingt der Aufbau einer sicheren Bindung, so kann dies über eine Freisetzung von Oxytocin den belohnenden Wert von Bindung langfristig speichern, das Stresssystem des Kindes dämpfen und dessen Erkundung der Welt fördern. Im liebevollen und fürsorglichen Miteinander baut das Kind ein gut funktionierendes Oxytocin-System auf und lernt außerdem, seine inneren Emotionen zu verstehen und diejenigen anderer mitzufühlen. Es scheint eine grundsätzliche Funktion des Oxytocins zu sein, den Menschen an ein Leben als soziales Wesen anzupassen.

4.3 Temperament und Bindung: Entstehung der kindlichen Persönlichkeit

Jeder, der mehrere eigene Kinder oder eine große Verwandtschaft hat oder auch mit Kindern arbeitet, weiß: Kinder unterscheiden sich bereits im Säuglingsalter, und zwar erheblich. Sie alle gucken putzig und schreien zwischendurch mal, dennoch sind sie verschieden. Nicht nur in ihrer Haarfarbe und ihrer Kopfform sind sie ungleich, sondern auch in ihrer Reaktion auf Anforderungen der Umwelt. Sie unterscheiden sich in ihrer Erregbarkeit, ihrer Tröstbarkeit, im Ausdruck, im Ausmaß ihrer Aktivität, in der Orientierung auf Reize der Umwelt, in der Ablenkbarkeit und vielen weiteren Dingen. Sie unterscheiden sich in ihrem Temperament.

Temperament bezeichnet übrigens Tendenzen, die das Baby nicht gleichbleibend charakterisieren, sondern bestimmte auslösende Bedingungen benötigen. So sind ängstliche Kinder nicht immer gehemmt. Sie neigen jedoch in neuartigen Situationen, bei plötzlichen Veränderungen der Stimulation oder bei Ankündigung von Bestrafung besonders zu furchtsamen Reaktionen. Leicht frustrierte Kinder sind ebenso nicht immer gereizt oder wütend. Werden aber ihre Ziele blockiert oder ihre Erwartungen nicht erfüllt, sind sie anfälliger für Frustrationen als andere Kinder (Rothbart und Bates 2006).

Nehmen wir die *Erregbarkeit*. Manche Babys schreien häufig, lange und intensiv. Bereits der kleinste Auslöser führt bei ihnen zu großem Missmut. Andere Säuglinge sind ausgeglichener, geduldiger, genügsamer. Das eine Neugeborene sucht nach der Geburt auf der mütterlichen Brust liegend geduldig und bedächtig die begehrte Milchquelle. Das andere schreit wie am Spieß, wenn es den gewünschten Nippel nicht innerhalb von zehn Sekunden im Mund hält. Ein paar Monate später: Das eine Baby fasst das Ziehen am Schnuller durch ein anderes Baby als Aufforderung zu einer freundlichen sozialen Interaktion auf, das andere vermutet Diebstahl und brüllt, als habe sich die Welt gegen es verschworen.

Oder die *Tröstbarkeit*. Babys und Kleinkinder unterscheiden sich in ihrer Fähigkeit, sich trösten oder beruhigen zu lassen. Einige lassen sich durch Ansprache, Wiegen oder Einkuscheln schnell besänftigen, andere nicht. Grundsätzlich sind sie verschieden darin, wie sie auf andere Menschen reagieren. Manche Babys lächeln, sobald ein gesichtsähnliches Objekt erscheint, bei anderen muss das gesichtsähnliche Objekt deutlich und anhaltend gute Laune haben, damit das Baby seine Mundwinkel hebt.

Genauso, wie es auch unter den Erwachsenen produktive Macher und gemütliche Sofasitzer gibt, unterscheiden sich auch Babys im Ausmaß ihrer *Aktivität*. Einige zappeln und sind immer in Bewegung, bei anderen muss man zweimal hinschauen, um Baby und Babypuppe unzweifelhaft unterscheiden zu können. Die *Ablenkbarkeit* ist ein weiterer Bereich, in dem ein Baby Persönlichkeit zeigen kann. Einige Babys fokussieren gut das, was gerade anliegt, andere sind leicht ablenkbar. Bei ihnen führt das kleinste Geräusch sofort zu einer Orientierungsreaktion und der Möhrenbreilöffel landet auf der Wange. Einige Babys können sich schnell an wiederkehrende Geräusche gewöhnen. Sie schlafen auch dann ein, wenn Papa in der Küche die Geschirrspülmaschine einräumt und Mama dem großen Bruder eine Gutenachtgeschichte vorliest. Andere Neugeborene haben große Schwierigkeiten, Reize auszublenden und trotzdem ihre Ruhe zu finden.

Kinder regen sich nicht nur schnell oder weniger schnell auf und beruhigen sich wieder, sondern unterscheiden sich auch im *Ausdruck* dieser inneren Prozesse. Nicht bei allen Kindern spiegelt der sichtbare Verhaltensausdruck (z.B. Weinen) gleich gut den inneren Zustand (z.B. Cortisol-Antwort) wider (Gunnar et al. 1996). Es ist deshalb nicht bei allen Kindern gleich leicht, den inneren emotionalen Zustand zu erkennen und mit einer angemessenen Reaktion zu beantworten.

Viel haben wir bis hierhin schon gehört. Eine kurze Zusammenfassung soll nun helfen, sich ein Bild von der Entstehung des kindlichen Temperaments zu machen. Dann werde ich darauf eingehen, dass Kinder mit ihrem frühen Temperament beeinflussen, wie leicht oder schwer es für die Eltern ist, immer feinfühlig und geduldig auf die kindlichen Bedürfnisse einzugehen. Ein schwieriges Temperament kann den Aufbau einer sicheren Bindungsbeziehung nämlich erschweren. Anschließend wird es darum gehen, dass es aufgrund ihres Temperaments für einige Kinder wichtiger als für andere ist, eine einfühlsame und geduldige Fürsorge zu erfahren.

Die vorgeburtliche Prägung des Temperaments und die Bindungserfahrungen formen gemeinsam die Hirnentwicklung und hierdurch die kindliche Persönlichkeit. Bestimmte Eigenschaften und Fähigkeiten begleiten das Kind durch sein weiteres Leben. Im letzten Abschnitt dieses Kapitels werde ich die Ergebnisse von Langzeitstudien zusammenfassen. Deren Ergebnisse sind eindeutig: Die sichere Bindung ist es, die den Kindern soziale Kompetenz vermittelt, die aus ihnen unabhängige und selbstdenkende starke Persönlichkeiten macht.

Entstehung des frühen Temperaments: Eine Zusammenfassung

All die verschiedenen in Kapitel 2 vorgestellten Stoffe – Serotonin, Dopamin, Acetylcholin, Noradrenalin, Oxytocin, endogene Opioide, CRF, Cortisol – sie alle, aber auch viele weitere, beeinflussen in einer charakteristischen Weise das individuelle kindliche Gefühlsleben und sein Verhalten. Bei dem einen Kind mehr, bei dem anderen weniger. Die verschiedenen Stoffe lassen Kinder mutig, ängstlich, neugierig, bedacht, kontaktfreudig oder nachdenklich sein. Die charakteristische Funktion der Stresshormone lässt das eine Kind im Angesicht von Stress schnell hochfahren, während ein anderes stoisch hohe Anforderungen ignoriert. Oder auch die mütterliche Aufforderung, die Jacke anzuziehen. Die individuelle Freisetzung von Oxytocin führt bei dem einen dazu, dass es sich sofort beruhigt, sobald es in Mutters Arm ist, bewirkt bei dem anderen jedoch kaum etwas.

Es sind zum einen die Gene der verschiedenen Stoffe, die das Temperament beeinflussen – bestimmte genetische Varianten, die ich in Kapitel 3 vorgestellt habe und die sich darauf auswirken, wie unruhig, risikobereit, neugierig, impulsiv, reizbar, ängstlich oder tröstbar Kinder sind. Zum anderen sind es die Erfahrungen aus Schwangerschaft, der Geburt, und der frühen Zeit danach, die das Ausmaß der Freisetzung der verschiedenen Stoffe und der Ausbildung ihrer Bindungsstellen langfristig mitbestimmen. Gezeigt habe ich dies vor allem am Beispiel des Cortisols und des Oxytocins – es spielen jedoch noch viel mehr Stoffe eine Rolle. Es wird – wie oben beschrieben – angenommen, dass dieser langfristigen Wirkung der frühen Erfahrungen epigenetische Veränderungen zugrunde liegen. Epigenetische Markierungen, die verhindern können, dass aus Genen Proteine und hiermit bestimmte Rezeptoren hergestellt werden können.

All diese Faktoren bestimmen, wie der Säugling auf seine Umwelt reagiert. Bei manchen Kindern können schon aus frühen Temperamenteigenschaften Vorhersagen für das spätere Verhalten getroffen werden.

Aus der Forschung: Bereits die Aktivität des Fötus während der Schwangerschaft kann Hinweise auf das Temperament des Säuglings geben. Anscheinend kann eine Neigung zu einer erhöhten Reizbarkeit bereits im Mutterleib beginnen. Föten, die in der 32. Schwangerschaftswoche besonders intensiv mit Veränderungen ihrer Herzfrequenz und der motorischen Aktivität darauf antworten, dass ihre Mutter einen emotionalen Film schaut, reagieren nämlich auch im Alter von sechs Wochen eher mit einer höheren Reizbarkeit auf eine Untersuchung als andere (DiPietro et al. 2008).

Das Temperament des Säuglings wiederum liefert einen Vorgeschmack für die spätere Persönlichkeit des Menschen. In einer großangelegten Studie wurden 16 Wochen alte Säuglinge mit quietschbunten Spielzeugen konfrontiert. Zudem wurden ihnen Aufnahmen von kurzen gesprochenen Sätzen vorgespielt. In der Studie reagierten 20 % der Säuglinge gestresst. Diese »hoch reaktiven Säuglinge« waren motorisch äußerst aktiv, weinten und quengelten anhaltend. 40 % der Säuglinge, die sogenannten »wenig reaktiven Säuglinge«, blieben entspannt und reagierten überhaupt nicht negativ auf die Stimulation. Längsschnittuntersuchungen zeigten, dass viele der hoch reaktiven Säuglinge im Kindesalter ängstlicher und gehemmter waren als die weniger reaktiven und als Erwachsene häufiger Angststörungen sowie eine stärker reagierende Amygdala entwickelten (Schwartz et al. 2003).

Das Temperament beeinflusst den Aufbau der Bindung

Das Baby wird geboren. Mutter und Kind sehen sich das erste Mal in die Augen. Sie sollen nun beginnen, eine enge und sichere Bindungsbeziehung einzugehen, so hat es die Natur vorgesehen. Das Kind schreit, die Mutter identifiziert sein Problem, nimmt es behutsam in den Arm, spiegelt seine Emotionen und tröstet es. Das Kind beruhigt sich und spürt Sicherheit, die Mutter erlebt die belohnende Wirkung des getrösteten Kindes.

Manche Elternratgeber suggerieren, man müsse – wie in der Einleitung erwähnt – nur etwas Bindung in den Topf geben und fertig sei die perfekte Kindheit. »Hah!«, mag da die eine oder andere sagen. »Ich opfere mich auf!«, sagt sie. »Schlafe kaum noch. Zwei Stunden pro Nacht im Mittel. Spiegele wie eine Weltmeisterin. Singe, rede in Ammensprache, schaukle, stille und gurre. Und es schreit immer noch!«

Zwar mag es auch an der Mutter, an ihren eigenen Genen und Erfahrungen liegen, wenn es mit Trost und Beruhigung nicht reibungslos klappt, hier gehen wir aber der Einfachheit halber von der vielleicht nicht perfekten, aber durchschnittlich geeigneten Mutter aus.

Manche Kinder haben ein Temperament, das den feinfühligen Umgang mit ihnen und den Aufbau einer sicheren Bindungsbeziehung *erschwert*. Das Zusammenspiel der Stoffe in ihren Gehirnen bewirkt, dass diese Kinder besonders reizbar und leicht überfordert sind und nicht so schnell auf das Angebot von Trost und Nähe reagieren wie andere Kinder. Ihre Genvarianten und vorgeburtlichen Erfahrungen erschweren den Aufbau einer sicheren Bindungsbeziehung. Was bedeutet das für die Mutter? Was macht dieses schwierige kindliche Temperament mit ihr?

Für die Mutter ist es relativ einfach, feinfühlig auf einen ausgeglichenen Säugling einzugehen. Sie wird sich kaum vorstellen können, dass es für andere Mütter schwieriger ist, immer feinfühlig zu bleiben. Wenn der Säugling schreit, sobald die Nahrung nicht sofort zur Verfügung steht, schreit, sobald er sich der Überstimulation ausgesetzt sieht, schreit, sobald er übermüdet ist. Wenn er kaum zu beruhigen ist, sich kaum trösten lässt. Insbesondere letztgenannte Eigenschaft ist für die Mutter problematisch. Erlebt sie das Kind als nicht beruhigbar, dann sind Erfolgserlebnisse selten oder bleiben aus. Kein entzückendes Babylächeln belohnt den mütterlichen Einsatz. Stattdessen erlebt sie Frust.

Aus der Forschung: Kinder mit einer bestimmten Genvariante des Oxytocin-Rezeptors neigen beispielsweise mehr als andere dazu, eine negative Emotionalität und anderes negatives Verhalten zu entwickeln. Eine Analyse der Versuchsergebnisse legt nahe, dass es diese kindlichen Eigenschaften sind, die das elterliche Verhalten beeinflussen und dazu führen, dass die Eltern dieser Kinder ein geringes Selbstvertrauen in ihre elterlichen Fähigkeiten haben (Kryski et al. 2014).

Wie soll die Mutter auch zuverlässig seine Emotionen erkennen? Dann, wenn sie kein »Richtig«- oder »Falsch«-Signal bekommt, kein »Gefällt mir« ihr den Weg weist? Es gelingt ihr zunehmend schlechter, feinfühlig auf ihr Baby einzugehen.

Aus der Forschung: Diese abnehmende Feinfühligkeit infolge einer Nicht-Beruhigbarkeit des Kindes wurde auch in wissenschaftlichen Studien bestätigt. Haben Kinder ein schwieriges Temperament, sind aber dabei gut beruhigbar, dann reagieren Mütter in der Regel feinfühliger auf das Kind, als wenn es ein einfaches Temperament hätte. Erleben sie das Kind mit dem schwierigen Temperament hingegen als nicht beruhigbar, dann führt dies dazu, dass sie immer weniger feinfühlig auf die Signale des Babys reagieren und immer seltener geduldig versuchen, es zu beruhigen – eine gelernte Hilflosigkeit entsteht (Ghera et al. 2006).

Oben habe ich von Forschungsergebnissen berichtet, denen zufolge bei einigen Kindern der Ausdruck ihrer Gefühle, das Weinen, weniger zuverlässig den inneren Zustand, in diesem Fall die Ausschüttung von Stresshormonen, widerspiegelte als bei anderen Kindern. Auch die Mütter dieser Kinder hatten Schwierigkeiten, ihr feinfühliges Verhalten aufrechtzuerhalten.

Es ist hiernach für Mütter von Kindern eines unterschiedlichen Temperaments nicht immer gleich einfach, feinfühlig die Signale ihres Kindes zu erkennen und darauf einzugehen. In Kapitel 6 werde ich darauf eingehen, was uns dieses Wissen hilft. Wie gehen wir mit dem schwierigen kindlichen Temperament um?

Das Temperament beeinflusst die Wichtigkeit der feinfühligen Fürsorge

Wenngleich der Aufbau einer sicheren Bindungsbeziehung mit diesen leicht erregbaren und schwer zu tröstenden Kindern manchmal schwierig ist, so ist es doch für diese Kinder umso *wichtiger*, dass sie eine liebevolle und feinfühlige Person an ihrer Seite haben, die ihnen da hilft, wo sie Schwierigkeiten haben: Bei der Regulation ihres Stresszustandes.

Die mütterliche Unterstützung muss den Kindern helfen zu lernen, in der akuten Situation ihr Stresssystem herunterzufahren und die Welt mit Sicherheit zu assoziieren. Die Kinder müssen innerhalb der sicheren Bindungsbeziehung lernen, ihr eigenes überschießendes Temperament in sozial akzeptable und selbst aushaltbare Bahnen zu lenken.

Einerseits geht man davon aus, dass manche Kinder aufgrund ihres charakteristischen Temperaments besonders *vul-*

nerabel sind. Das bedeutet, dass diese Kinder eher als andere infolge von Stresserfahrungen negative Konsequenzen entwickeln. Eher als andere reagieren sie auf ungünstige frühe Erfahrungen oder eine unsichere Bindungsbeziehung mit Folgen wie einer erhöhten Stressempfindlichkeit, psychischen Erkrankungen oder Verhaltensstörungen. Sie sind besonders verwundbar.

Aus der Forschung: So wurde etwa in den 1990ern gefunden, dass insbesondere sehr ängstliche Kinder infolge einer unsicheren Bindungsbeziehung eine hohe Stressempfindlichkeit entwickelten: Sie reagierten mit einer besonders hohen Cortisol-Freisetzung auf den Stress einer ärztlichen Untersuchung mit Impfung (Gunnar et al. 1996). Verschiedene weitere Studien zeigten, dass es insbesondere die reizbaren Kinder oder diejenigen mit einer negativen Emotionalität waren, die infolge wenig unterstützender oder gar feindseliger Eltern Verhaltensstörungen oder emotionale Probleme entwickelten (für eine Übersicht s. van IJzendoorn und Bakermans-Kranenburg 2012).

Diese Annahme einer Vulnerabilität bestimmter Temperamente wird auch als »*Diathese-Stress-Modell*« oder »*Modell eines dualen Risikos*« bezeichnet: Kinder mit einem schwierigen Temperament (erstes Risiko) werden mehr durch eine negative frühe Umgebung (zweites Risiko) negativ beeinflusst als andere.

Im Jahr 1997 stellte – wie bereits erwähnt – der Psychologe Jay Belsky seine »*Hypothese der differentiellen Beeinflussbarkeit*« (differential susceptibility hypothesis) vor, die in der aktuellen Forschung über den Zusammenhang von Temperament und frühen Erfahrungen einen großen Stellenwert hat. Dieser Theorie zufolge werden Kinder je nach Anlagen bzw. Temperament in einem unterschiedlichen Ausmaß von den

Erfahrungen mit ihrer Umwelt beeinflusst – *im Guten wie im Schlechten*. Kinder mit einer besonders beeinflussbaren Veranlagung können mehr als andere von positiven Erfahrungen profitieren, reagieren aber auch mehr als andere auf eine negative Umwelt mit Schwierigkeiten im emotionalen Bereich oder im Verhalten.

Die Kinder mit dem besonders beeinflussbaren Temperament sind also nicht einfach nur durch negative Erfahrungen verwundbar, sondern sind auch offener gegenüber positiven Erfahrungen. Mehr als die anderen können sie durch warme und unterstützende Fürsorge und Bindungssicherheit gefördert werden.

Wer sind diese besonders beeinflussbaren Kinder? Kann man sie erkennen? Die Theorie der differentiellen Beeinflussbarkeit beruht ursprünglich auf der immer wiederkehrenden Beobachtung verschiedener Wissenschaftler, dass die frühen Fürsorgebedingungen einschließlich der mütterlichen Feinfühligkeit eine größere Bedeutung für diejenigen Kinder haben, die durch eine negative Emotionalität auffallen, die besonders reizbar oder gehemmt sind und die manchmal als schwierig eingestuft werden (Belsky 1997). Diese Kinder reagieren auf ihre frühe Umwelt besonders empfindlich und entwickeln sich in der Folge besonders negativ oder auch besonders positiv.

Aus der Forschung: Zahlreiche Forschungsergebnisse belegen dies. Studien darüber, dass es die reizbaren und gehemmten Säuglinge und Kleinkinder sind, deren Bindungssicherheit, späteres Verhalten oder physiologische Reaktionen stark von der mütterlichen Feinfühligkeit und weiteren frühen Umwelterfahrungen beeinflusst werden. Kinder mit einem negativen Temperament, die bei wenig feinfühligem Verhalten, bei elterlicher Feindseligkeit oder übermäßiger Strenge mit Verhaltensauffälligkeiten wie Aggressionen reagieren, bei unterstützender Fürsorge jedoch aufblühen und sich ausgesprochen unproblematisch entwickeln. Die ausgeglichenen Säuglinge mit dem pflegeleichten Temperament scheinen hingegen nicht so sehr beeinflusst zu werden und bewegen sich mit ihrem Verhalten oft irgendwo in der Mitte (Belsky 1997; Ellis et al. 2011; van IJzendoorn und Bakermans-Kranenburg 2012).

Wie kommt das? Warum sind manche Kinder anfälliger als andere?

Heutzutage weiß man: Es ist die bestimmte Konstellation von Stoffen im Gehirn, die Menschen so unterschiedlich, aber auch mehr oder weniger beeinflussbar für Umwelteinflüsse macht. Die Wirkung der Stoffe wiederum ist – wie nun schon oft in diesem Buch beschrieben – die Folge von Genen und Erfahrungen. Zunächst zu den Genen: Die Gene können beeinflussen, wie beeinflussbar jemand ist.

Manche Genvarianten bringen eine größere Beeinflussbarkeit mit als andere. Diesen Zusammenhang hatte ich bereits in Kapitel 3.1 erwähnt. Dort ging es um den DRD4-Rezeptor des Dopamins. Ich habe erklärt, dass Kinder mit einer bestimmten Variante des Gens für den DRD4-Rezeptor (der 7R-Genvariante) erheblich von ihrer jeweiligen Umwelt beeinflusst werden. Mehr als die Kinder mit einer anderen Genvariante. Für die 7R-Kinder hat es beispielsweise eine besonders große Bedeutung, wie feinfühlig die Mutter ist und wie viele Stunden sie in der Fremdbetreuung verbringen.

Die vorgeburtliche Umwelt kann über ihren Einfluss auf das Temperament ebenfalls Auswirkungen darauf haben, wie wichtig die Umwelt nach der Geburt und hiermit auch das mütterliche Fürsorgeverhalten ist.

Im Detail: Mit dieser Feststellung wird es aber nun richtig kompliziert, denn der Zusammenhang geht möglicherweise so: Die Gene beeinflussen, wie stark ein Fötus von den vorgeburtlichen Erfahrungen beeinflusst, also programmiert wird. Dies wiederum beeinflusst, wie wichtig die Fürsorgeerfahrungen nach der Geburt sind. In wissenschaftlich heißt das: »Die genetische Ausstattung beeinflusst die Empfänglichkeit des Fötus für die pränatale Programmierung der postnatalen Plastizität« (Pluess und Belsky 2011). Alles klar?

Die Gene und die vorgeburtliche Entwicklung legen also gemeinsam fest, wie wichtig die Erfahrungen nach der Geburt sind. Es scheinen insbesondere diejenigen Kinder mit einem besonders reizbaren oder gehemmten Temperament zu sein, die besonders empfindlich auf die frühen Fürsorgebedingungen reagieren.

Für uns Eltern bedeutet die Feststellung der besonderen Beeinflussbarkeit zum ersten, dass wir im Angesicht eines schwierigen Kindes nicht aufgeben dürfen. Es benötigt unsere liebevolle Fürsorge noch mehr als die anderen. Zum zweiten ist es wichtig, dass wir uns die Früchte unserer Bemühungen vor Augen halten. Es sind häufig gerade diese Kinder, die sich besonders positiv entwickeln, wenn uns eine besonders liebevolle Fürsorge gelingt!

Die Bindungsbeziehung prägt die Persönlichkeit

Das Kind, wie auch immer sein Temperament ausfallen mag, baut eine Bindungsbeziehung auf. Es ist sicher oder unsicher an seine Mutter gebunden und hat eine bestimmte Anzahl weiterer Bindungsbeziehungen. Es kann mehr oder weniger in einem sicheren Hafen Schutz und Trost erhalten und kann mehr oder weniger gut von einer sicheren Basis aus seine Umwelt erkunden. Es lernt mehr oder weniger, sich durch soziales Miteinander gut zu fühlen und auf andere zu vertrauen. Es lernt mehr oder weniger, seine eigenen Emotionen zu identifizieren, gegebenenfalls zu regulieren und auch die Emotionen anderer erkennen und empathisch mitempfinden zu können.

Die Neigungen des Temperaments werden nun durch die Bindungserfahrungen moduliert. Sie werden verstärkt oder abgeschwächt. Dies beinhaltet, dass auch negative Folgen vorgeburtlichen Stresses durch eine sichere Bindungsbeziehung abgeschwächt oder ausgeglichen werden können (Bergman et al. 2010).

In der sicheren Bindungsbeziehung können die emotionalen Reaktionen des Kindes auf seine Umwelt an die jeweilige Situation angepasst und gegebenenfalls gehemmt werden. Man kann deshalb auch sagen, die Bindung spiegele die Regulation des Temperaments wider (van IJzendoorn und Bakermans-Kranenburg 2012). Sie prägt die Fähigkeit des Kindes, seine Reaktionen auf die Umwelt zu regulieren und eigene Regulationsstrategien zu entwickeln. Entsprechend beeinflusst die frühe Fürsorge, wie sich das Temperament des Kindes innerhalb des ersten Lebensjahres ändert (Belsky 1991).

In großen Langzeitstudien, in denen Individuen über Jahrzehnte hinweg begleitet wurden, wurde festgestellt, dass zwar bereits Säuglinge und sogar Föten charakteristische Veranlagungen haben, eine hohe Stabilität dieser individuellen Merkmale jedoch erst im Alter von etwa drei Jahren beginnt, nämlich dann, wenn die frühen Bindungserfahrungen ihren Einfluss genommen haben. Die in dieser Zeit vorhandenen Persönlichkeitseigenschaften begleiten das Kind oft lebenslang (Roberts und DelVecchio 2000). So neigen etwa unbeherrschte und impulsive dreijährige Kinder im jungen Erwachsenenalter zu Impulsivität, zum Aufsuchen von Gefahren, zu negativen Emotionen und zu Aggressionen und sind oft in feindselige Beziehungen verstrickt, während das Leben gehemmter und ängstlicher Kinder zum späteren Zeitpunkt tendenziell von Vorsicht und großer Beherrschung geprägt ist (Caspi et al. 2003a).

Persönlichkeitsmerkmale stabilisieren sich also, sobald die Bindungsbeziehung ihren Stempel aufgedrückt hat. Warum ist das so? Wieso ist der Mensch nicht auch später beliebig veränderbar? Mit welchen Abläufen im Gehirn ist eine solche Verfestigung von Persönlichkeitseigenschaften verbunden?

Das Gehirn des sicher gebundenen Kindes

Vor dem Hintergrund seines jeweiligen Temperaments macht ein Kind individuelle Bindungserfahrungen. Es übt den Umgang mit Stress und lernt das ganze Repertoire menschlicher Emotionen zu identifizieren, zu benennen und zu regulieren. Jedes auf seine Weise.

All diese Erfahrungen sind mit der Aktivität verschiedener Netzwerke von Nervenzellen der limbischen Ebenen verbunden. Je häufiger sie stimuliert werden, desto stabiler werden sie. Je nach Art der Erfahrungen werden so Netzwerke aus Nervenzellen stabil miteinander verdrahtet. Nichtgenutzte Verbindungen werden, wie in Kapitel 2 erläutert, eliminiert und sie verkümmern.

Eine wichtige Struktur, an der die Sicherheit der frühen Bindungsbeziehung langfristige Spuren hinterlässt, ist die Amygdala. In einer kürzlich veröffentlichten Studie wiesen unsicher gebundene Kinder (von denen die meisten unsicher-vermeidend gebunden waren) im Erwachsenenalter ein vergrößertes Volumen der Amygdala auf. Ein solcher Befund ist normalerweise an einen ausgeprägt negativen Affekt und eine erhöhte Ängstlichkeit gebunden und es wird angenommen, dass die Vergrößerung dieser Hirnstruktur auch bei den unsicher gebundenen Kindern eine erhöhte Neigung zu Stressempfindlichkeit und Symptomen der Angst hervorbringen kann (Moutsiana et al. 2015).

Darüber hinaus können unterschiedliche Bindungsmuster die Stärke der Verbindungen von Zellen verschiedener emotionaler Hirngebiete beeinflussen. Gibt es ausreichend Verbindungen aus der unteren limbischen Ebene in die obere, damit emotionale Reaktionen des Körpers an die bewusste obere limbische Ebene zurückgemeldet werden können und das Kind seine eigenen Emotionen gut als bewusste Gefühle wahrnehmen kann? Und gibt es umgekehrt genügend Verbindungen aus der mittleren und oberen limbischen Ebene in die untere, so dass die emotionalen Reaktionen des Körpers nicht einfach überschießen, sondern in den Kontext gesetzt werden und gegebenenfalls gehemmt werden können?

Verschiedene aktuelle Forschungsergebnisse zeigen, dass sich diese Verbindungen in den ersten Lebensjahren ausbilden und erheblich von der mütterlichen Feinfühligkeit und der Bindungssicherheit beeinflusst werden.

Aus der Forschung: Die mittlere limbische Ebene reift in der frühen Kindheit, die obere benötigt dafür länger. Letzte Reifungsprozesse dauern bis in die Jugend oder gar das frühe Erwachsenenalter hinein an. Allerdings legen verschiedene Studien nahe, dass auch in einigen der zur oberen limbischen Ebene gehörenden Hirnrindenbereiche der Abbau von Synapsen bereits vor dem Alter von vier bis fünf Jahren beginnt. Es dauert allerdings noch Jahre, bis dieser Prozess abgeschlossen ist (Gogtay et al. 2004; Shaw et a. 2008). Die obere limbische Ebene beginnt hiernach bereits im Vorschulalter mit der Auslese.

Die Verbindung zwischen den beiden limbischen Ebenen, d.h. die Verbindung, über die Emotionen reguliert werden können, reift sehr früh. Individuelle Unterschiede sind bereits im ersten Lebensjahr erkennbar. Es wurde nicht nur gezeigt, dass Oxytocin die Verbindung verstärken kann (Sripada et al. 2012), sondern auch, dass mütterliche Feinfühligkeit diesen Prozess beeinflussen kann. Kinder besonders feinfühliger Mütter haben bereits im Alter von sechs Monaten eine ausgeprägtere und effizientere Verbindung zwischen Bereichen der mittleren und der oberen limbischen Ebene. Weitere Areale der Hirnrinde sind ebenfalls stärker mit den emotionalen Zentren der mittleren limbischen Ebene verbunden. Die mütterliche Feinfühligkeit scheint über diese Verbindungen bereits im ersten Lebensjahr den Grundstein für eine effiziente Emotionsregulation, eine erhöhte mentale Flexibilität und eine gute soziale Kommunikation zu legen (Rifkin-Graboi et al. 2015).

Bildet ein Kind, das in einer sicheren Bindungsbeziehung eine feinfühlige Betreuung erfährt, ein weit verzweigtes Netzwerk zur Verarbeitung und Regulation seiner Emotionen aus, dann stattet dies das Kind mit der Fähigkeit aus, seine eigenen Emotionen identifizieren und regulieren zu können und diese auch bei anderen Menschen verstehen und empathisch mitfühlen zu können.

Fortsätze von Zellen, die mit Hilfe von Oxytocin, Serotonin, Dopamin oder anderen Molekülen den Zustand des Gehirns ändern (etwa wachsam machen oder beruhigen), werden in diesen ersten Lebensjahren ebenfalls fest in das Netzwerk eingebunden. Tiermodelle zeigen, dass frühe Erfahrungen beeinflussen, wie ausgeprägt die Fortsätze der verschiedenen Systeme in die Hirnregionen der oberen limbischen Ebene einwachsen (z.B. Braun et al. 1999) und dort langfristig die Hirnaktivität modulieren können. Aber nicht nur die Fortsätze der verschiedenen Stoffe breiten sich je nach Art der frühen Erfahrungen mehr oder weniger aus, auch die Bindungsstellen für diese Stoffe werden – das habe ich oben für das Oxytocin beschrieben – infolge früher Erfahrungen mehr oder weniger umfangreich ausgebildet. Gespeichert werden diese Einstellungen vermutlich über epigenetische Markierungen. Die Stoffe können daraufhin langfristig besonders gut oder weniger gut wirken und das Verhalten beeinflussen.

Im Detail: Hat ein Mensch beispielsweise infolge sicherer Bindungserfahrungen ein gut funktionierendes Oxytocin-System entwickelt, kann man sich in Anbetracht der in Kapitel 4.2 dargestellten positiven Wirkungen des Oxytocins leicht vorstellen, dass dies die Persönlichkeit eines Menschen erheblich beeinflussen kann.

Möglicherweise sind es auch diese epigenetischen Veränderungen, die dafür verantwortlich sind, dass eine sichere Bindungsbeziehung die negativen Auswirkungen vorgeburtlichen Stresses ausgleichen kann. Stellen wir uns vor, ein Kind habe aufgrund seiner vorgeburtlichen Erfahrungen ein schwieriges Temperament. Im Gehirn wird dies von einer epigenetischen Abschaltung verschiedener Gene des Stresssystems begleitet. Machen Kinder mit vorgeburtlich auf Stress geprägten epigenetischen Mustern nachgeburtlich positive Erfahrungen und erleben eine sichere Bindungsbeziehung, so kann dies möglicherweise damit einhergehen, dass epigenetische Markierungen wieder entfernt werden und hierdurch eine optimale Entwicklung begünstigt wird (Bakermans-Kranenburg und van IJzendoorn 2015). Erleben die Kinder eine sichere Bindungsbeziehung, so würde ihr auf Stress eingestelltes System von Bindungsstellen umprogrammiert werden.

Neue Forschungsergebnisse deuten darauf hin, dass selbst das Streicheln von Kindern über einen epigenetischen Einfluss negative vorgeburtliche Einflüsse abfedern und somit eine positive Wirkung auf ihre psychische Gesundheit haben kann.

Aus der Forschung: Bereits in einer ganzen Reihe von Studien wurde gezeigt, dass vorgeburtlicher Stress das Risiko für eine stärkere Stressempfindlichkeit, für ängstliches oder manchmal auch aggressives Verhalten erhöht (s. Kapitel 3). Einer aktuellen Studie zufolge weisen sieben Monate alte Kinder, deren Mütter während der Schwangerschaft unter Depressionen litten, eine negativere Emotionalität sowie eine verminderte Aktivität des beruhigenden Teils des autonomen Nervensystems auf. Im Alter von 2,5 Jahren werden Symptome von Angst und Depressionen deutlich. Allerdings nur dann – und das ist das Aufsehenerregende an dieser Studie – wenn die Mütter angeben, ihre Kinder im Alter von fünf und neun Wochen nur wenig gestreichelt zu haben. Häufiges Streicheln kompensierte das Risiko (Sharp et al. 2015).

In einer weiteren aktuellen Studie zeigte sich, dass Kinder auf Depressionen der Mutter mit einer erhöhten epigenetischen Markierung eines Gens des Stresssystems reagierten, und dass diese Auswirkung durch häufiges mütterliches Streicheln des Kindes in den ersten Lebenswochen umgekehrt wurde (Murgatroyd et. al. 2015).

Erfahrungen der Fürsorge scheinen hiernach über eine Wirkung auf Rezeptoren im Gehirn den negativen Einfluss vorangegangener Stresserfahrungen ausgleichen zu können. Eine liebevolle und feinfühlige Fürsorge und eine damit verbundene sichere Bindungsbeziehung könnte so einen langfristig zügelnden Einfluss auf ein schwieriges kindliches Temperament haben.

Die Persönlichkeit des sicher gebundenen Kindes

Eben ging es darum, wie frühe Erfahrungen von Fürsorge und Bindung die Netzwerke und die Stoffe des Gehirns in einer Weise beeinflussen können, dass Kinder ihre eigenen Emotionen gut verstehen und regulieren können und auch das Gefühlsleben der anderen gut nachvollziehen und mit ihnen mitfühlen können. Im Zuge der Bindungserfahrungen wird aus dem Temperament eine kleine Persönlichkeit.

Vorschulkinder mit sicheren Bindungserfahrungen haben häufig Persönlichkeitseigenschaften, die mit einer guten psychischen Gesundheit und einer hohen sozialen Kompetenz verbunden sind.

In einer großen Langzeitstudie aus Minnesota (Sroufe 2005) wurde die soziale und emotionale Entwicklung einer großen Gruppe von Kindern über viele Jahre hinweg verfolgt. Es zeigte sich, dass die Kinder, die in den ersten ein bis anderthalb Jahren eine sichere Bindungsbeziehung entwickelt hatten, im Vorschul- und Schulalter sehr selbstständig und eigenverantwortlich waren. Die unsicher gebundenen Kinder hingegen verließen sich viel mehr auf die Unterstützung und Hilfe durch die Erzieher oder die Lehrer. Dies betraf auch diejenigen unsicher-vermeidend gebundenen Kinder, die in der Testsituation zur Erhebung der Bindungsklassifikation besonders unabhängig schienen – auch sie waren im Vorschul- und Schulalter unselbstständiger und weniger eigenverantwortlich als die sicher gebundenen Kinder.

Die sicher gebundenen Kinder waren zudem besonders gut darin, ihre Emotionen zu regulieren. Sie waren gegenüber den unsicher-gebundenen Kindern weniger ängstlich, konnten sich im Angesicht von Stress schneller beruhigen, waren neugieriger und wissbegieriger und hatten ein höheres Selbstwertgefühl. Im Umgang mit Gleichaltrigen zeigten sie einen positiveren Affekt, hatten mehr Spaß und waren seltener frustriert. Sie konnten ihr Verhalten und ihre emotionalen Reaktionen flexibel an die Situation anpassen, waren also etwa auf dem Spielplatz nicht zu bändigen, im Klassenzimmer jedoch ruhig und aufmerksam.

Kinder mit einer sicheren frühen Bindungsbeziehung waren empathischer, hatten tiefere, auf Gegenseitigkeit beruhende Freundschaften und waren überall beliebt. Von der frühen Kindheit bis ins Erwachsenenalter attestierten ihnen alle, ihre gleichaltrigen Freunde ebenso wie ihre Lehrer, eine besonders hohe soziale Kompetenz. Zwar hatten sie gute Beziehungen zu ihren Erziehern und Lehrern, gingen jedoch meist völlig in der Welt der Gleichaltrigen auf.

Kinder mit einer frühen unsicher-ambivalenten Bindung hatten insbesondere in neuen und herausfordernden Situationen Schwierigkeiten. Sie waren zögerlich und wenig flexibel, oft hilflos, passiv und leicht frustriert. Im Kindergarten oder in der Schule suchten sie selbst bei kleinsten Herausforderungen immer wieder die Unterstützung durch die Erzieherin oder Lehrerin. Die Kinder mit der früh erhobenen unsicher-vermeidenden Bindung hatten insbesondere dann Schwierigkeiten, wenn es um zwischenmenschliche Nähe ging, um enges emotionales oder körperliches Zusammensein. Bei ihnen war nicht so sehr der erste Schultag ein Problem (wie bei den unsicher-ambivalent gebundenen Kindern), sondern die spätere Zeit, in der sich enge Freundschaften bildeten.

Das bekannte *Marshmallow-Experiment* zur Untersuchung der emotionalen Entwicklung von Kindern wurde ebenfalls genutzt, um von frühen Eigenschaften kleinerer Kinder auf deren spätere Entwicklung zu schließen. Hier zeigte sich gleichermaßen, dass die frühe Neigung, eigene Emotionen regulieren zu können, recht zuverlässig spätere soziale und kognitive Fähigkeiten vorhersagen konnte: Vierjährige Kinder, denen es gut gelang, eine kleine Belohnung (ein Marshmallow) zugunsten einer größeren (zwei Marshmallows) aufzuschieben und die ihre dabei auftretenden Emotionen gut regulieren konnten, waren als Jugendliche kognitiv und sozial kompetenter als andere. Sie waren frustrationstoleranter und selbstsicherer, konnten besser mit Stress umgehen, waren aufmerksamer, konzentrationsfähiger, organisierter, verbal flüssiger und hatten bessere Schulnoten als andere Kinder (Mischel et al. 1989).

All diesen wissenschaftlichen Ergebnissen zufolge fördert die sichere Bindung Stärke im Angesicht von Herausforderungen sowie Widerstandsfähigkeit in der Konfrontation mit Schwierigkeiten. Die sicher gebundenen Kinder haben entsprechend weniger häufig mit Verhaltensproblemen zu tun als die unsicher gebundenen. Entwickelten sie während der Kindheit doch einmal Verhaltensprobleme, etwa aufgrund einer schwierigen häuslichen Situation, dann erholten sich die Kinder, die in den ersten beiden Lebensjahren eine hohe Fürsorge und eine sichere Bindung erfahren haben, wesentlich besser von dem Stress als die Kinder mit einem unsicheren Bindungsstil (Sroufe 2005).

Take Home: Kinder sind unterschiedlich und das bereits zum Zeitpunkt der Geburt. Das individuelle Temperament beeinflusst, wie leicht oder schwierig es ist, mit dem Kind eine sichere Bindungsbeziehung aufzubauen. Gleichzeitig ist es bei Kindern mit einem schwierigen Temperament umso wichtiger, dass sie eine sichere Bindungsbeziehung erleben. Die Bindungsbeziehung kann über eine Wirkung auf das Gehirn bestehende Tendenzen abschwächen oder verstärken und die Persönlichkeit des Kindes dauerhaft prägen. Eine sichere Bindungsbeziehung ist hierbei an effiziente Strategien der Emotionsregulation und an eine hohe soziale Kompetenz gebunden.

4.4 Kapitel 4 in Kürze

Das Neugeborene wird in eine für es selbst unvorhersehbare fremde Welt hineingeboren. Völlig hilflos ist es nicht in der Lage, sich selbst zu versorgen oder zu schützen. Um dennoch sein Überleben zu gewährleisten, hat die Natur ein unsichtbares elastisches Band geschaffen, das den Säugling mit seinen engsten Fürsorgenden verbindet. Benötigt er Hilfe, dann zeigt er Bindungsverhalten und erhält Schutz und Beistand. Geht es ihm gut, so erkundet er seine Umwelt und lernt besonders effizient all die Billionen Zusammenhänge, die das Leben da draußen kennzeichnen.

Um den ersten Geburtstag herum weiß das Kind, auf wessen Hilfe es vertrauen kann. Die Bindungsbeziehungen sind allerdings nicht immer optimal. Individuelle Eigenschaften von Mutter und Kind, ebenso wie ihr gemeinsames Umfeld, können die Bindungsbeziehung so gestalten, dass das Gleichgewicht von Bindungsverhalten und Erkundungsdrang in die eine oder andere Richtung verschoben ist. Die Beziehung ist dann nicht sicher, sondern unsicher-vermeidend, unsicher-ambivalent oder gar desorganisiert. Die Art der Bindungsbeziehung wird als inneres Modell von Bindung in den Tiefen des Gehirns gespeichert. Bis in das Erwachsenenalter hinein bildet das Modell die Grundlage für unsere späteren Beziehungen. Es ist allerdings unter bestimmten Bedingungen veränderbar.

Im Gehirn ist eine ganze Reihe von Molekülen mit Prozessen der Bindung beschäftigt. Allen voran das Oxytocin. Es wird beim Stillen, beim Kuscheln, bei zärtlichen Berührungen, aber auch im nicht-körperlichen vertrauensvollen Miteinander des Kindes mit seinen Bindungspersonen im Gehirn des Kindes ausgeschüttet. Dies funktioniert besonders gut, wenn feinfühlig auf das Kind reagiert wird und die Bindung sicher ist.

Oxytocin prägt das kindliche Gehirn im frühen sozialen Miteinander. Das Oxytocin schweißt Mutter und Kind zusammen und schafft im Gehirn Netzwerke, die den hohen Wert zwischenmenschlicher Bindungen widerspiegeln. Unbewusst werden diese Informationen auf der mittleren limbischen Ebene verankert. Das Kind lernt, Vertrauen und Nähe aufzubauen und wie wichtig es ist, sich in soziale Gruppen zu integrieren. Das Oxytocin hemmt das Stresssystem des Kindes und fördert seine Erkundung der Umwelt, das Lernen über das Selbst, die Umwelt und ihre Gesetzmäßigkeiten. Festgelegt wird auch, wie gut das Kind im späteren Leben von der beruhigenden Wirkung sozialer Beziehungen profitieren kann.

Infolge des engen Miteinanders von Mutter und Kind und deren Spiegelung kindlicher Emotionen wird die Ausbildung differenzierter Gefühle gefördert. Das Kind lernt, all die verschiedenen inneren Zustände bewusst zu erleben, sie zu kategorisieren und zu benennen und im emotionalen Gedächtnis der langsam mit ihrer Reifung beginnenden oberen limbischen Ebene abzuspeichern. Das Kennenlernen und Kategorisieren der eigenen Emotionen bildet zudem die Grundlage für die soziale Entwicklung, für die Ausbildung von Empathie und Gewissen.

Die Bindung wirkt immer vor dem Hintergrund des Temperaments. Kinder sind von Anfang an unterschiedlich. Genetische Varianten prägen ebenso wie Erfahrungen aus Schwangerschaft und Geburt die individuelle Art des Kindes. Diese kann dann, wenn die Art eher etwas schwierig im Umgang ist, den Aufbau einer sicheren Bindungsbeziehung erschweren. Gleichzeitig ist bei diesen schwierigen Kindern die feinfühlige Fürsorge umso wichtiger.

Verfolgt man die Eigenheiten von Kindern langfristig, so wird deutlich, dass die jeweiligen Merkmale ab dem Vorschulalter stabil werden – dann, wenn Bindungsbeziehungen die Eigenschaften des Temperaments abgeschwächt oder verstärkt haben und wenn im Gehirn charakteristische Verbindungen zwischen den Nervenzellen und den verschiedenen Hirnbereichen der limbischen Ebene etabliert sind. Dann entsteht die stabile Persönlichkeit. Die Persönlichkeit des sicher gebundenen Kindes ist von einer hohen Selbstständigkeit, einer ausgeprägten Eigenverantwortlichkeit, einer guten Fähigkeit zur Emotionsregulation und einer hohen sozialen Kompetenz gekennzeichnet.

Kurzum, erfahren Kinder eine feinfühlige Betreuung und eine sichere Bindung, dann haben sie ein sicheres Fundament für eine gesunde und glückliche psychische Entwicklung und die Fähigkeit, im späteren Leben selbst liebevoll und fürsorglich Kinder aufzuziehen.

5 Das elterliche Gehirn: Auf Bindung eingestellt

Die Ankunft eines Kindes verändert uns. Alles wird anders.

Tief im Bauplan des Menschen ist verankert, dass wir uns dann, wenn wir uns als Eltern um das kleine hilflose Wesen kümmern sollen, ein klein wenig ändern. Unser Gehirn verändert seine Struktur, erhöht oder verringert die Freisetzung verschiedener Substanzen und stellt uns hierdurch auf den Umgang mit dem Säugling ein.

Dies betrifft die Mutter, aber auch die zweite und ebenso wichtige Bezugsperson des Kindes: den Vater, um den es an späterer Stelle in diesem Kapitel gehen wird. Dort werde ich neueste Untersuchungen zur Biologie und Psychologie des Vaterseins vorstellen. Oder ist das überflüssig? Manchmal heißt es, Frauen und Männer seien gar nicht so unterschiedlich wie immer behauptet. Im Körperbau vielleicht schon, aber im Verhalten? Unterscheiden sie sich in Fähigkeiten und Verhaltensweisen, die für den Umgang mit kleinen Kindern relevant sind?

5.1 Sind Frauen und Männer unterschiedlich?

In Kapitel 3 ging es um Geschlechtsunterschiede bei Kindern, bei Mädchen und Jungen. Nun vergleichen wir erwachsene Menschen, und zwar diejenigen im reproduktionsfähigen Alter. Haben sich die Geschlechtsunterschiede im Verhalten inzwischen ausgewachsen? Falls nicht, wie kommen die Unterschiede zustande und was passiert dabei im Gehirn?

Spätestens seit Kapitel 3 wissen wir: In den Gehirnen der verschiedenen Geschlechter ist eine unterschiedliche Chemie wirksam. An vorderster Stelle chemischer Geschlechtsunterschiede steht das *Testosteron*: In den Gehirnen der Männer ist viel Testosteron wirksam, in denen der Frauen wenig. Und dies beeinflusst das Verhalten. Das ist nicht gerade überraschend. Schon häufiger hat uns die Ahnung beschlichen, dass der Stoff, der die Haare auf der Brust zum Wachsen bringt, auch das männliche Verhalten in einer bestimmten Weise prägen könnte. Testosteron, von dem wir in den vorangegangenen Kapiteln immer wieder gehört haben, hat ebenso wie das Oxytocin eine Bedeutung für das soziale Miteinander, allerdings fördert es nicht das warmherzige Beisammensein, Vertrauen und Bindung, sondern die Konkurrenz, die Dominanz und die Erhaltung des sozialen Status.

Im Detail: Aufgrund früher Studien wurde angenommen, dass Testosteron Aggressivität in sozialen Kontexten fördert. Verabreicht man nämlich einer friedlichen Maus eine Dosis Testosteron, so wird sie aggressiv und beginnt zu kämpfen. Heutzutage wird allerdings bezweifelt, dass Testosteron wirklich Aggression begünstigt. Vielmehr könnte es die Motivation antreiben, dominant zu sein, einen hohen sozialen Status zu erreichen und diesen aufrechtzuerhalten. Ein solches Dominanzverhalten kann mit Aggression einhergehen, muss es aber nicht. Eine überlegene Körperhaltung oder ein besonders langer Blickkontakt können reichen, um dem Gegenüber Dominanz zu signalisieren (Eisenegger et al. 2011).

Im Gehirn kann das Testosteron – im Gegensatz zum Oxytocin – die Zusammenarbeit der tief gelegenen und unbewusst arbeitenden emotionalen Strukturen der unteren und mittleren limbischen Ebene (wie die bedrohungsempfindliche Amygdala) mit der bewusstseinsfähigen oberen limbischen

Ebene vermindern (van Wingen et al. 2010). Das Testosteron scheint hiermit eine Auswirkung auf das Gehirn zu haben, die derjenigen des Oxytocins entgegengesetzt ist: Es *vermindert* die bewusste, reflektierte und differenzierte Verarbeitung von Emotionen.

Der Antrieb der einfachen und automatischen Emotionen der unteren limbischen Ebene, also derjenigen Emotionen, die egozentrisch auf das Überleben und die Fortpflanzung ausgerichtet sind, wird dadurch größer. Dem Testosteron ist es egal, dass sich Männer heutzutage liebevoll und fürsorglich um ihre dauerhafte Beziehung kümmern. Das Testosteron schert sich auch nicht darum, dass es langfristig Sinn macht, in einer Diskussion die Sichtweise der Partnerin nachzuvollziehen. Das Testosteron will sich fortpflanzen und einen hohen Status erhalten. Basta. Glücklicherweise bestehen Männer nicht nur aus Testosteron und die Intentionen des Testosterons sollten nicht mit den Intentionen des Mannes verwechselt werden.

Das testosteronbefeuerte Streben nach Sieg und Dominanz setzt voraus, dass andere Funktionen heruntergeschaltet werden, zumindest vorübergehend. Stellen wir uns vor, wir spielen Tennis. Wollen wir gewinnen oder verlieren wir lieber, weil uns der Gegner leid tut? Das Verstehen und das Mitfühlen der Emotionen anderer müssen aus praktischen Gründen in einer Konkurrenzsituation heruntergeschaltet werden. Und dies wird ebenfalls durch das Testosteron angeschoben. Selbst wenn Testosteron künstlich verabreicht wird, kann dies automatisch die Neigung vermindern, auf die Betrachtung emotionaler Gesichter mit eigener emotionaler Mimik zu reagieren. Aus dieser und weiteren Studien wird gefolgert, dass Testosteron Empathie verringert (Hermans et al. 2006).

Neben dem Testosteron gibt es einen weiteren Stoff, der das männliche Gehirn mehr beeinflusst als das weibliche und hiermit für Geschlechtsunterschiede im Verhalten sorgt: Das *Vasopressin.*

Im Detail: Das Vasopressin ist ein enger Verwandter des Oxytocins. Beide Stoffe sind sich in einigen ihrer Wirkungen sehr ähnlich. Beide fördern die Motivation, zwischenmenschliche Bindungen einzugehen. Beide fördern die Wiedererkennung anderer. Andere Wirkungen sind genau entgegengesetzt. Oxytocin hemmt das Stresssystem, Vasopressin fördert es. Oxytocin hemmt Furcht, Vasopressin fördert sie. Von Ratten und anderen Säugetieren weiß man, dass das Vasopressin besonders das männliche Sozialverhalten steuert. Im männlichen Gehirn wird mehr davon freigesetzt und es stehen mehr Rezeptoren für dessen Wirkung zur Verfügung. Beim Oxytocin sind die Unterschiede nicht immer so deutlich (Dumais und Veenema 2015).

Welche Bedeutung hat die unterschiedliche Hirnchemie für das Verhalten?

Die unterschiedliche Chemie in weiblichen und männlichen Gehirnen beeinflusst die Aktivität verschiedener Hirnstrukturen auf unterschiedliche Weise und bildet so die Grundlage dafür, dass sich Frauen und Männer in ihren Fähigkeiten und in ihrem Verhalten unterscheiden.

Die geschlechtstypische Verteilung dieser Stoffe scheint dafür mitverantwortlich zu sein, dass Männer und Frauen über unterschiedliche Strategien der *Stressbewältigung* verfügen: Frauen neigen mehr als Männer dazu, sich emotionale Unterstützung durch andere zu suchen. Sie reden über den Stress, treffen sich mit Freundinnen, sie telefonieren, schildern ihren Kollegen das Vorgefallene und wollen vor allem eines: »Mal eben etwas loswerden«. Männer hingegen machen die Angelegenheit oft mit sich selbst aus. Oder sie erhoffen sich vom Gespräch mit anderen zielgerichtete Vorschläge zur Problembewältigung.

Zudem ist beim Testosteron-gestärkten Geschlecht die Bereitschaft erhöht, Risiken einzugehen. Männer sind im Mittel risikobereiter als Frauen. Erleben sie Stress, so wird diese Neigung noch verstärkt. Sie treffen risikoreiche Entscheidungen, überfordern sich, drängeln auf dem Nachhauseweg auf der Autobahn und überholen unmittelbar vor der Abfahrt noch schnell das vorausfahrende Auto. Frauen reagieren auf Stress eher mit einem Rückzug – sie gehen weniger Risiken ein, fahren auf die rechte Spur und gönnen sich eine Weile Tempo 100 zum Runterkommen. Nun ja, die meisten.

Wie in Kapitel 3 berichtet, wird von einer hohen vorgeburtlichen Testosteron-Konzentration angenommen, dass sie mit einer später verringerten *Empathie* einhergeht. Die Verabreichung von Testosteron, so hieß es eben, vermindert ebenfalls die empathische Reaktion auf die Emotionen anderer. Folglich müssten Männer weniger empathisch sein als Frauen. Ist das so?

Verschiedene Studien deuten tatsächlich in diese Richtung. Beobachten Frauen Leid und Schmerz anderer, so fühlen sie diesen Forschungsergebnissen zufolge mehr mit als die männlichen Versuchspersonen. Dieses Ergebnis wird allerdings kritisch diskutiert, denn es ist ebenso möglich, dass Männer den Frauen in der Fähigkeit, Empathie zu empfinden, in nichts nachstehen, ihr Mitgefühl allerdings nicht genauso bereitwillig äußern.

Aus der Forschung: In Untersuchungen, in denen die Versuchsteilnehmer gebeten werden, zu berichten, wie empathisch sie sind oder wie stark sie beim Anblick einer leidenden anderen Person mitfühlen, dominieren die Frauen erheblich. In Studien hingegen, in denen die körperliche Reaktion auf das Leid anderer untersucht wurde, reagieren beide Geschlechter gleich stark. Diese Beobachtung wird dahingehend gedeutet, dass Frauen eine größere Bereitschaft haben, von den empathischen Erfahrungen zu berichten als Männer (Eisenberg und Lennon 1983). In anderen aktuellen wissenschaftlichen Veröffentlichungen wird aufgrund von Beobachtungen an Tieren, etwa an Affen, jedoch weiterhin davon ausgegangen, dass weibliche Individuen durchaus empathischer sind als die männlichen und dass dieses eine Anpassung an die Bedürfnisse kleiner Säuglinge ist (Christov-Moore et al. 2014).

Das Mitfühlen von Emotionen setzt eine andere wichtige Fähigkeit voraus: Das Erkennen von Emotionen. Wer kann besser erkennen, ob das Gegenüber traurig ist, ob es sich fürchtet oder etwa überrascht ist? Frauen oder Männer? Wer würde eher bereits am Blick des Partners bei der Rückkehr ins Haus erkennen, dass er zuvor in eine gefährliche Verkehrssituation geraten war? Oder dass sich gerade jemand in der Einschätzung seines Alters um zehn Jahre vertan hat? Wer würde eher im Telefonat bereits beim ersten Hallo des Gesprächspartners ausführlich über dessen psychische und körperliche Befindlichkeit informiert sein? Die Wissenschaft ist der Meinung: Frauen (Thompson und Voyer 2014).

Möglicherweise sind die Unterschiede zwischen Männern und Frauen nicht bei allen Emotionen gleich. Wirft man alle Emotionen in einen Topf, könnte es durchaus sein, dass Frauen durchschnittlich besser darin sind, Emotionen zu erkennen, sie zu benennen und auch durch ihre Mimik auszudrücken. Männer scheinen jedoch empfänglicher zu sein, wenn ihr Status, ihre eigene Dominanz bedroht ist. Schnell merken sie, wenn ihr Gegenüber Signale von Ärger, Dominanz oder Aggression aussendet (Kret und De Gelder 2012). Durch diese Empfindlichkeit würden sie in entsprechenden Untersuchungen ihrer Fähigkeit zur Erkennung von Emotionen durchaus punkten.

Der britische Psychologe Simon Baron-Cohen entwickelte

aus den verschiedenen Befunden über die unterschiedliche emotionale Verarbeitung eine Theorie über Geschlechtsunterschiede (da er eigentlich Autismusforscher ist, interessiert ihn dabei vor allem, wie es dazu kommt, dass diese Erkrankung unter Jungen so viel häufiger verbreitet ist als unter Mädchen). Baron-Cohen unterscheidet zwischen Empathievermögen und Systematisierungsvermögen. Das Vermögen zur Empathie beinhaltet sowohl das Verständnis als auch das Mitfühlen der Emotionen anderer und die angemessene Reaktion darauf. Die Fähigkeit zur Systematisierung hingegen steht für andere Kompetenzen, und zwar dafür, Systeme zu bilden und deren Regeln vorhersagen zu können. Unabhängig davon, ob wir uns mit dem neuen iPhone, dem Einräumen der Geschirrspülmaschine, dem Zugfahrplan oder den Beikostempfehlungen für Säuglinge auseinandersetzen: Wir analysieren die Informationen, ordnen sie, identifizieren Regeln und konstruieren ein System.

Baron-Cohen entwickelte Fragebögen, um die jeweiligen Fähigkeiten zu testen und beobachtete, dass Frauen tendenziell eine bessere Empathiefähigkeit haben, während Männer über ein ausgeprägteres Systematisierungsvermögen verfügen. Allerdings gilt auch hier, dass diese Unterschiede nur deutlich werden, wenn man größere Gruppen von Menschen miteinander vergleicht. Es gibt durchaus viele Männer mit einem hohen Empathievermögen und Frauen mit einer hohen Systematisierungsfähigkeit. Autisten sind nach Baron-Cohen übrigens durch eine besonders ausgeprägte Systematisierungsfähigkeit gekennzeichnet. Ihr Empathievermögen ist hingegen beeinträchtigt. Sie haben demnach ein »extrem männliches Gehirn« (Baron-Cohen et al. 2005).

Ein weiterer Geschlechtsunterschied betrifft die *Aggression*. Jungen und Männer sind etwas aggressiver als Mädchen und Frauen. Dies gilt vor allem für die direkte körperliche

Aggression. Das Gefühl der Wut hingegen tritt bei beiden Geschlechtern gleich oft auf (Archer et al. 2004). Das erhöhte Auftreten körperlicher Aggression bei den männlichen Individuen könnte darin begründet sein, dass es Männern in Situationen des Stresses schwerer fällt als Frauen, ihre negativen Emotionen zu hemmen und dadurch aggressives Verhalten zu kontrollieren (Strüber et al. 2008). Dafür könnte die oben beschriebene Eigenschaft des Testosterons, die Zusammenarbeit der oberen limbischen Ebene mit der unteren limbischen Ebene zu vermindern, verantwortlich sein. Die obere limbische Ebene wäre infolgedessen weniger gut in der Lage, die automatisch ausgelösten Emotionen der unteren Ebene in einer bewussten und reflektierten Weise zu zügeln.

Im Zusammenhang mit der Frage, wie Eltern mit ihrem Kind umgehen und wie sie durch ihr eigenes Verhalten das kindliche Gehirn prägen, sind es vor allem diese emotionalen Verhaltensweisen der Eltern, die uns interessieren. Für die Entwicklung des Gehirns ist es nicht so wichtig, ob Männer mehr als Frauen dazu neigen, die Versorgung des Säuglings mit Beikost systematisch zu erfassen und zu variieren. Wichtiger ist es, wie die Eltern auf das unmittelbare *Miteinander* mit dem Säugling reagieren. Mütter und Väter müssen das Schreien ihrer Säuglinge ertragen, ihnen mit Nähe begegnen, die Bedeutung ihrer Signale, ihre in unterschiedlichen Schreifrequenzen verschlüsselten Emotionen erkennen und nebenbei die Herausforderungen des Alltags meistern. All dies können grundsätzlich beide Geschlechter – aber auch gleich gut?

Nun zunächst zur Mutter, die ja definitionsgemäß weiblich ist (obwohl mir kürzlich ein in Vollzeit vaterbetreuter kleiner Junge glaubhaft versicherte, seine Mutter heiße Stephan).

Was geht in ihr vor? Die im Folgenden dargestellten Erkenntnisse wurden in der Untersuchung von Müttern gewonnen. Wie auch schon in Kapitel 4 einleitend erwähnt, möchte ich auch hier betonen, dass dies nicht bedeutet, die entsprechenden Vorgänge würden nicht auch im väterlichen Gehirn ablaufen – sie wurden lediglich dort nicht untersucht. In Abschnitt 5.3 werde ich den Vater vorstellen. Dort wird es um speziell väterliche Eigenheiten gehen und um Eigenschaften, in denen sich Väter von den Müttern unterscheiden.

Take Home: In weiblichen und männlichen Gehirnen ist eine unterschiedliche Chemie wirksam. In der Folge treten beispielsweise Unterschiede in der Fähigkeit zum Erkennen von Emotionen und in der Neigung, sich in Stresssituationen soziale Unterstützung zu suchen, auf. Männer neigen zudem mehr als Frauen dazu, im Angesicht hoher Anforderungen mit risikoreichem oder aggressivem Verhalten zu reagieren.

5.2 Was passiert im Gehirn der Mutter in der frühen Eltern-Kind-Interaktion?

In vielen Freundeskreisen gibt es sie, die dynamische Endzwanzigerin. Ständig unterwegs, von Party zu Party und immer summt irgendeine WhatsApp-Gruppe. Sie weiß alles über ihren Job, kennt die Flughäfen von Ibiza und Istanbul, sie weiß, wo sie am besten shoppen kann, wo es den besten Fisch gibt und in welcher Bar der Feierabendcocktail am besten wirkt. Verständnislos, bisweilen ein wenig mitleidig, schaut sie auf die jungen Mütter in ihrem Freundeskreis. Was muss deren Leben trist sein. Ein Leben, in dem sich alles nur noch um das Baby dreht. Baby schläft nicht. Baby kriegt Zähne. Babys Ausscheidungen sind zu hart. Babys Rülpser zu häufig. Bekommt Baby Bauchschmerzen, wenn die Mutter

Knoblauch isst? Wird Baby durch den Fön gestört? Meldet sich die Endzwanzigerin mittags bei der Freundin, wird sie gerüffelt: Baby ist aufgewacht. Ruft sie abends an: Ebenso. Ruft sie nachmittags an, folgt ein Inferno von Ausführungen über unterschiedliche Schnullertypen. Kommt sie vorbei, spuckt ihr das Kind halbverdaute Milch auf die Seidenbluse. Sie kann es nicht fassen.

Ein halbes Jahr später. Sie hält einen Schwangerschaftstest in den Händen: Positiv. Als würde sie nun einen Vertrag zur Renovierung ihres Gehirns unterschreiben, wird nun alles anders. Ganz anders. Ihr Gehirn wird umgestaltet und in Kürze wird sich bei ihr alles – zumindest vorübergehend – nur noch um eines drehen: Um das Baby. Und um Knoblauch, Fön und Schnullertypen.

Das mütterliche Gehirn wird an die neuen Lebensumstände angepasst

Damit ist die menschliche dynamische Endzwanzigerin im Tierreich nicht alleine. Bei vielen anderen Säugetier-Weibchen leiten Schwangerschaft und Geburt ebenfalls einen Umschwung ein – von einem ausgeprägten Desinteresse gegenüber kindlichen Reizen hin zu einer unwiderstehlichen Anziehung. Nehmen wir Ratten. Jungfräuliche Nager vermeiden Jungtiere oder – schlimmer als die dynamische Endzwanzigerin – attackieren sie gar. Frischgebackene Muttertiere hingegen tun alles, um mit Jungtieren zusammen zu sein, selbst dann, wenn es nicht ihre eigenen sind. Liebevoll umsorgen und schützen sie die Kleinen, stellen sich über sie und lecken und pflegen unermüdlich alle kleinen Rattenkinder in ihrer Obhut.

Dieser Zustand kann sogar künstlich herbeigeführt werden: Erhält eine jungfräuliche Ratte per Transfusion das Blut einer schwangeren Ratte, so beginnt sie ebenfalls, mit mütterlichem Verhalten auf die Kleinen zu reagieren (Terkel und Rosenblatt 1972).

Es wird ein Schalter umgelegt. Das mütterliche Verhalten ist im Blut gespeichert. Verantwortlich für diese Veränderungen sind die Hormone im Blut. Die gleichen Hormone, die auch den Körper der Mutter auf die nahenden Veränderungen vorbereiten, stellen über Veränderungen des Gehirns auch das innere Erleben in einer Weise um, dass sie motiviert wird, für Kinder zu sorgen, sich an sie zu binden und sie zu schützen.

Der Schalter scheint allerdings auch ohne Schwangerschaft und die begleitenden hormonellen Veränderungen betätigt werden zu können – das ist natürlich von großer Bedeutung für Frauen, die Kinder in Pflege nehmen, adoptieren oder beruflich betreuen wollen.

Aus der Forschung: Dieser Befund beruht ebenfalls auf der Beobachtung des Verhaltens von Ratten. Es zeigte sich nämlich, dass Ratten infolge eines mehrtägigen ständigen Zusammenseins mit neugeborenen Jungtieren anderer Ratten ebenfalls begannen, mütterlich und fürsorglich auf die Jungtiere zu reagieren. Sie ordneten das Nestmaterial, brachten verirrte Jungtiere zurück und beugten sich über sie, als würden sie säugen. Einen Unterschied gab es jedoch: Während die biologischen Rattenmütter infolge ihrer hormonellen Veränderungen während der Schwangerschaft sofort mütterlich reagierten, trat das mütterliche Verhalten bei den Ersatzmüttern erst nach einer mehrtägigen Verzögerung auf (Rosenblatt 1967).
Bei Menschen ist diese Situation mit einer Ersatzmutterschaft nach einer Adoption vergleichbar. In den ersten Wochen nach einer Adoption neigen Adoptivmütter dazu, nicht besonders gut mit ihrem Baby synchronisiert zu sein. Die in Kapitel 4 beschriebene Gleichzeitigkeit der inneren Prozesse in der Mutter-Kind-Beziehung ist verringert und das Verhalten der Mütter nicht so gut auf ihre Babys abgestimmt wie bei den leiblichen Müttern. Dies ändert sich allerdings, sobald

die Adoptivmutter eine enge Bindung mit ihrem Kind aufbaut. Dann stellt sich auch ihr Körper auf das Mutterdasein ein und auch in dieser Mutter-Kind-Beziehung tritt eine hohe Gleichzeitigkeit der inneren Prozesse auf (für eine Übersicht s. Pereira und Ferreira 2016).

Entscheidend ist das Umlegen des Schalters. Das mütterliche Verhalten wird angeschaltet. Angeschoben durch die Schwangerschaft oder durch den intensiven Kontakt mit Kindern wird – Ping! – aus einer Frau eine Mutter. Gut, vielleicht nicht Ping. Man wächst ja auch in die Aufgabe hinein. Es mag sich dabei um einen Dimmschalter handeln.

Aus der Aversion gegenüber Neugeborenen (die bei Rattenweibchen verbreiteter ist als bei menschlichen Weibchen) wird eine ausgeprägte und langfristig aufrechterhaltene Neigung, sich Neugeborenen anzunähern und sie zu umsorgen.

Man weiß noch nicht ganz genau, wie das Umlegen des Schalters alleine durch den Kontakt mit dem Neugeborenen funktioniert, aber erste Hinweise deuten darauf hin, dass es die intensive Wahrnehmung des Kindes ist, die über einen epigenetischen Prozess verschiedene mütterliche Gene anschaltet.

Im Detail: Man nimmt an, dass die sensorischen Erfahrungen mit dem Kind (das Sehen, Hören und Berühren des Kindes) und die damit einhergehende Aktivität von Nervenzellen die Expression verschiedener Gene epigenetisch verändert. Die Gene werden aktiviert und plötzlich werden bestimmte Proteine haufenweise neu gebildet. So werden etwa Bindungsstellen für Stoffe wie Östrogen (das wiederum die Ausbildung der Bindungsstellen für Oxytocin fördert) hochgefahren. Aber auch Gene, die für die Herstellung von Oxytocin und Vasopressin benötigt werden, sind in mütterlichen Nagetieren hochreguliert – und zwar sowohl bei denen, die selbst schwanger waren, als auch bei den Ersatzmüttern (Stolzenberg und Champagne 2016).

Die Aktivierung einer muttertypischen Auswahl von Genen kann wiederum die Aktivität von Nervenzellen verschiedener Hirnbereiche beeinflussen. Ein Fürsorgenetzwerk wird befeuert. In zahlreichen Untersuchungen, in denen die Hirnaktivität in Bildern auf einem Display dargestellt wird (in den sogenannten bildgebenden Verfahren), wurde untersucht, wie das mütterliche Gehirn auf das Hören oder das Sehen des eigenen Kindes, anderer Kinder oder auf Kontrollreize reagiert. Immer wieder kristallisierten sich einige Hirnregionen als bedeutsam heraus, die zwar auch für die Verarbeitung anderer Inhalte eine Rolle spielen, die jedoch aufgrund ihrer gemeinsamen Aktivität bei der Verarbeitung von Babyreizen als *elterliches Fürsorgenetzwerk* (»parental caregiving network«, Feldman 2015a) bezeichnet werden. Dazu gehören tief liegende Hirnstrukturen der unteren und mittleren limbischen Ebene[9] ebenso wie emotionale Hirnrindenbereiche der oberen limbischen Ebene[10], die für Empathie, Emotionsregulation und weitere Funktionen zuständig sind. All diese Strukturen sind über viele Faserstränge miteinander verbunden und werden aktiv, wenn die Mutter ihr schlafendes Baby betrachtet, ihr schreiendes Baby beruhigt oder liebevoll mit ihm spricht.

Wir haben also eine junge Mutter oder eine Ersatzmutter, die etwas Zeit hatte, sich auf das Kind einzustellen. In ihrem Gehirn wird ein mütterliches Muster verschiedener Stoffe und ihrer Bindungsstellen ausgebildet. Dies wiederum beeinflusst die Nervenzellen und fördert die Aktivität des elterlichen Fürsorgenetzwerks im Gehirn.

Eben noch dynamische Endzwanzigerin, hat sie nun ein mütterliches Gehirn. In dieser Art von Gehirn ist nun eine ganz bestimmte Chemie wirksam. Wir ahnen, welcher Stoff sich dabei besonders hervortut: Das Oxytocin. Nicht nur im Gehirn des Kindes wird Oxytocin freigesetzt. Das Miteinander mit dem Kind, das Stillen, das Kuscheln, das Streicheln, das Kitzeln, das liebevolle Sprechen, aber auch die Wahrnehmung, dass ein Kind sie braucht oder in irgendeiner Weise gefährdet ist, führt bei der Mutter, aber auch bei der Ersatzmutter, zu einer Freisetzung von Oxytocin.

Oxytocin und die weiteren neurochemischen Substanzen stimmen die Mutter auf den liebevollen und fürsorglichen, empfindsamen und nachsichtigen Umgang mit dem Kind ein. Sie baut eine Bindung zu dem Kind auf, spürt, dass es nicht irgendein Baby ist, sondern ihr Baby. Sie passt sich an die neuen Lebensumstände an, gibt gerne alte Gewohnheiten auf und lernt, sich in einer neuen Welt zurechtzufinden. Sie schützt ihr Kind vor den Gefahren der Welt (immer), versteht die Intentionen des Kindes (fast immer) und geht empathisch auf seine Gefühle ein, ohne durch eigene Stressreaktionen davon abgehalten zu werden (nicht immer).

Aber wollen wir überhaupt ein Muttergehirn? Einige Monate Mutterdasein und wir glauben, zu verdummen. Glauben, der ständige Umgang mit Windel, Möhre und Rassel würde unser Gehirn lahmlegen. Meinen, wir bräuchten Excel-Tabellen und Buchstaben, um es auf Trab zu bringen.

Doch das ist nicht die Währung des Gehirns. Oder besser: Es ist nur eine von vielen. Denn auch im Umgang mit dem Baby lernt das Gehirn der Mutter wie ein Weltmeister. Es muss lernen, die emotionalen Hinweise des Kindes zu erkennen und angemessen darauf zu reagieren. Wie unterscheidet sich schmerzgeplagtes Schreien von einer »Ich habe Hunger!«-Information? Was will Baby sagen, wenn es den Kopf abwendet? Wenn es vor sich hingrummelt? Wenn es andere unbekannte Geräusche von sich gibt? Freut es sich? Hat es Angst? Ist es enttäuscht, ungeduldig, überrascht? Krank? Wie ein Erdmännchen in der Verteidigung seiner Kameraden ist die Mutter ständig aufmerksam und überwacht die Umwelt hinsichtlich potentieller Risiken. Irgendwo eine Steckdose in der Nähe? Eine Erdnuss? Ein benutztes Taschentuch? Ein Krabbeltier? Die Mutter lernt, beim Verlassen des Hauses alle möglichen Eventualitäten zu antizipieren. Sie optimiert ihre Multitasking-Fähigkeiten ins Unermessliche, führt gleichzeitig ein wichtiges Telefonat, kocht Babybrei und hält mit kleinen Kitzelspielen das Baby von allzu lauten Äußerungen ab. Der normale mütterliche Alltag geht für die meisten mit einer erheblichen Umstellung von Gewohnheiten einher – in etwa so, als übernähme sie als Quereinsteigerin ohne Ausbildung plötzlich einen anspruchsvollen neuen Job.

Unser subjektives Empfinden zu verdummen beruht lediglich auf der Gewohnheit, unsere kognitiven Leistungen nach schulischen Maßstäben zu beurteilen. Für das lernende Muttergehirn ist dies eine Beleidigung.

Das Gehirn der Mutter (ebenso wie das des Vaters , s. u.) ist in der Zeit nach der Geburt massiven Veränderungen unterworfen – es wird, so haben wir gerade gehört, umorganisiert. Diese Umorganisation kann keineswegs mit einer Verdummung, einem Brachliegen, nicht einmal mit einer Entschleunigung verglichen werden. Es kommt eher einer Einstellung auf erhöhte Anforderungen gleich.

Zum einen wird im Gehirn die sogenannte *funktionale Konnektivität* erhöht. Was sich so anhört, als ermögliche es eine online gesteuerte Navigation des Neuwagens, bezeichnet lediglich, dass gewisse Hirnstrukturen fortan besser miteinander verbunden sind und effizienter zusammenarbeiten können. Im Gehirn wird die Zusammenarbeit der Hirnstrukturen, die auf die Signale des Babys, etwa sein Schreien, seinen Augenaufschlag oder sein Lächeln, reagieren und für mütterliches Verhalten zuständig sind, erhöht (Feldman 2015a). Das ist ungefähr so, als würde man Kindern einer Schulklasse einen Klassenchat einrichten. Plötzlich läuft die

Zusammenarbeit wunderbar und jedes Kind hat jede Hausaufgabe – auch wenn die Lösungen alle gleich sind.

Zum anderen geht die neue Rolle mit einer erheblichen Erhöhung des Volumens der grauen Substanz im mütterlichen Gehirn einher. Der grauen Zellen also. Man könnte sagen: Die Mutterschaft vergrößert das Gehirn.

Aus der Forschung: Wissenschaftler der Yale Universität verglichen mit einem Hirnscanner das Volumen der grauen Substanz von Müttern zwei bis vier Wochen nach der Geburt ihres Kindes mit den im Alter von drei bis vier Monaten gemessenen Werten. In verschiedenen Hirnbereichen waren erhebliche Vergrößerungen des Volumens der grauen Substanz zu beobachten. In einigen Bereichen (z. B. Hypothalamus und Amygdala) war die Zunahme an Volumen umso ausgeprägter, je positiver die Mütter ihr Baby wahrnahmen (Kim et al. 2010). Es wird angenommen, dass die strukturellen Änderungen in diesen Bereichen, die übrigens für die Verarbeitung von Stress und Emotionen und für die Motivation zuständig sind, die erhebliche Anpassung der Mutter an die neuen Lebensumstände widerspiegeln.

Zudem könnte an den Veränderungen in der Ausbildung von Gewohnheiten eine erhöhte Neubildung von Nervenzellen beteiligt sein. Früher ging man davon aus, dass im ausgereiften Gehirn keine Nervenzellen mehr neu gebildet werden. Heutzutage weiß man, dass im Gehirn auch nach der frühkindlichen Entwicklung durchaus in großer Zahl Nervenzellen entstehen. Findet diese Neubildung von Nervenzellen im Erwachsenenalter statt, spricht man von der adulten Neurogenese. Die Neurogenese fördert die Bildung neuer Schaltkreise in den Tiefen unseres Gehirns – etwa im Striatum (Ernst et al. 2014), das unter anderem für die Ausbildung von Gewohnheiten zuständig ist.

Oxytocin fördert die Neubildung von Nervenzellen im Erwachsenenalter (Leuner et al. 2012). Auf diesem Wege könnte das Oxytocin die Lebensumstellung der Mutter unterstützen, die durch das neue Familienmitglied erforderlich wird. Zwar wurde beim Menschen meines Wissens noch nicht untersucht, ob der Übergang in die Elternschaft von einer erhöhten Neurogenese begleitet wird, Mäuse allerdings reagieren auf die Schwangerschaft durchaus mit einer erhöhten Neubildung von Nervenzellen (Shingo et al. 2003).

Viele dieser Veränderungen im Übergang zur Mutterschaft sind übrigens langfristig. *Einmal Mutter, immer Mutter* – die biologische Anpassung an das Leben als Mutter scheint dauerhaft zu sein. Einige der Veränderungen überstehen das Kleinkindalter des Nachwuchses und halten sogar über die reproduktive Periode der Frau hinaus an. Dies beinhaltet Veränderungen der Gehirnaktivität, der chemischen Vorgänge im Gehirn, aber auch Verhaltensänderungen wie ein anderer Umgang mit Stress oder Veränderungen im Ausmaß der Ängstlichkeit. Allerdings beruhen die meisten dieser Erkenntnisse auf Beobachtungen anderer Säugetierarten (Bridges 2016).

Das Kind wird mit Belohnung assoziiert

Wir erinnern uns: Im Gehirn des Kindes hilft das Oxytocin bei der Erkennung und der Speicherung der Bedeutung der Bindungsperson. Die Bindungsperson wird zuverlässig mit Belohnung und Wohlgefühl assoziiert.

Bei der Mutter funktioniert es genauso. Die im Miteinander mit dem Kind immer wiederkehrende Ausschüttung von Oxytocin ist bei der Mutter an einer erheblichen Aktivierung ihres Belohnungssystems beteiligt. Das Gehirn wird – stimuliert durch das Oxytocin – mit körpereigenen Opioiden überschwemmt. Strukturen wie der orbitofrontale Cortex erinnern sich daran, dass es wunderschön ist, das Baby im Arm zu halten, dass sein Lächeln eine wunderbare Belohnung darstellt.

Aus der Forschung: Betrachten Mütter Bilder von Kleinkindern, während ihr Gehirn mit einem bildgebenden Verfahren untersucht wird, dann ist ihr orbitofrontaler Cortex aktiver, wenn es sich um Bilder der eigenen Kinder handelt, und zwar umso mehr, je besser sich die Mütter beim Betrachten der Bilder fühlen (Nitschke et al. 2004).

Besitzt die Mutter ein gut funktionierendes System von Oxytocin und Oxytocin-Rezeptoren im Belohnungssystem, dann spürt sie den belohnenden Wert der Interaktion mit ihrem Kind und ist motiviert, sich mit dem Baby auseinanderzusetzen. Sie geht liebevoll und fürsorglich auf ihr Kind ein, berührt es, tröstet es und zeigt ihm ihre positiven Gefühle.

Die Aufmerksamkeit wird auf soziale Reize ausgerichtet

Nicht nur die Motivation, sich um das Kind zu kümmern, wird durch das Oxytocin erhöht, sondern auch die Aufmerksamkeit für soziale Reize. Oxytocin scheint die kindlichen Reize hervorzuheben, so dass diese mit höchster Priorität verarbeitet werden können. Das Oxytocin *schärft* das Gehirn für die sozialen Reize.

Aus der Forschung: Diese Annahme beruht ebenfalls auf der Beobachtung kleiner Nager. Ruft eine kleine Maus nach ihrer Mutter, dann lokalisiert die Mäusemutter ihr Junges und bringt es zurück ins Nest. Kinderlose Mäuseweibchen oder frischgebackene Mäusemütter haben keine Ahnung, was sie tun sollen, und ignorieren den verzweifelten Nachwuchs. Dieses Verhalten scheint eine biologische Ursache zu haben: Anscheinend hören die ignoranten Mäuseweibchen das Schreien der Jungen kaum, denn bei ihnen reagieren die

Nervenzellen der Hörrinde nicht so ausgeprägt auf die Rufe der Kleinen wie bei den erfahrenen Müttern (s. Abb. 5.1).
Verabreicht man den Tieren Oxytocin, reagieren auch die ignoranten Mäuseweibchen auf das Schreien und bringen die Kleinen eifrig zurück ins Nest – genau wie die erfahrenen Mütter. Die Forscher fanden heraus, dass Oxytocin unter anderem auf Bindungsstellen in der linken Hörrinde wirkt. Dort verstärkt es die Reaktion der Zellen auf das Rufen der Jungen. Es erhöht das Signal-zu-Rausch-Verhältnis bei der Verarbeitung der kindlichen Reize – dies bedeutet, dass das Oxytocin das Rufen der Kleinen aus dem Getöse der Umwelt herausfiltert (Marlin et al. 2015). Dies ist wohl auch der Mechanismus, der das »Mama!« des eigenen knieverletzten Kindes auf dem Spielplatz so verstärkt, dass wir es sofort laut und schallend aus dem übrigen Stimmengewirr heraushören.

Diese Signalverstärkung durch Oxytocin wurde auch in weiteren Hirnregionen beobachtet. Oxytocin hebt die Aktivität von Nervenzellen, die gerade eine wichtige soziale Nachricht zu überbringen haben, hervor. Das Hintergrundrauschen, d.h. die elektrische Aktivität von Nervenzellen, die spontan vor sich hin feuern, wird hingegen vermindert.

Wie ein Verkehrspolizist zeigt das Oxytocin auf bestimmte Informationen und signalisiert dem Rest des Gehirns: »Ach-

Abb. 5.1: Ruft ein Mäusejunges nach seiner Mutter, bringt diese es zurück ins Nest. Kinderlose Mäuseweibchen hingegen (rechts) ignorieren den Nachwuchs (verändert nach Marlin et al. 2015).

tung! Diese Situation, dieser Reiz ist sozial wichtig! Bitte bevorzugt durchlassen!«. All diejenigen Nervenzellen, die auf dem Spielplatz durch das Rufen des eigenen Kindes aktiviert werden, können ihr Signal daraufhin ungestört weiterleiten. Denjenigen Nervenzellen, die durch das Gebrabbel und Geschrei der anderen Kinder auf dem Spielplatz stimuliert werden, wird hingegen in deutlicher Weise die rote Kelle gezeigt.

Im Gehirn der Mutter werden die emotionalen Äußerungen des Babys hierdurch besser wahrgenommen und Erkenntnisse aus dem Zusammensein mit dem Baby nachhaltiger abgespeichert. Die Mutter lernt über das Baby. Im Gehirn des Babys geschieht all dies übrigens gleichermaßen. Auch in seinem Gehirn werden soziale Reize bevorzugt verarbeitet.

Das Verständnis und das Mitfühlen von Emotionen werden gefördert

Einige Studien legen nahe, dass die Wirkung des Oxytocins auf die Mutter in wenigen Worten zu beschreiben ist: Das Oxytocin macht aus ihr eine liebevolle und fürsorgliche Mutter.

> **Aus der Forschung:** Mütter mit einer hohen Oxytocin-Konzentration im Blut neigen zu einem besonders warmherzigen fürsorglichen Verhalten. Hierzu gehören das herzliche Sprechen mit dem Kind (Ammensprache), der Ausdruck positiver Gefühle und liebevolle Berührungen (Gordon et al. 2010a).

Wichtig für diese Wirkung ist der Einfluss des Oxytocins auf das Verständnis und das Mitfühlen der kindlichen Emotionen durch die Mutter. Bedrückt uns selbst etwas, dann erzählen wir es dem Partner, oder auch der besten Freundin. Sie hören uns zu, trösten uns, geben Ratschläge. Vielleicht helfen sie uns auch. Kochen für uns, wenn wir keine Zeit haben, fahren uns zum Arzt, wenn wir krank sind oder nehmen uns in den Arm, wenn wir traurig sind. Babys, hilflos wie sie sind, erzählen nicht. Sie sprechen nicht umfassend und reflektiert über ihren eigenen inneren Zustand, über ihre Wünsche und Bedürfnisse. Sie bitten nicht um Ratschläge oder darum, zum Arzt gefahren zu werden.

Über die Art seiner Laute, seines Schreiens, über seine Mimik und Gestik teilt das Baby mit, was in ihm vorgeht. Seine Mutter muss nun seine Sprache lernen. Sie muss im täglichen Miteinander mit ihrem Baby lernen, seine Signale zu deuten, seine Mimik zu entschlüsseln, seine Gesten zu verstehen. Das mag gelegentlich etwas dauern, gelingt den meisten jedoch mit zunehmendem Umgang immer besser. Auch diese mütterliche Fähigkeit wird – wie in Kapitel 4 angedeutet – durch das im Miteinander ausgeschüttete Oxytocin gefördert.

Aus der Forschung: In verschiedenen Studien wurde herausgefunden, dass Oxytocin die Fähigkeit zur Erkennung von Emotionen erwachsener Menschen verstärkt (z.B. Lischke et al. 2012). Allerdings scheint das Oxytocin im Miteinander mit dem Kind nicht zu bewirken, dass die Mutter plötzlich Zugriff auf einen zuvor in den Tiefen ihres Gehirns versteckten Katalog mit emotionalen Gesichtsausdrücken von Babys hat, sondern stattdessen ihre Feinfühligkeit und ihr Mitfühlen zu erhöhen. Zumindest legt dies eine andere Studie nahe, in der Nichtmütter unter dem Einfluss von Oxytocin auf die Betrachtung emotionaler Babyfotos zwar mit einer erhöhten Aktivität von Hirnregionen zur Erkennung und zum Mitfühlen von Emotionen reagierten, nicht jedoch eine verbesserte Fähigkeit zur Interpretation der kindlichen Emotionen aufwiesen. Diese wurde sogar etwas verschlechtert (Voorthuis et al. 2014). Als hätte das Oxytocin bei den Nichtmüttern ein diffuses Mitgefühl verstärkt, das so ganz ohne Erfahrungen mit kindlichen Gesichtsausdrücken nicht hilft, einzelne (ähnliche) Gefühle auseinanderzuhalten. Den eben zitierten Befund der verbesserten Beurteilung der Gesichtsausdrücke Erwachsener durch Oxytocin würde dies vermutlich nicht betreffen, da hier auch Nichtmütter über reichlich Erfahrungen verfügen.

In einer weiteren Wirkung scheint das Oxytocin die Mütter zu befähigen, die emotionalen Äußerungen des Babys nicht nur auseinanderhalten, sondern überhaupt aushalten zu können. Denn Babys lächeln nicht nur, sie gucken auch nicht nur mit großen Augen, quengeln oder weinen.

Sie können auch schreien. Laut, anhaltend und gegebenenfalls schrill.

Exkurs: Babys schreien, um ihrem Umfeld mitzuteilen, dass irgendetwas nicht in Ordnung ist, dass sie Hunger haben, unter Schmerzen leiden oder Nähe bedürfen. Je nach Anlass kann das Babyschreien verschiedene Formen annehmen, von einem gelangweilten Maulen bis hin zu einem schrillen Schmerzensschrei – ein Umstand, den sich auch verschiedene Apps, sogenannte »Babyübersetzer«, zu Nutzen gemacht haben.[11]

Verantwortlich für die Verschiedenartigkeit des Schreiens ist unter anderem das autonome Nervensystem des Babys. Erlebt das Baby Schmerzen oder Stress, dann zieht sich der beruhigende Anteil des autonomen Nervensystems (der für Ruhe und Verdauung zuständige Parasympathikus) zurück und überlässt dem aufputschenden Anteil (dem für Kampf oder Flucht verantwortlichen Sympathikus) das Feld. Nicht nur Babys Herzschlag wird jetzt schneller, sondern auch der Schrei nimmt an Fahrt auf. Die Frequenz steigt und der Schrei klingt hoch und schrill (Soltis 2004).

Das Oxytocin scheint daran beteiligt zu sein, unangebrachte mütterliche Reaktionen auf das Schreien des Babys zu unterdrücken – etwa Abwehr oder gar Aggressionen. Was nützt es der Mutter zu wissen, dass das Baby Nähe braucht, wenn sich alles in ihr sträubt, ein Wesen in den Arm zu nehmen, das sie so vorwurfsvoll anschreit?

Aus der Forschung: Schreit ein Baby laut, schrill und ausdauernd, werden im Gehirn Strukturen wie die Amygdala aktiv und signalisieren Bedrohung. Zumindest bei Frauen ohne eigene Kinder (Väter wurden in dieser Studie leider nicht untersucht). Die Wirkung des Oxytocins wird deutlich, wenn man ihnen per Nasenspray Oxytocin verabreicht. Sofort wird die Aktivität der Amygdala vermindert und die Tätigkeit der für Empathie wichtigen Insula erhöht (Riem et al. 2011).

Inzwischen haben dieselben Wissenschaftler herausgefunden, dass Oxytocin die Reaktion auf das Schreien eines Babys nicht immer gleichermaßen beeinflusst. Die Wirkung des Oxytocins ist nämlich abhängig von der bewussten oder unbewussten Interpretation der Situation. Legen Kontext oder auch die Frequenz des Schreiens nahe, dass dem Baby langweilig ist, vermindert das Oxytocin die Aktivität emotionaler Hirnbereiche wie Amygdala und Insula. Signalisieren die Informationen jedoch »Baby in Not«, dann verstärkt Oxytocin deren Aktivität (Riem et al. 2014).

Das Oxytocin scheint das Gehirn darauf einzustellen, *angemessen* auf das Schreien des Babys zu reagieren. Ist Baby langweilig, dann gestattet das mütterliche Gehirn der Mutter, beruhigt an ihrer E-Mail weiterzuschreiben, auch wenn das Baby in der Wiege neben dem Notebook lautstark quengelt. Baby kann noch ein paar Minuten warten. Hat Baby ein schwerwiegenderes Problem, schaltet ihr Gehirn ganz automatisch in den vollen emotionalen Mitfühlmodus und sie kann schnell feinfühlig und angemessen reagieren, ohne selbst genervt zu sein. Oder sagen wir besser »allzu genervt«.

Das Kind lernt hierdurch, leichten Unmut selbst zu bewältigen, erhält jedoch in Situationen der gefühlten Not sofort Hilfe.

Take Home: Frauen werden nicht als Mutter geboren. Sobald sie aber schwanger sind oder ausgiebigen Kontakt mit Kindern haben, beginnt die Hirnchemie, allen voran das Oxytocin, sie voll und ganz auf die neue Situation einzustellen. Das Kind wird mit Belohnung assoziiert und das Gehirn für die Verarbeitung sozialer Reize geschärft. Ihre Fähigkeit, sich angemessen und mitfühlend dem Kind zu widmen, wird durch diese Anpassungen optimiert.

5.3 Was passiert im Gehirn des Vaters in der frühen Bindungsbeziehung?

Aktive väterliche Fürsorge tritt nur bei 3–5 % der Säugetierspezies auf und ist bei fast allen dieser Tierarten zusätzlich, d.h. sie ergänzt die mütterliche Fürsorge und erhöht die Überlebensrate der Nachkommen. Bei der Spezies Mensch haben die Väter in den vergangenen fünf Jahrzehnten die Zeit, die sie im direkten Umgang mit dem Kind und in der Beteiligung an Haushaltsaufgaben verbrachten, mehr als verdoppelt (Garfield 2015; für eine Übersicht s.a. Lamb 2004). In Anbetracht der langen Menschheitsgeschichte ist das eine bemerkenswerte Geschwindigkeit.

Die neuen Väter. Während der Schwangerschaft begleiten sie ihre Partnerin zu Vorsorgeuntersuchungen und Geburtshilfekursen, sind bei der Geburt anwesend und sind auch nach der Geburt mit ganzem Herzen dabei. Sie stehen nachts auf, um den Säugling herumzutragen, sie wickeln und sie schaukeln. Und einige ganz besondere Exemplare stärken sogar ihre Beckenböden in der Rückbildungsgymnastik.

Auch Väter sind an ihre Kinder gebunden, auch ihr Gehirn stellt sich auf die neuen Lebensumstände ein, auch Väter schützen ihre Kinder und fühlen empathisch mit, wenn das Kleine Bauchweh hat. In bildgebenden Untersuchungen blinken nicht nur in den Gehirnen der Mütter, sondern auch in denen der Väter Hirnregionen auf, die für Empathie und für Emotionsregulation zuständig sind, wenn sie Bilder ihrer eigenen Kinder betrachten. Dies spiegelt die Fähigkeit der Väter wider, sich fürsorglich um das Kind zu kümmern (Swain et al. 2014).

Viele der Erkenntnisse über die Anpassung des mütterlichen Gehirns an den neuen Lebensabschnitt treffen vermutlich auch auf den Vater zu – wenn ein solcher Zusammenhang auch meist nicht untersucht wurde. Ein Problem in der Erforschung der Vaterschaft ist der Umstand, dass es meistens die besonders engagierten und modernen Väter sind, die sich entscheiden, an entsprechenden Studien über die Veränderungen im Kontext einer Vaterschaft teilzunehmen. Ob sie allerdings repräsentativ für die Mehrheit gegenwärtiger Väter sind, ist nicht klar.

Viele aktuelle Studien über die Vaterschaft beziehen sich auf die *Unterschiede* zwischen Mutter und Vater. Sie ergründen etwa, in welcher Weise sich die väterliche Hormonwelt von der mütterlichen unterscheidet und untersuchen, welche Folgen dies für das Kind haben kann. Eigentlich könnte dieses Kapitel deshalb auch heißen: Was ist beim Vater anders?

In der wissenschaftlichen Literatur werden vor allem zwei Unterschiede zwischen der Mutter-Kind- und der Vater-Kind-Bindung diskutiert:

1. Väter müssen sich auf das Vatersein einstellen
2. Väter fördern die Erkundung ihrer Kinder

Väter müssen sich auf das Vatersein einstellen

Bei der Mutter reagiert der Körper automatisch auf die Schwangerschaft. Sobald sich die befruchtete Eizelle eingenistet hat, wird irgendwo zwischen Gebärmutter und Gehirn der Button »schwanger« gedrückt und die verschiedenartigen Veränderungen werden in Gang gesetzt. Vom Unterleib bis zum Kopf wird automatisch und zunächst oft unbemerkt alles auf den neuen Lebensabschnitt und seine Anforderungen eingestellt.

Beim Vater passiert dies nicht so reflexartig – woher soll denn der männliche Körper auch wissen, dass er einen Volltreffer gelandet hat und eine seiner Samenzellen im Körper seiner Partnerin eine Eizelle befruchtet hat? Und dass er zukünftig die Vaterrolle übernehmen muss? Baby wickeln. Baby verstehen. Baby aushalten.

Die Umstellung des Milieus der Stoffe in Körper und Gehirn des *Vaters* wird unter anderem durch die enge Beziehung mit der schwangeren Mutter angetrieben (Storey et al. 2000). Im Miteinander der partnerschaftlichen Beziehung wird sein Empfinden und Verhalten gänzlich umgekrempelt. Werdende Väter unterscheiden sich daraufhin in ihrem Verhalten von *Nichtvätern*. Der persönliche Aufstieg, das Erreichen beruflicher Ziele, all dies wird vor dem Hintergrund der zukünftig erwarteten Geschehnisse unwichtiger. Die Männer werden empfindsamer. Wird ihnen Babygeschrei vorgespielt, reagieren sie wohlwollend und mitfühlend und haben das Bedürfnis zu trösten. Nichtväter reagieren kühler und zurückhaltender auf das vorgespielte Weinen eines Babys (Fleming et al. 2002). Es soll sogar einige geben, die davon richtiggehend genervt sind.

Väter unterscheiden sich aber auch von den *Müttern*. Bereits in den 1960ern unterstrichen wissenschaftliche Ergebnisse eine Beobachtung, die damals überraschend und bedeutsam war: Väter, die viel Zeit mit einem Kind verbringen und als primäre Bezugsperson Verantwortung übernehmen, können tatsächlich sehr fürsorglich mit dem Kind umgehen. Sogar die Untersuchung männlicher Tiere in den oben beschriebenen Versuchen mit den Ersatzmutter-Ratten legte diese Folgerung nahe (Rosenblatt et al. 1967). Das, was damals bei vielen für Erstaunen sorgte, ist heutzutage Gemeingut. Wir wissen, dass auch Väter feinfühlige und liebevolle Fürsorger sein können, wenn sie sich verantwortungsvoll engagieren und sich mit ganzem Herzen auf die neue Rolle einlassen.

In einer aktuellen Studie wurde nun versucht zu erfassen, wie sich die Gehirne der Mütter und der Väter unterscheiden und wie sich diejenigen der Väter ändern, wenn sie sich auf eine verantwortliche Fürsorge einlassen. Da diese Studie nicht nur hochinteressant, sondern derzeit auch in der wissenschaftlichen Welt in aller Munde ist, stelle ich sie hier ausführlich dar.

Aktuelle Studie über die Anpassung des väterlichen Gehirns

In dieser Studie (Abraham et al. 2014) wurden mehrere Gruppen von Bezugspersonen verglichen: Mütter, die sich in einer heterosexuellen Partnerschaft als primäre Bezugsperson um ihr Kind kümmerten (*Gruppe primäre Mütter, PM*), Väter, die in einer homosexuellen Partnerschaft als primäre Bezugsperson ihr Kind betreuten (*Gruppe primäre Väter, PV*) sowie Väter, die in einer heterosexuellen Beziehung als sekundäre Bezugsperson ihre Frau in der Fürsorge des Kindes unterstützten (*Gruppe sekundäre Väter, SV*).

Die Eltern wurden gefilmt, während sie mit ihren Kindern zusammen waren. Anschließend wurden ihnen die entsprechenden Filme vorgespielt, während sie in einem Hirnscanner lagen. Die Hirnaktivität wurde mit Kontrollbedingungen verglichen und es wurde herausgerechnet, welche Hirnaktivität mit dem Miteinander mit dem Kind zusammenhängt.

Bei den Müttern (Gruppe PM) waren es vor allem emotionale Bereiche der verschiedenen limbischen Ebenen, die sich meldeten. Allen voran die Amygdala, die nicht nur dafür zuständig ist, die Umwelt auf Gefahren hin zu scannen, sondern auch dafür, unbewusst und schnell emotionale Signale in der Mimik oder Gestik anderer zu erkennen. Bei den sekundären Vätern (Gruppe SV) waren vor allem kognitive Bereiche des Gehirns aktiv, also solche Bereiche, die dafür zuständig sind, Ziele und Absichten anderer zu verstehen und Vorhersagen über deren Verhalten zu machen.

Interessant ist nun natürlich, was in den Köpfen der männlichen primären Bezugspersonen (Gruppe PV) vor sich ging. Es zeigte sich, dass sich diese bei der Betrachtung ihres Miteinanders mit dem Kind durch eine emotionalere Hirnaktivität auszeichneten als die sekundären Väter. Ebenso wie bei den Müttern waren Bereiche wie die Amygdala hochaktiv. Gleichzeitig leuchteten in der Untersuchung auch die vatertypischen kognitiven Hirnbereiche auf.

Oxytocin schütteten die Eltern im Miteinander mit dem Kind nahezu gleichermaßen aus.

Eine Beurteilung des Verhaltens der verschiedenen Elterngruppen im Miteinander mit ihren Kindern ergab, dass sowohl die primären Mütter als auch die primären Väter im Vergleich mit den sekundären Vätern ein besonders abgestimmtes Verhalten im Umgang mit ihren Kindern zeigten. Dies drückte sich beispielsweise darin aus, dass sie angemessen auf die kindlichen Bedürfnisse und Zustände eingingen, Wärme und positive Gefühle zeigten und liebevoll mit ihnen sprachen.

Die Wissenschaftler deuteten diese Ergebnisse dahingehend, dass es die *Erfahrungen* im fürsorglichen Umgang mit dem Kind seien, die das Gehirn veränderten. Die Erfahrung der primären Fürsorge forme das männliche Gehirn so, dass es gut geeignet sei, die Aufgabe der Fürsorge wahrzunehmen. Während die Mutter durch die hormonellen Veränderungen automatisch auf die neue Situation eingestellt werde, sei die Angelegenheit beim Vater hiernach erfahrungsabhängig.

Man sollte in der Interpretation der Ergebnisse allerdings nicht vergessen, die sexuelle Orientierung der untersuchten Männer zu berücksichtigen, denn auch diese Eigenschaft könnte an den jeweiligen Ergebnissen beteiligt sein.

Im Detail: Aus diesem Grunde baten die Autoren die homo- und die heterosexuellen Väter, einen Fragebogen auszufüllen (den sogenannten BEM Sex Role Inventory), mit dem das Geschlechterrollen-Selbstkonzept erfasst wird und dessen Ergebnis als Maß für das Vorhandensein femininer und maskuliner Persönlichkeitseigenschaften gedeutet wird. Es wurden keine wesentlichen Unterschiede zwischen den homo- und den heterosexuellen Vätern gefunden, so dass die Autoren glauben, dass aufgrund der sexuellen Orientierung keine Unterschiede im Geschlechtsrollen-Selbstkonzept vorhanden sind, die für die Hirnaktivität im Miteinander mit den Kindern eine Rolle spielen könnten. Sie werten die Unterschiede in der Hirnaktivität deshalb als Folge der unterschiedlichen Beteiligung an der Fürsorge. Es ist aber nicht auszuschließen, dass andere Merkmale hetero- bzw. homosexueller Väter, die nicht durch das Fragebogenergebnis deutlich wurden, an den jeweiligen Ergebnissen beteiligt sind. Berücksichtigt werden muss auch, wie die Väter die Testsituation (gefilmtes Miteinander mit dem Kind) vor dem Hintergrund ihres jeweiligen Lebensmodells erleben. Bei den homosexuellen Vätern wurde eine erhöhte Amygdala-Aktivität in der Betrachtung ihres Miteinanders mit dem Kind gemessen, ähnlich wie bei den Müttern. Nun kann es einerseits so sein, dass dies (wie von den Autoren angenommen) eine Folge der hohen Fürsorgebeteiligung ist, andererseits kann es aber auch eine andere Ursache haben – beispielsweise die Befürchtung des Vaters, in seiner Rolle eines homosexuellen Vaters als nicht ausreichend fürsorglich bewertet zu werden.

Um die Anpassung des väterlichen Gehirns an die Fürsorge eines Kindes beurteilen zu können, ist es unbedingt erforderlich, dass in einer vergleichbaren Untersuchung auch die Hirnaktivität und das Verhalten einer Gruppe primärer heterosexueller Väter sowie sekundärer homosexueller Väter erfasst wird. Das ist leider bisher noch nicht geschehen.

Ein Befund, der alle Väter der Studie betrifft, primär oder sekundär, homo- oder heterosexuell, ist allerdings der, dass die väterliche Gehirnaktivität umso mehr auf die Erkennung sozialer Hinweise ausgerichtet ist, je mehr Zeit die Väter mit ihrem Kind verbringen.

Im Detail: Es geht hierbei um die Verbindung der Amygdala mit dem sogenannten superioren temporalen Sulcus (STS). Eine starke Verbindung dieser beiden Hirnbereiche ist an eine gute Fähigkeit, soziale Hinweise zu erkennen, gekoppelt und bei Menschen mit großen und komplexen sozialen Netzwerken besonders ausgeprägt. In der Untersuchung der Väter wurde deutlich, dass das Ausmaß der Fürsorge für das Kind diese Verbindung prägte: Je mehr Zeit die Väter – unabhängig davon, welcher Vätergruppe sie zugeordnet wurden – alleine und in direkter Verantwortung mit dem Kind verbrachten, desto stärker war die Verbindung, während sie ihr gefilmtes Miteinander mit dem Kind betrachteten.

Ein weiterer Umstand erfordert Vorsicht bei der Interpretation der Ergebnisse. Es wurde nämlich nur die elterliche Reaktion auf das Miteinander mit dem Kind getestet, wenn das Kind gut gelaunt war. War das Kind schlecht gestimmt und quengelte es, wurde der Untersuchungstermin verschoben. Im nächsten Abschnitt werde ich erläutern, dass es eher die Mütter sind, denen eine besondere Motivation zur *Beruhigung* des Kindes zugeschrieben wird. Vergleicht man also lediglich das elterliche Verhalten und deren Hirnaktivität im Umgang mit einem gut gelaunten Kind, dann kann dies Geschlechtsunterschiede im Miteinander mit einem schlecht gelaunten Kind verschleiern.

Bewertet man die Studie entsprechend vorsichtig, dann bleiben vor allem drei Befunde übrig – jeweils gültig für den Umgang mit einem gut gelaunten Kind:

1. Primäre Mütter und sekundäre Väter unterscheiden sich in ihrer Hirnaktivität dahingehend, dass Mütter emotionalere Hirnbereiche bei der Betrachtung des Miteinanders mit dem Kind aktivieren, während es bei den sekundären Vätern eher kognitive Hirnbereiche sind, also solche, die sich mit Denken und Schlussfolgern befassen.
2. Homosexuelle primäre Väter haben im Umgang mit ihrem Kind ein angemessenes Verhaltensrepertoire, können sich besser an die Bedürfnisse ihres Kindes anpassen als heterosexuelle sekundäre Väter und setzen ebenfalls Oxytocin frei.
3. Je mehr Zeit Väter mit ihrem Kind verbringen, desto besser ist ihr Gehirn in der Betrachtung des Miteinanders mit dem Kind auf die Verarbeitung sozialer Hinweise eingestellt.

Weitere Erkenntnisse über die Anpassung des väterlichen Gehirns

Nun können wir uns noch einen Schritt weiter in die Tiefen des Gehirns wagen und uns fragen: Wie kommt es bei den engagierten und fürsorglichen Vätern zu einer veränderten Hirnaktivität? Woran liegt es, dass die Verbindungen, die für soziale Informationen wichtig sind, plötzlich stärker werden?

In den vergangenen Kapiteln wurde immer wieder deutlich, dass es die verschiedenen Stoffe im Gehirn sind, die unser emotionales Erleben und unser Verhalten beeinflussen: Dopamin motiviert uns, etwas zu tun, körpereigene Opioide lassen uns genießen und Oxytocin schärft unser Gehirn für die Verarbeitung sozialer Reize. Diese Stoffe werden aufgrund bestimmter Situationen oder Reize im Gehirn ausgeschüttet und beeinflussen die Aktivität der Nervenzellen in den verschiedenen Bereichen des Gehirns. Was passiert nun mit diesen Stoffen im Mann, wenn er Vater wird?

Bislang ging es in der Beschreibung der mütterlichen Hirnchemie vor allem um das Oxytocin. Auch Väter schütten Oxytocin aus, auch bei ihnen schärft es das Gehirn für soziale Reize. Beim Vater könnte jedoch ein weiterer Stoff der direkten Fürsorge entgegenstehen: das *Testosteron.*

Wir erinnern uns, dass Testosteron Machtstreben und Dominanz fördert, Empathie und Vertrauen hingegen vermindert. Sind das ideale Voraussetzungen für die Betreuung kleiner Kinder? Die oben beschriebenen Geschlechtsunterschiede erhalten nun eine praktische Bedeutung: Sind etwa Männer aufgrund eines erhöhten Machtstrebens und einer geringeren Empathie nicht für den Umgang mit kleinen Kindern geeignet?

So einfach ist das nicht, denn die Natur hat sich einen besonderen Mechanismus einfallen lassen: Die Testosteron-Konzentration im Blut des Mannes sinkt im Kontext des Vaterdaseins ab und begünstigt dadurch fürsorgliches Verhalten.

Aus der Forschung: In verschiedenen Studien wurde gezeigt, dass Väter innerhalb des ersten Jahres nach der Geburt ihres Kindes weniger Testosteron im Blut haben als Nichtväter. Aus einigen dieser Studien (den Querschnittsstudien) geht allerdings nicht eindeutig hervor, ob tatsächlich die Vaterschaft die Testosteron-Freisetzung unterdrückt oder ob Männer, deren Blut weniger Testosteron enthält, eher dazu neigen, eine Beziehung einzugehen und Vater zu werden. Diese Fragestellung wurde in einer großen Langzeitstudie bearbeitet, in der bei 624 jungen Männern der Testosteron-Gehalt über mehrere Jahre hinweg verfolgt wurde. Es zeigte sich, dass insbesondere Männer mit einer initial hohen Testosteron-Konzentration im Blut zum Ende des Untersuchungszeitraums (viereinhalb Jahre später) eine Partnerschaft eingegangen und Väter geworden sind. Bereits das Zusammenleben mit einer festen Partnerin führte bei den untersuchten Männern jedoch zu einer Testosteron-Dämpfung. Diejenigen Männer, die im Untersuchungszeitraum Vater geworden sind, wiesen allerdings die stärkste Verminderung ihrer Testosteron-Freisetzung auf (s. Abb. 5.2; Gettler et al. 2011).

Fällt mit dem Testosteron der *Gegenspieler* von Empathie und Fürsorge weg (bzw. wird er geringer), dann ist der Weg frei für ein liebevolles väterliches Verhalten. Ungestört können Oxytocin und all die anderen Stoffe auch im väterlichen Gehirn den feinfühligen und empathischen Umgang mit dem Säugling fördern. Es ist nun weniger der Drang wichtig, sich zu messen und dominant aggressiv den eigenen Status zu erhalten, sondern die unbedingte Liebe zum Nachwuchs und der feinfühlige Umgang mit ihm. Der Vater kann sich auf die Nähe einlassen, schätzt sie und genießt das Miteinander mit dem Baby.

Wie kommt es zu dieser Dämpfung des Testosteron-Systems? Was bringt den Vater dazu, sich unbewusst und automatisch auf die neue Situation einzustellen? Man glaubt, dass vor allem der Kontakt mit dem Kind entscheidend ist. Bei kleinen Äffchen spielt sogar der Geruch des Babys eine Rolle. Sein Duft senkt die Testosteron-Freisetzung des Vaters (Prudom et al. 2008).

Ob der Geruch auch beim Menschen von Bedeutung ist

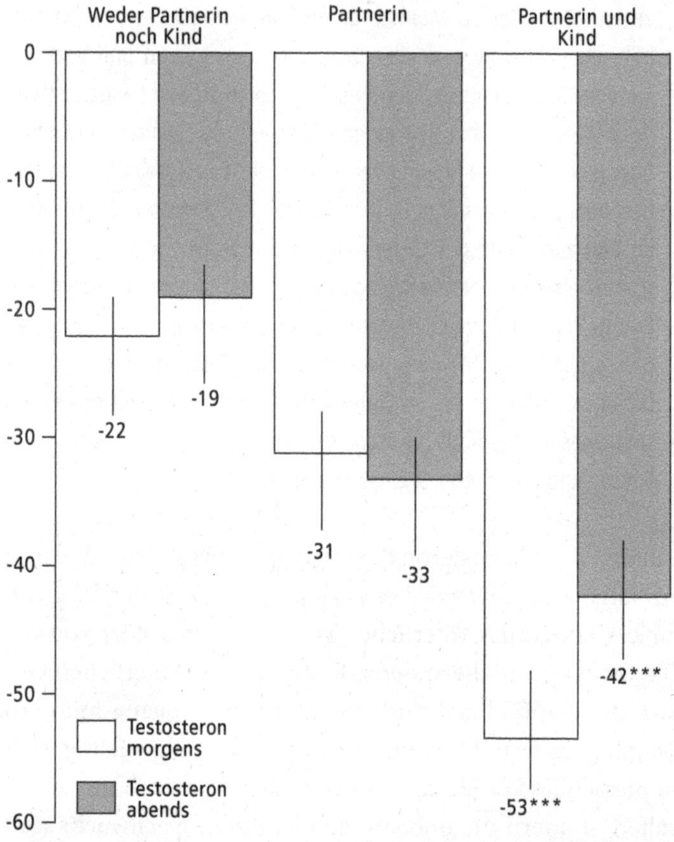

Abb. 5.2: Die Balken zeigen an, wie sich die Testosteron-Konzentration im Speichel 21-jähriger Männer im Verlauf von 4,5 Jahren veränderte (weiße Balken: morgens gemessene Werte, graue Balken: abends gemessene Werte). Bei allen Männern sank sie altersbedingt ab (s. 5.4). Wie stark dies geschah, war jedoch abhängig von ihrem partnerschaftlichen und elterlichen Status. Die beiden linken Balken beziehen sich auf Männer, die zu beiden Zeitpunkten keine Partnerschaft und keine Kinder hatten. Die beiden mittleren auf Männer, die innerhalb der viereinhalb Jahre eine Partnerschaft eingegangen waren, jedoch nicht Vater wurden. Die rechten fassen diejenigen Männer zusammen, die sowohl eine Partnerschaft eingegangen waren als auch Kinder bekommen hatten. Bei ihnen war die Verminderung in der Testosteron-Konzentration am ausgeprägtesten (modifiziert nach Gettler et al. 2011).

und die Dämpfung auslöst, ohne dass der Vater etwas ahnt, weiß man noch nicht. Es ist jedoch klar, dass es vor allem der alltägliche und intensive Umgang mit dem Kind ist, der über das Ausmaß der *Testosteron-Dämpfung* entscheidet.

Aus der Forschung: Die Testosteron-Dämpfung ist dann besonders ausgeprägt, wenn die Väter viel in die Fürsorge des Kindes eingebunden sind. Ebenso, wenn ihre Nähe zum Kind dadurch Ausdruck findet, dass es dem Kind erlaubt ist, im Bett der Eltern zu übernachten (Gettler et al. 2011; 2012).

Die verschiedenen dargestellten Ansätze in der Vaterforschung zeigen, dass die väterliche Bereitschaft, sich auf die Vaterschaft einzulassen, beim Vater die Veränderungen voranbringt. Die Anpassungen im väterlichen Gehirn werden durch die aktive und verantwortungsvolle Beschäftigung des Vaters mit dem kleinen Kind gefördert.

Oben ging es um die Auswirkungen des liebevollen Umgangs mit dem Kind auf die Hirnstrukturen des Vaters, hier nun um die Dämpfung der Testosteron-Freisetzung. Wie hängt das zusammen?

Eine Gruppe Wissenschaftler formulierte kürzlich eine Theorie, der zufolge Hormone wie Testosteron und Oxytocin die Funktion von Hirnstrukturen und das sich daraus ergebende Verhalten eines Menschen an die Anforderungen der Umwelt anpassten.

Im Detail: Hiernach würde das Testosteron in einer von Herausforderungen geprägten Umwelt (etwa in den Jagdgründen einer Savanne oder auch in der siebten Etage eines Bankengebäudes) die Hirnfunktion automatisch auf Schutz und Verteidigung umschalten. Im Gehirn würde unter diesen Bedingungen die unter anderem auf die Erkennung von Signalen der Bedrohung spezialisierte Amygdala verstärkt mit Hirnbereichen der unteren limbischen Ebene verknüpft sein und Verhaltensweisen hervorbringen, die Dominanz und Überleben sichern. In einer sicheren Umgebung hingegen würde das in Situationen des sozialen Miteinanders freigesetzte Oxytocin die Verbindung der Amygdala mit der oberen limbischen Ebene (sowie dem in der Väterstudie aktivierten STS) verstärken und die Hirnfunktion auf Fürsorge und Empathie ausrichten. Die feinfühlige Erkennung der Emotionen anderer und ein empathisches Mitfühlen mit ihnen würde gefördert (Bos et al. 2012).

Diese Theorie könnte die Kettenreaktion erklären, die bei den engagierten Vätern der oben ausführlich dargestellten Studie (unabhängig von ihrem PV/SV-Status) zu einer Stärkung der für das soziale Miteinander wichtigen Verbindung von Hirnregionen (Amygdala-STS) führt und die den Vätern einen fürsorglichen Umgang mit dem Kind erlaubt:

Im sicheren Umfeld von Babybrei, Windel und Grüffelo entdeckt das Gehirn des Vaters kaum ernsthafte Herausforderungen und sieht sich nicht veranlasst, in größeren Mengen Testosteron auszuschütten. Die Verbindung der wachsamen Amygdala mit den auf Dominanz und Überleben spezialisierten Hirnbereichen der unteren limbischen Ebene wird heruntergefahren. Stattdessen kann das in einer Atmosphäre der Sicherheit im sozialen Miteinander mit dem Kind freigesetzte Oxytocin die Hirnaktivität auf Fürsorge und Empathie ausrichten. Die Verbindung der Amygdala mit der oberen limbischen Ebene und dem STS wird gestärkt und der liebevolle Umgang mit dem Kind erleichtert.

Diese Theorie beinhaltet aber auch, dass es dann, wenn *Schutz* und *Verteidigung* des Kindes Priorität haben, zu einer erhöhten Testosteron-Freisetzung und einer damit einhergehend veränderten Hirnaktivität kommen kann. Hierbei müssen nicht wirklich Schutz und Verteidigung erforderlich sein. Es mag reichen, dass unbewusst tätige Teile des väterlichen Gehirns diesen Zusammenhang erschließen. Zumindest wird ein solcher Zusammenhang durch eine Studie nahegelegt, in der die väterliche Testosteron-Reaktion auf eine lebensechte Babypuppe gemessen wurde.

Aus der Forschung: Lebensechte Babypuppen unterscheiden sich von echten Babys dadurch, dass sie einstellbar und vorhersehbar sind. In dieser Studie ergänzte man deren Verwendung mit Aufnahmen von Lautäußerungen echter Babys. Ist ein Vater mit einer entsprechend schreienden Babypuppe konfrontiert, dann ist seine Testosteron-Freisetzung abhängig von seinem Handlungsspielraum. Hat der Vater die Möglichkeit, fürsorglich und empathisch auf das schreiende »Baby« einzugehen und erlebt er, dass er in seinen Trostbemühungen erfolgreich ist, führt dies zu einem Absinken der Testosteron-Freisetzung. Kann er allerdings nichts gegen das Schreien unternehmen, dann steigt sein Testosteron-Gehalt noch weiter (van Anders et al. 2012). Das Gehirn des Vaters könnte das Babyschreien als ein Signal der Gefahr oder der Bedrohung bewerten. Er muss sein Baby verteidigen! Der Anstieg in der Testosteron-Freisetzung im Angesicht des schreienden Kindes könnte auf Kosten der Empathie gehen. Eine Verringerung der Empathie ist allerdings problematisch, wenn ein Vater in Abwesenheit einer Bedrohung mit einem schreienden Säugling konfrontiert ist. Seine Fähigkeit, die kindlichen Signale zu deuten, würden vermutlich weiter verringert werden.

Männer könnten hiernach in einem Alltag, in dem sie Herausforderungen und Unsicherheiten ausgesetzt sind und sich behaupten müssen (und in dem sie vielleicht nur mal zwischendurch mit dem Baby zusammen sind), aufgrund ihrer Testosteron-Freisetzung eine Hirnaktivität haben, die der feinfühligen und empathischen Fürsorge entgegensteht.

Anhaltendes Schreien eines Babys würde in diesem Zustand nicht bei jedem Vater in gleichem Maße wie bei der Frau das Bedürfnis wecken, das Kleine in den Arm zu nehmen und zu trösten, sondern ließe bisweilen bei ihm alle Alarmglocken schrillen. Übernähmen die Männer jedoch den Alltag mit dem Kind, umsorgten sie es in der sicheren Atmosphäre von Kinderzimmer und Sandkasten, und lernten sie das Kind, seine Signale und seine Bedürfnisse immer besser kennen, dann würde ihre Testosteron-Freisetzung vermindert sein und das Oxytocin könnte die Hirnaktivität in Richtung Fürsorge lenken. Das Erkennen von Emotionen und das Mitfühlen mit dem Kind würden verstärkt.

Ob er allerdings gleichermaßen wie die Mutter vom Kind als sicherer Hafen angesehen wird, in dem es Trost und Beruhigung erfährt, und – sollte dies nicht so sein – ob dies biologische oder kulturelle Gründe hat, muss nach derzeitigem Forschungsstand unbeantwortet bleiben. Eine sichere Basis für die Erkundung der Welt ist er aber in jedem Fall, wie ich nun erläutern werde.

Väter fördern die Erkundung ihrer Kinder

Im Vergleich mit den Müttern, die feinfühlig und fürsorglich auf die Signale ihres Kindes eingehen, es liebevoll in den Arm nehmen und in deutlicher Ammensprache seine Befindlichkeit spiegeln, sind die Väter in ihrem fürsorglichen und liebevollen Umgang oft *aktivierender*. Häufiger als die Mütter kitzeln sie das Baby, anstatt mit ihm zu kuscheln. Sie werfen es hoch, anstatt es an sich zu drücken. Sie zeigen ihm die Welt da draußen, anstatt ihm die Welt der eigenen Emotionen näher zu bringen.

All dies vermag auch eine Mutter und auch der Vater kuschelt, drückt an sich und redet über Emotionen, aber die verschiedenen Verhaltensmuster scheinen bei den verschiedenen Geschlechtern unterschiedlich ausgeprägt zu sein. Dieser Unterschied ist die Grundlage verschiedener wissenschaftlicher Theorien.

Deutsche Bindungsforscher nehmen an, dass das unterschiedliche Verhalten von Müttern und Vätern die spätere Bindungsfähigkeit des Kindes in jeweils eigener Weise beeinflusse. Die beiden Anteile würden sich ergänzen, sie seien komplementär. Die Väter würden hauptsächlich feinfühlige Unterstützung im Erkundungsspiel ihrer Kleinkinder liefern, während sich die mütterliche Feinfühligkeit vor allem darin zeige, dass sie beruhigend auf die Kinder einwirkten, wenn diese gestresst seien.

Aus der Forschung: In der zugrunde liegenden Langzeitstudie zeigte sich, dass das im Kindesalter von 10 Jahren erhobene innere Modell zwischenmenschlicher Bindung durch unterschiedliche Eigenschaften von Mutter und Vater gefördert wurde. Mütterlicherseits war es vor allem die frühe Bindungsbeziehung, die das spätere innere Modell von Bindung des Kindes vorhersagen konnte. Väterlicherseits wurde die spätere Bindungsfähigkeit durch die im Spiel gezeigte Feinfühligkeit des Vaters bestimmt. Diese »Spiel-Feinfühligkeit« des Vaters steht der Studie zufolge in einem engeren Zusammenhang mit der späteren Entwicklung des Kindes als die Sicherheit der frühen Vater-Kind-Bindungsbeziehung (Grossmann et al. 2002).

Der kanadische Psychologe Daniel Paquette folgert aus einem Vergleich des Miteinanders beider Eltern mit dem Kind, dass es zu den wesentlichen Zielen der Vater-Kind-Beziehung gehört, die Offenheit des Kindes zu fördern. Während die Mütter ihre Kinder durch Nähe und liebevolle Worte beruhigten und trösteten, würden die Väter in der emotionalen Bindungsbeziehung mit ihrem Kind zwar eine Atmosphäre der Geborgenheit und der Sicherheit schaffen, gleichzeitig aber in diesem sicheren Umfeld die *Erkundung* fördern. Sie ermutigten das Kind, Risiken einzugehen, die Welt neugierig auszukundschaften, sich in unbekannten Situationen mutig zu verhalten und sich zu behaupten. Er nennt das Miteinander zwischen Vater und Kind Vater-Kind-Aktivierungsbeziehung – in Anlehnung an die Mutter-Kind-Bindungsbeziehung (Paquette 2004).

Die Vater-Kind-Aktivierungsbeziehung entwickelt sich nach Paquette vor allem durch körperliches Spielen. Der Vater necke die Kinder, rege sie an und tobe mit ihnen in kreativen Spielen – übrigens mit Jungen mehr noch als mit Mädchen, was an der Entstehung von Geschlechtsunterschieden im Verhalten beteiligt sein könnte (s. Kapitel 3.3). An der Sprache würden ebenfalls die unterschiedlichen Rollen deutlich, denn Mütter bezögen sich mit ihrem Gesagten häufig auf emotionale Inhalte, während Väter eher über Handlungen redeten.

Entsprechend ist auch unser ständiger Begleiter in der Erläuterung des Hirnstoffwechsels der Bindung, das Oxytocin, bei den Vätern nicht so sehr an warmherziges und fürsorgliches, sondern an stimulierendes Verhalten gebunden.

Aus der Forschung: Oben habe ich eine Studie zitiert, in der ein Zusammenhang zwischen der Oxytocin-Konzentration im mütterlichen Blut und dem Ausmaß warmherzigen fürsorglichen Verhaltens gezeigt wurde. In derselben Studie wurden auch die Väter untersucht. Bei ihnen war eine hohe Oxytocin-Konzentration an stimulierende Berührungen oder das Zeigen von Objekten gebunden (Gordon et al. 2010a). Künstlich beeinflussen kann man dieses Geschehen ebenfalls: Verabreicht man den Vätern Oxytocin per Nasenspray, dann unterstützen sie umso mehr die Tendenz ihres Kindes, seine Umwelt zu erkunden (Naber et al. 2010).

Verantwortlich für diese unterschiedliche Wirkung des Oxytocins könnte die Verteilung der Bindungsstellen im weiblichen und männlichen Gehirn sein – denn die unterscheidet sich sehr. Wenn auch vieles noch nicht geklärt ist, sind diese Befunde erste Hinweise darauf, dass die Unterschiede der Eltern im Umgang mit ihren Kindern auch eine Entsprechung in der Hirnchemie haben.

Den Kindern tut beides gut. Mutter wie Vater. Der Umgang des Vaters mit dem Kind, seine Tobespiele, sein Anstoß des Erkundungsverhaltens bei gleichzeitiger Bereitstellung einer sicheren Umwelt, fördert nach Paquette das Vertrauen der Kinder in ihre eigenen Strategien zur Bewältigung von Herausforderungen. Die Kinder würden mutiger und könnten auch in späteren Phasen des Lebens Hindernisse leichter überwinden. Andere wissenschaftliche Veröffentlichungen weisen ebenfalls darauf hin, dass das gemeinsame Spiel von Vater und Kind soziale und emotionale Kompetenzen des Kindes unterstützt. Dazu gehören die Fähigkeit, eigene Emotionen regulieren zu können, das Vertrauen in zwischenmenschliche Beziehungen und die Entwicklung positiver Beziehungen zu Gleichaltrigen (zusammengefasst in Swain et al. 2014).

In Kapitel 6 werde ich auf die Rolle des Vaters zurückkommen. Dann wird es darum gehen, welche Bedeutung diese Erkenntnisse für Entscheidungen hinsichtlich der Kinderbetreuung haben könnten.

Take Home: Ebenso wie bei Müttern kann auch bei Vätern ein intensiver Umgang mit dem Kind die Anpassung des Gehirns an die Vaterschaft fördern. Beim Vater sind das alltägliche Zusammensein mit dem Kind ebenso wie seine innere Bereitschaft, sich auf das Kind einzulassen, jedoch noch wichtiger, da die feinfühlige und empathische Fürsorge mit dem männlichen Geschlechtshormon Testosteron einen Gegenspieler hat. Im Umgang mit dem Kind scheinen Väter eher die kindliche Erkundung der Welt ausgehend von einer sicheren Basis zu fördern als die Beruhigung in einem sicheren Hafen.

5.4 Individuell unterschiedlich: Die Persönlichkeit der Eltern

In den vergangenen Kapiteln ging es darum, wie Kinder ihre speziellen Eigenheiten entwickeln und wie dies durch Gene und Erfahrungen beeinflusst wird. Da Mütter und Väter auch einmal Kinder waren – auch diejenigen, von denen man sich das nie vorstellen könnte –, ist auch deren Persönlichkeit das Produkt ihrer genetischen Ausstattung und ihrer eigenen Erfahrungen.

Sie haben einen speziellen Satz an Genvarianten, der sie ängstlich oder weniger ängstlich, impulsiv oder weniger impulsiv, bindungsorientiert oder weniger bindungsorientiert macht – oder zumindest diesbezügliche Tendenzen vorgibt. Es hängt beispielsweise von den Genvarianten ab, ob erwachsene Personen mit einer stark erhöhten Herzfrequenz auf das Schreien eines Kindes reagieren oder ob sie im Angesicht der kindlichen Not eher ruhig bleiben (Out et al. 2010). Oder auch, ob Mütter in einem aufreibenden Alltag feinfühlig auf ihr Kind reagieren können oder nicht (van IJzendoorn et al. 2008). Eine ganze Reihe verschiedener Gene können die elterlichen Fähigkeiten erheblich beeinflussen.

Eltern haben jedoch nicht nur eine individuelle genetische Ausstattung, sondern auch verschiedene Erfahrungen gemacht. Mutter wie Vater, jeder hat seine eigene Geschichte.

Das Individuum Mutter

Nicht, dass wir das nicht schon wüssten: Nicht alle Mütter reagieren auf dieselbe Weise auf die Bedürfnisse ihres Kindes. Das Gehirn der Mutter hat sich in einer bestimmten Weise im Einklang mit ihren eigenen Erfahrungen und Genen entwickelt. Diese individuelle Entwicklung beeinflusst, ob sie feinfühlig ist oder ihr Baby nur schlecht versteht, ob sie ausgeglichen oder aufbrausend, empathisch und warm oder eher zielstrebig und kühl ist, ob sie Bindungen wertschätzt oder ob sie deren Bedeutung herunterspielt.

Ist eine Mutter mit den hohen Anforderungen des Mutterseins konfrontiert, dann spielt es eine entscheidende Rolle, ob sie ein gut funktionierendes *Stresssystem* entwickelt hat und in Situationen anhaltenden Stresses eine optimale Menge des Stresshormons Cortisol das Gehirn ausreichend mit Energie versorgen kann. Wie gut das funktioniert, wird unter anderem von den eigenen vorgeburtlichen Erfahrungen der Mutter beeinflusst. Erlebte ihre eigene Mutter während der Schwangerschaft Stress? Ihr eigenes Stresssystem wurde, wie in Kapitel 3 und 4 beschrieben, vorgeburtlich »programmiert« und auch nach der Geburt durch die frühen Bindungserfahrungen geprägt. Infolge dieser Erfahrungen wurde die mütterliche Neigung, mit Stress umzugehen, sich auf- oder abzuregen, langfristig vorgegeben.

Im mütterlichen Alltag sind viele Situationen potentiell stressreich. Das kann der Stress eines nicht beruhigbaren Babys sein, der Stress im Kampf darum, dass der Zweijährige endlich aufhört, die Kontoauszüge zu zerreißen oder der Stress, morgens die Kinder für die Krippe fertig zu machen und gleichzeitig selbst geduscht, angekleidet und bereit für den Berufsalltag zu sein. Oder alles zusammen. Die charakteristische Funktionsweise ihres eigenen Stresssystems bestimmt, wie gut sich ihr Gehirn auf die hohen Anforderungen des Mutterseins einstellen kann. Optimal ist es, wenn das mütterliche Stresssystem im Angesicht des schreienden Babys schnell hochfährt, sich aber ebenso schnell wieder herunterreguliert. Eine zu geringe, aber auch eine zu hohe oder nur schlecht zur Ruhe kommende Aktivität des Stresssystems kann die Mutter daran hindern, optimal auf ihr Baby einzugehen.

Ein ähnlicher Zusammenhang gilt für das *Bindungssystem*. Hat die enge Bindungsbeziehung mit ihrem Kind eine große Bedeutung für sie? Ist sie motiviert, sich mit ihm zu beschäftigen? Ist sie innerlich bereit, dem Kind in Situationen kindlicher Verzweiflung Trost zu spenden? Oder meint sie, alles richtig zu machen, wenn das Kind nur richtig erzogen und kognitiv gefördert würde?

Man kann sich kaum vorstellen, dass solche Eigenschaften genetisch beeinflusst werden, aber dennoch scheinen die eigenen geerbten Veranlagungen vorgeben zu können, wie gut Stoffe wie Oxytocin, aber auch die körpereigenen Opioide das mütterliche Erleben und ihr Verhalten lenken. Genvarianten des Oxytocin-Systems können z. B. festlegen, wie gut das in Situationen des sozialen Miteinanders freigesetzte Oxytocin das Stresssystem hemmen kann (Chen et al. 2011). Findet eine Mutter selbst keinen Halt und keinen Trost in Beziehungen, dann liegt es nahe, dass sie auch in der Beziehung zu ihrem Kind dieser Erfahrung eher wenig Bedeutung zuweisen wird. Genvarianten der körpereigenen Opioide können sich wiederum darauf auswirken, ob Menschen grundsätzlich an Beziehungen interessiert sind oder dazu neigen, diese zu vermeiden. Und auch ängstliches Bindungsverhalten, bei dem enger Kontakt zu anderen zwar sehr gewünscht wird, aber gleichzeitig die Furcht vor Verletzungen groß ist, tritt bei Menschen mit einer bestimmten Genvariante häufiger auf als bei anderen (Troisi et al. 2012).

Von größter Bedeutung für die individuelle Funktionsweise des Bindungssystems sind jedoch nicht nur die Gene, sondern auch die eigenen frühen Bindungserfahrungen der Mutter. Auch Mütter waren als Kinder an ihre eigenen Mütter gebunden (bzw. sind es noch immer) und auch diese frühen Bindungserfahrungen haben in ihrem Gehirn Spuren hinterlassen. Mütter, die als Kind eine feinfühlige und liebevolle Fürsorge und eine sichere Bindung mit ihrer eigenen Mutter erlebten, haben häufig auch als Erwachsene ein sicheres inneres Modell von Bindungen und ein gut funktionierendes Oxytocin-System (s. Kapitel 4). Sie sind besonders feinfühlig, können angemessen auf ihr Kind eingehen und weisen eine auf das Muttersein optimal abgestimmte Hirnaktivität auf.

Aus der Forschung: Mütter mit einem sicheren inneren Modell von Bindung setzen im Miteinander mit ihrem Kind mehr Oxytocin frei als Mütter mit anderen Bindungsmustern. Das wiederum geht mit einer liebevolleren Fürsorge einher. Die Mütter haben besonders positive Gefühle ihren Kindern gegenüber, sehen häufig nach ihnen und reagieren sensibler auf die Stimmung des Kindes. Sie sind weniger zwanghaft und legen weniger Wert auf die Einhaltung von Ablaufplänen als Mütter mit einer geringeren Oxytocin-Freisetzung (Feldman et al. 2007; Strathearn et al. 2012)
Untersucht man die Gehirne der Mütter mit bildgebenden Verfahren, dann werden ebenfalls Unterschiede deutlich. Betrachten die Mütter mit einem sicheren Bindungsmodell Bilder ihres eigenen lachenden oder auch traurigen Kindes, dann sind in ihrem Gehirn Regionen besonders aktiv, die dem Belohnungssystem zuzurechnen sind. Ihre Oxytocin-Freisetzung fällt umso höher aus, je größer die Aktivierung der Hirnregionen bei der Betrachtung der Bilder ist. Die Mütter mit einer distanzierten Bindungsrepräsentation – also solche Mütter, die der Bindung einen eher geringeren Stellenwert einräu-

men – weisen bei der Betrachtung von Bildern ihres eigenen traurigen Kindes ein anderes Aktivierungsmuster auf. Nicht Strukturen des Belohnungssystems sind besonders aktiv, sondern Bereiche der kognitiv-sprachlichen Ebene (der sogenannte dorsolaterale präfrontale Cortex), die dafür zuständig sind, unser Denken zu strukturieren und unsere Gedanken im Arbeitsgedächtnis präsent zu halten. Die Verfasser der Studie nehmen an, dass die Mütter diese Aktivierung deshalb aufweisen, weil sie versuchen, ihre negativen Gefühle dem Baby gegenüber mit Hilfe ihrer Gedanken zu kontrollieren. (Strathearn et al. 2009). Im Miteinander mit dem Kind hätte das Denken möglicherweise Vorrang vor dem Fühlen (ähnlich wie bei den oben beschriebenen sekundären Vätern).

Mütter, die infolge ihrer eigenen fürsorglichen Erfahrungen eine hohe Oxytocin-Funktion und ein sicheres Modell von Bindung entwickelt haben, sind diesen Forschungsergebnissen zufolge besonders liebevoll und zugewandt.

Ist das mütterliche Verhalten also umso besser, je zugewandter und mitfühlender die Mutter ist?

Die feinfühlige, die zu schnell, und die zu wenig reagierende Mutter

Nein, scheinbar gibt es auch ein Zuviel des Guten. Die herausragende Eigenschaft besonders Oxytocin-gestärkter Mütter ist eine hohe *Feinfühligkeit.* Oxytocin hilft der Mutter, angemessen auf die Signale des Kindes einzugehen. Nicht ein möglichst hohes Ausmaß der mütterlichen Fürsorge charakterisiert die feinfühlige Mutter, sondern das situationsgerechte Eingehen auf die kindlichen Bedürfnisse.

Im Detail: Die feinfühlige Mutter ist geistig präsent und hat das Befinden des Säuglings im Blick. Sie erlebt das Kind als fühlendes und denkendes Wesen mit eigenen Absichten und Wünschen und fühlt sich in ihrem Leben nicht gestört durch seinen Eigenwillen. Sie interpretiert die Äußerungen des Säuglings richtig, ohne sich von den eigenen Bedürfnissen, Plänen und Vorstellungen lenken zu lassen und reagiert prompt, damit dieser die Wirksamkeit seiner Signale erfahren kann. Sie reagiert angemessen auf den Säugling und passt ihre Reaktionen seinem Alter an. Nicht zuletzt nimmt sie ihr Kind an, so wie es ist, und ist nicht enttäuscht über dessen Entwicklung (nach Grossmann und Grossmann 2008).

Weist eine Mutter nur eine geringe Feinfühligkeit auf, dann ist sie weniger in der Lage, die Signale des Kindes genau zu erfassen und zu erkennen, wann ein intensives Mitfühlen und eine sofortige Reaktion unbedingt und unverzüglich erforderlich sind und wann es besser wäre, einmal nicht zu reagieren. Sie überschätzt oder unterschätzt daraufhin das kindliche Bedürfnis nach Unterstützung.

Hier kommen die Begriffe der Überbehütung und der Vernachlässigung ins Spiel. *Überbehütung* beinhaltet, dass auch dann mit Nähe, Trost und Hilfe reagiert wird, wenn das Kind dieses gar nicht wünscht und die Reaktion deshalb in die Selbstbestimmung des Kindes eingreift. *Vernachlässigung* hingegen tritt dann auf, wenn das Kind Hilfe und Zuwendung benötigt, sei es, weil es ihm nicht gut geht oder weil es etwas alleine nicht schafft, ihm diese Unterstützung aber verwehrt wird (Grossmann und Grossmann 2008).

Reagiert eine Mutter überbehütend und somit auch dann, wenn das Kind keine Unterstützung benötigt, dann könnte dies darin begründet sein, dass sie die Signale des Kindes fehlinterpretiert (z.B. zu viel Traurigkeit hineininterpretiert) oder auch darin, dass sie die Signale des Kindes aufgrund eigener starker Emotionen nicht aushalten kann – wobei das eine das andere nicht ausschließt. Da Oxytocin nicht nur die

Aufmerksamkeit auf soziale Reize ausrichtet, sondern auch die Regulation eigener Emotionen fördert (s. Abb. 4.2), können sowohl die Fehlinterpretation als auch die emotionale Überreaktion die Folge einer verminderten Oxytocin-Wirkung sein.

Aus der Forschung: Eine Überreaktion kann auch an der Herzfrequenz deutlich werden. Reagiert eine Mutter liebevoll und mitfühlend auf ihr schreiendes Kind, ist dies mit einer erhöhten Herzfrequenz sowie mit einer Aktivierung bestimmter emotionaler Hirnstrukturen verbunden. Mütter, bei denen diese Erregung sehr stark ausfällt, neigen jedoch dazu, wenig feinfühlig zu sein und rigide und streng oder aufdringlich mit dem Kind umzugehen (zusammengefasst in Rilling 2013).

Hält eine Mutter die kindlichen Signale aufgrund ihrer eigenen Erregung nicht aus, dann ist sie möglicherweise zu sehr auf die Beendigung der Emotion fixiert. Sie reagiert sofort, auf die leisesten Anzeichen des Unwohlseins – auch dann, wenn das kindliche Gehirn gerade beginnt, sich selbst etwas zu überlegen. Sie könnte hierdurch das Kind beeinträchtigen, eigene Strategien zur Regulation seiner Emotionen zu entwickeln.

Die verminderte Feinfühligkeit kann aber auch mit einem vernachlässigenden mütterlichen Verhalten einhergehen. Dann, wenn sie – ebenfalls begleitet von einer verminderten Oxytocin-Freisetzung – zu *wenig* auf die emotionalen Bedürfnisse ihres Kindes reagiert und ihm zu wenig emotionale Unterstützung, zu wenig Hilfe bei der Stressbewältigung bietet. Vielleicht merkt sie nichts von Babys Problemen (wie die kinderlosen Mäuseweibchen aus Abb. 5.1). Vielleicht erwartet sie aber auch, dass es schnell lernt, sich selbst zu regulieren, selbst dann, wenn das Kind in einem Alter ist, in dem die verantwortlichen Hirnrindenbereiche der oberen limbischen Ebene noch nicht ansatzweise ausgereift sind, um diese Regulation zu übernehmen. Sie wird möglicherweise enttäuscht sein, wenn sich das Kind nicht so verhält, wie von ihr gewünscht, und die Abspeicherung des Miteinanders als eine intensiv belohnende Situation könnte nachhaltig beeinträchtigt werden.

Das Optimum liegt also – wie so oft im Leben – in der Mitte. Leichte Abweichungen nach oben oder unten werden aber die meisten Babys tolerieren. Und erst recht, wenn sie das elterliche Verhalten nicht dauerhaft kennzeichnen. Sicherlich gibt es nur wenige Mütter, denen es gelingt, mit ihrem Verhalten genau auf der Mittellinie zu bleiben und kaum einmal zu wenig oder zu stark zu reagieren.

In Kapitel 6 werde ich noch einmal darauf eingehen, dass die meisten Kinder es gut wegstecken können, wenn wir keine perfekten, hundertprozentig feinfühligen und immer entspannten Mütter sind – denn wer ist das schon?

Das Individuum Vater

Ebenso wie die Mutter baut auch der Vater im Einklang mit seinen frühen Erfahrungen ein in bestimmter Weise funktionierendes Stresssystem auf. Auch sein Gehirn ist mehr oder weniger gut darin, Energie zu mobilisieren, wenn er mit einem anhaltend schreienden Säugling oder einem Kontoauszug zerreißenden Zweijährigen konfrontiert ist. Auch er reagiert auf die liebevolle Interaktion mit seinem Kind mehr oder weniger mit der Aktivierung seines Bindungssystems und einer Freisetzung von Oxytocin.

Berücksichtigt man zudem die spezielle Chemie des männlichen Gehirns, d.h. das *Testosteron-System* als Gegenspieler des Fürsorgesystems, dann ist die Bandbreite der Unterschiede im männlichen Gehirn noch größer: Der individuelle Testosteron-Haushalt könnte bedingen, dass sich nicht jeder Vater gleich gut auf das Vatersein einstellen kann.

Testosteron wird sowohl als Antwort auf Alltagsreize (z. B. in Konkurrenzsituationen) als auch in Ruhe ausgeschüttet. Unter Ruhebedingungen ist die Freisetzung im Verlauf des Tages nicht gleichmäßig, sondern nimmt nach einem morgendlichen Hoch im Laufe des Tages ab. Dieser Testosteron-Sprudel funktioniert nicht bei allen gleich, gilt aber als individuell stabil. Das bedeutet, dass jeder Mann eine mehr oder weniger unterschiedliche, aber für sich charakteristische Testosteron-Freisetzung in Situationen der Ruhe hat. Dies beeinflusst nicht nur Merkmale wie die Tiefe der Stimme (Bass-Sänger haben mehr davon als Tenöre), sondern vermutlich auch Persönlichkeitseigenschaften des Mannes, und zwar solche, die für das zwischenmenschliche Verhalten von Bedeutung sind: Das Testosteron moduliert, wie der Mann in Beziehungen mit anderen fühlt, denkt und handelt. Verschiedene Studien legen nahe, dass Männer mit einer besonders hohen Testosteron-Freisetzung in Ruhe ein besonders ausgeprägtes Machtstreben haben und dazu neigen, sehr wachsam zu beobachten, ob ihnen jemand ihren Status streitig machen könnte (für eine Übersicht s. Eisenegger et al. 2011).

Auch die vaterschaftsbedingte Dämpfung der Testosteron-Freisetzung funktioniert nicht bei allen Männern gleich. Nicht alle Männer reagieren auf das neue Familienmitglied mit einer erheblichen Verminderung der Testosteron-Freisetzung. Wie ausgeprägt diese stattfindet, ist unter anderem von seinen weiteren Persönlichkeitseigenschaften abhängig.

Aus der Forschung: Männer etwa, deren Persönlichkeit durch eine hohe Sensationslust gekennzeichnet ist, reagieren auf den Übergang zur Vaterschaft mit einer geringeren Testosteron-Dämpfung als weniger nach »Thrill« oder Stimulation strebende Männer (Perini et al. 2012).

Ist die Testosteron-Dämpfung gelungen, kann dies die väterliche Eignung zur Fürsorge des Kindes erheblich beeinflussen: Eine individuell geringe Freisetzung des Geschlechtshormons steht in einem Zusammenhang mit besonders fürsorglichem Verhalten.

Aus der Forschung: Väter mit einem geringen Testosteron-Gehalt im Blut reagieren äußerst mitfühlend auf das Weinen eines Babys und haben mehr als Väter mit einer hohen Testosteron-Konzentration das Bedürfnis, auf das Weinen zu reagieren und das Kind zu trösten (Fleming et al. 2002).

Während in der Entwicklung des Stress- und des Bindungssystems vor allem die frühen Erfahrungen eine große Rolle spielen, scheint das Ausmaß der Testosteron-Freisetzung im erwachsenen Mann erheblich durch seine genetische Ausstattung beeinflusst zu werden. Zudem spielen weitere Faktoren wie das Alter und der Alltag eine Rolle.

Die Testosteron-Konzentration im Blut des Mannes nimmt im Verlauf der Jahrzehnte rapide ab. Besonders Männer über 50 weisen im Vergleich zu den jüngeren eine verminderte Ausschüttung der Geschlechtshormone auf. Allerdings spielen hier auch die körperliche Fitness und der Lebensstil eine Rolle. Gewichtszunahme ist etwa ein Faktor, der die Testosteron-Freisetzung reduziert, während ein Abbau von Gewicht diese erhöht.

Testosteron wird nicht nur in Ruhe ausgeschüttet, sondern auch in bestimmten Alltagssituationen. Ein eindrucksvolles Beispiel hierfür ist der Schub an Testosteron, der einen Mann in Anwesenheit des Geruchs einer Frau im Eisprung-Stadium überkommt. Die Erwartung von Konkurrenzsituationen, etwa im sportlichen Wettbewerb, ja sogar das bevorstehende ruhige Schachspiel führen zu einem Anstieg der Testosteron-Werte. Derjenige, der als Gewinner die Konkurrenz übertrumpft, darf auch im Anschluss an die Kräftemessung mit einem erhöhten Testosteron-Spiegel rechnen, ebenso der Börsenmakler, dessen Tagesgewinn den Durchschnitt übersteigt. Die Wirkung ist groß: Selbst das Betrachten eines Videos vom eigenen Wettbewerbssieg (hier Hockey) führt zu einer Erhöhung der Testosteron-Freisetzung um mehr als 40 %. Testosteron ist hiernach sowohl eine Ursache als auch eine Folge des Wettkampfverhaltens, des Strebens nach Sieg, hohem sozialen Status und Macht (für eine Übersicht s. Eisenegger et al. 2011).

Die Verstärkung der Testosteron-Freisetzung nach einer Wettkampfsituation ist zwar vorübergehender Natur – man kann also nicht daraus schließen, dass etwa Profisportler grundsätzlich eine hohe Testosteron-Freisetzung haben – trotzdem kann man sich vorstellen, dass auch der berufliche Alltag des Vaters seine individuelle Testosteron-Konzentration beeinflussen kann.

Ein solcher Zusammenhang ist allerdings auch aufgrund der Wechselwirkung von Testosteron und Stress kompliziert. Einerseits könnte man annehmen, dass beispielsweise im Blut eines Gärtners weniger Testosteron vorhanden ist als in dem eines konkurrenzorientierten Managers oder eines Börsenmaklers und es folglich dem Gärtner besser gelingt, fürsorglich auf das Kind einzugehen als dem Börsenmakler. Andererseits kann auch chronischer Stress unter bestimmten Bedingungen die Testosteron-Freisetzung vermindern und diese hierdurch auch beim Börsenmakler beeinträchtigen. Annahmen über die Beeinflussung der Testosteron-Freisetzung des Vaters durch den beruflichen Alltag müssen aufgrund dieser dürftigen Studienlage vorerst im Land der Spekulationen ruhen!

Was aber bleibt, ist, dass es beim Vater nicht nur die jeweilige Funktionsweise des Stress- und des Bindungssystems ist, die seine charakteristische Fähigkeit, liebevoll und fürsorglich mit seinem Säugling umzugehen, beeinflusst, sondern auch die individuelle Funktion des Testosteron-Systems – und die steht nicht nur unter dem Einfluss seiner Gene, sondern auch von Faktoren wie Alter und Alltag.

Zudem scheinen vorangegangene Erfahrungen den Testosteron-Haushalt modulieren zu können. So könnte es sein, dass erhebliche Stresserfahrungen die normale Testosteron-Dämpfung im Angesicht der Vaterschaft umkehren und der Mann auf die Vaterschaft mit einer Erhöhung im Testosteron-Haushalt reagiert und sein Umgang mit dem Kind biologisch eher auf Schutz und Verteidigung als auf liebevolle Fürsorge ausgerichtet ist.

Aus der Forschung: Eine solche Erhöhung der Testosteron-Freisetzung im Angesicht der Vaterschaft wurde bei einer Gruppe amerikanischer Soldaten festgestellt, die als Veteranen aus dem Vietnamkrieg zurückkehrten und Väter wurden (Mazur 2014). Bei diesen Männern scheinen die Kriegserfahrungen die Funktionsweise des Testosteron-Systems langfristig geprägt zu haben. Es wird angenommen, dass bei ihnen infolge der Testosteron-Wirkung der Schutz und die Verteidigung ihrer Familie im Vordergrund steht (Gettler 2014).

Von besonderer Bedeutung ist beim Vater zudem das Zusammenspiel des Testosteron-Systems mit dem Stresssystem. Das hatte ich eben bereits in einem Zusammenhang mit dem Alltag des Mannes erwähnt. Eine eher ungünstige Kombination ergibt sich nämlich, wenn bei einem Mann aufgrund vorangegangener traumatischer Stresserfahrungen das Stresssystem langfristig herunterreguliert wurde, er daraufhin zu wenig Cortisol ausschüttet und gleichzeitig (genetisch oder erfahrungsbedingt) eine hohe Testosteron-Funktion hat. Wenn also eine *niedrige Cortisol-Funktion* auf eine *hohe Testosteron-Funktion* trifft. Diese Kombination charakterisiert Menschen mit einer verminderten Empathie und einer besonders ausgeprägten Aggressivität.

Aus der Forschung: Wissenschaftliche Befunde hierzu werden unter dem englischen Begriff »Dual Hormon Hypothesis« zusammengefasst. Die Hypothese beschreibt die auffällige Wirkung der Kombination einer geringen Cortisol- und einer hohen Testosteron-Freisetzung. Es scheint so zu sein, dass gewisse Auswirkungen des Testosterons – etwa der Antrieb zu besonders dominantem oder aggressivem Verhalten – nur dann auftreten, wenn sie an eine geringe Cortisol-Konzentration geknüpft sind. Eine höhere Cortisol-Konzentration würde diese Wirkung blockieren (Mehta und Prasad 2015).

Legen das spezielle, unempathische und aggressive Verhalten eines angehenden Vaters nahe, dass sein Gehirn durch diese eher ungünstige Konstellation von Stoffen beeinflusst wird, dann wird die Hoffnung, dass sich sein Verhalten mit Ankunft des Babys ändert, vermutlich nicht erfüllt.

Engelskreise und Teufelskreise: Von einer Generation an die nächste

Nun wieder zurück zu beiden Eltern. Ich hatte es bereits angedeutet: Die Fähigkeit, feinfühlig und liebevoll auf ein Kind einzugehen, kann von einer Generation an die nächste weitergegeben werden. Entsprechend wurde auch beobachtet, dass Frauen verschiedener Generationen (Oma, Mutter, Kind) dazu neigen, ähnliche Modelle von Bindung zu haben

(Benoit und Parker 1994). Durch die Weitergabe eines charakteristischen Umgangs mit dem Kind können Engelskreise oder Teufelskreise generationsübergreifender Muster früher Fürsorge und Bindung entstehen.

Engelskreise

Beginnen wir mit den *Engelskreisen*. Bei Menschen, die als Kinder sicher an ihre eigenen Eltern gebunden waren, erlaubten die frühen Erfahrungen eine optimale Entwicklung der mittleren und der oberen limbischen Ebene des Gehirns. Sie können deshalb emotionale Erlebnisse in einer differenzierten Weise bewusst verarbeiten. Die Gehirnchemie um Cortisol und Oxytocin wurde so eingestellt, dass sie gut mit Stress umgehen können und zwischenmenschliche Bindungen wertschätzen (s. Kapitel 4). Werden diese Menschen Eltern, so können sie in der Regel feinfühlig auf ihre eigenen Kinder eingehen. Sie können die Emotionen des Kindes gut erkennen, empathisch reagieren und ihre eigenen negativen Reaktionen (etwa im Angesicht anhaltenden Schreiens) gut regulieren. Dadurch erhalten die Kinder eine feinfühlige und liebevolle Fürsorge, die ihrerseits über einen Einfluss auf das Gehirn ihre späteren elterlichen Fähigkeiten fördert (s. Abb. 5.3). Ein Engelskreis der Weitergabe eines sicheren inneren Modells von Bindung entsteht.

Im Detail: Die Darstellung eines solchen Engelskreises wurde kürzlich in der renommierten Fachzeitschrift »Science« veröffentlicht. Eltern mit einem sicheren Modell von Bindung haben sowohl in Situationen der Ruhe als auch in der Reaktion auf das Miteinander mit ihrem Kind eine höhere Oxytocin-Freisetzung als andere Eltern. Das Oxytocin hilft den Eltern, feinfühlig auf ihr Kind einzugehen. Es verstärkt im Gehirn der Eltern die Anbindung kindlicher Reize an das Belohnungssystem (hier: VTA), so dass das Miteinander mit dem

Kind als belohnend empfunden wird. Darüber hinaus vermindert das Oxytocin über eine Wirkung auf die Amygdala (AMY) eigene aversive Reaktionen auf das Kind (etwa im Angesicht anhaltenden Schreiens) und fördert über eine Wirkung auf vordere Hirnrindenbereiche (PFC) die Fähigkeit, solch aversive Reaktionen zu hemmen, d.h. die eigenen Emotionen zu regulieren. Über eine Wirkung auf die anteriore Insula wird zudem die empathische Reaktion auf das Schreien gefördert. Alles in allem befähigt dies die Eltern, hier die Mutter, feinfühlig und liebevoll auf ihr Kind einzugehen. Dies wiederum führt auch beim Kind zu einer von einer hohen Oxytocin-Freisetzung begleiteten sicheren Bindung.

Das Kind wird mit hoher Wahrscheinlichkeit eine gesunde Psyche entwickeln und in späteren Jahren ebenfalls viel Oxytocin freisetzen und in der Lage sein, liebevoll und fürsorglich mit den eigenen Kinder umzugehen. Die individuellen kindlichen Gene können diese Prozesse ebenfalls beeinflussen. Der positive Kreislauf kann dadurch verstärkt oder abgeschwächt werden (Rilling und Young 2014).

Unterbrochen werden kann dieser positive Kreislauf, wenn Eltern, die eigentlich aufgrund ihrer eigenen frühen Erfahrungen entsprechend gut ausgeprägte Fähigkeiten für den Umgang mit ihrem Säugling mitbringen, erheblichen chronischen Stress oder traumatische Erfahrungen (z.B. Gewalterfahrungen, Krieg, Naturkatastrophen) erleben und hierdurch ihr Stresssystem und ihr Bindungssystem beeinträchtigt werden. Dies kann die elterliche Fähigkeit, feinfühlig und liebevoll mit ihrem Kind umzugehen, erheblich vermindern.

Teufelskreise

Teufelskreise können dann entstehen, wenn Eltern als Kinder keine feinfühlige und liebevolle Betreuung erfahren haben. Wenn sie im Miteinander mit ihrem Kind nur wenig Oxyto-

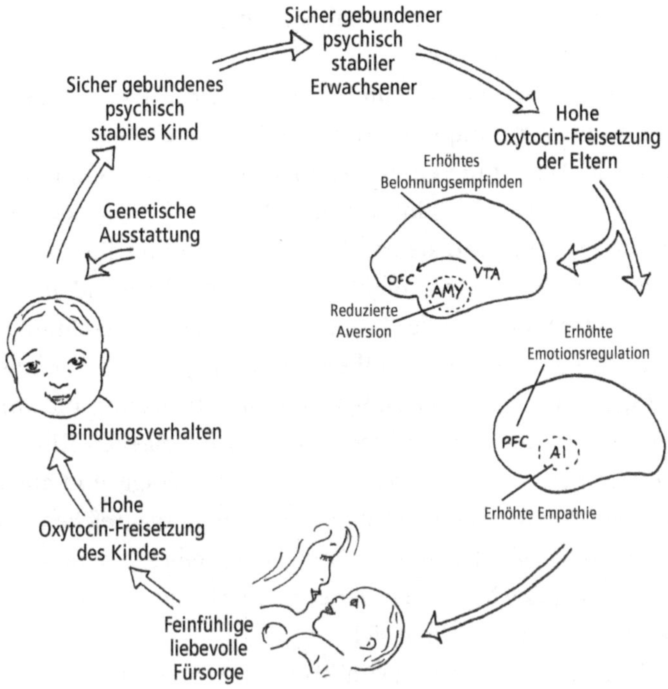

Abb. 5.3: Detaillierte Darstellung eines Engelskreises eines generationsübergreifenden feinfühligen elterlichen Verhaltens. *(Amy = Amygdala; AI = anteriore Insula; OFC = orbitofrontaler Cortex; PFC = präfrontaler Cortex; VTA = ventrales tegmentales Areal)* (verändert nach Rilling und Young 2014; Erläuterungen s. Text »Im Detail«).

cin ausschütten und ihr Verhalten nicht an das Elterndasein angepasst ist.

Wenn sie unsensibel sind und die kindlichen Bedürfnisse nicht erkennen und befriedigen können oder wollen. Wenn sie ihre eigenen negativen Gefühle nicht dämpfen können und auf das Schreien des Kindes mit blinder Wut oder Missachtung reagieren. Wenn sie nicht imstande sind, sich auf das

Kind einzulassen, es emotional oder körperlich vernachlässigen oder misshandeln.

Dieses elterliche Verhalten kann bei den Kindern die gesunde Entwicklung emotionaler Hirnbereiche verhindern und die Ausreifung eines gut funktionierenden Bindungs- und Stresssystems beeinträchtigen. Werden diese Kinder erwachsen, dann sind sie häufig ebenfalls in ihrer Bindungsfähigkeit, ihrer Feinfühligkeit und in dem Vorhandensein effizienter Strategien der Emotionsregulation eingeschränkt. Zudem haben sie ein erhöhtes Risiko, psychische Erkrankungen und Verhaltensstörungen zu entwickeln, und ihr Vermögen, liebevoll und feinfühlig auf die eigenen Kinder einzugehen, ist häufig vermindert. In der Folge sind auch ihre eigenen Kinder dem frühen Stress einer unzureichenden Fürsorge ausgesetzt und ein Teufelskreis einer generationsübergreifenden Weitergabe einer beeinträchtigten emotionalen Entwicklung schließt sich.

Die direkte Vererbung von Risikogenen, aber auch die direkte Weitergabe epigenetischer Veränderungen über Generationen können die Aufrechterhaltung nicht optimalen elterlichen Verhaltens und hiermit auch das Risiko für psychische Erkrankungen und Verhaltensstörungen verstärken (s. Roth und Strüber 2014; für eine ausführlichere Beschreibung der psychologischen Prozesse einschließlich der Darstellung von Therapieansätzen s. Brisch 2014).

Take Home: Jede Mutter, jeder Vater ist ein Individuum. Verschiedene Menschen besitzen aufgrund ihrer Genvarianten und ihrer eigenen Erfahrungen eine charakteristische Funktionsweise des Stresssystems, ein mehr oder weniger gut arbeitendes Oxytocin-System und entsprechend unterschiedliche innere Modelle von Bindung. Bei den Vätern ist vor allem auch die individuelle Funktionsweise des Testosteron-Systems wichtig. Je nachdem wie aktiv diese Systeme sind, entwickeln Mütter und Väter unterschiedlich gut ausgeprägte Fähigkeiten für einen feinfühligen und liebevollen Umgang mit ihrem Säugling. Diese Fähigkeiten können sich in Form von Engelskreisen oder Teufelskreisen von einer Generation an die nächste übertragen.

5.5 Kapitel 5 in Kürze

Frauen und Männer sind unterschiedlich. Sie unterscheiden sich in ihrer Hirnchemie und ebenso in den sich daraus ergebenden Fähigkeiten und Verhaltensweisen, von denen für den Umgang mit dem Baby vor allem diejenigen relevant sind, die eine emotionale Bedeutung haben. Es zeigt sich, dass Frauen Emotionen etwas besser zu erkennen scheinen und mehr als Männer dazu neigen, sich in Situationen hoher Anforderungen soziale Unterstützung zu suchen. Männer hingegen reagieren häufiger als Frauen auf Stress mit risikoreichem und manchmal aggressivem Verhalten.

Mit der Mutterschaft wird das weibliche Gehirn der neuen Rolle angepasst. Dies kann aufgrund der hormonellen Situation der Schwangerschaft, aber auch infolge eines ausgiebigen Kontakts mit dem Säugling geschehen. Im Gehirn der Mutter werden Verbindungen emotionaler Hirnbereiche verstärkt und die Ausbildung von Bindungsstellen für Stoffe wie Oxytocin wird erhöht. Im täglichen liebevollen Umgang mit dem Baby wird Oxytocin freigesetzt und kann effizient wirken. Die Gemeinschaft mit dem Baby wird als Belohnung erlebt und in der Mutter entsteht das Verlangen, immer wieder mit dem Baby zusammen zu sein. Das Oxytocin stellt ihr Gehirn auf die neue Lebenssituation ein und schärft ihre Wahrnehmung sozialer Signale. Es gelingt ihr besser, dem Schreien des Babys Bedeutung zu verleihen, das Zusammenspiel der Gesichtsmuskeln des Kindes zu deuten und seine Gefühle zu lesen. Sie kann angemessen und mitfühlend auf die Emotionen und Bedürfnisse des Kindes eingehen und eigene unangebrachte Emotionen, etwa Abwehr im Angesicht eines laut schreienden Kindes, unbewusst eindämmen.

Beim Mann könnte eine hohe Testosteron-Freisetzung Eigenschaften wie das Erkennen von Emotionen und Empathie beeinträchtigen. Mit beginnender Vaterschaft werden allerdings die Testosteron-Freisetzung und mit ihr möglicherweise vorhandene Tendenzen, dominant und konkurrenzorientiert aufzutreten, gesenkt. Auslöser hierfür scheint der enge Kontakt mit dem Baby zu sein, sowie die Bereitschaft, sich auf die neue Rolle einzulassen. Kommt es zu einer solchen Testosteron-Dämpfung, dann können Stoffe wie Oxytocin die Hirnaktivität und das Verhalten auf eine empathische und liebevolle Fürsorge besser ausrichten. Im Umgang mit dem Baby setzt der Vater allerdings andere Prioritäten als die Mutter. Er fördert eher die Erkundung der Umwelt und den spielerischen Umgang mit Objekten als das enge körperliche Miteinander. Die Vater-Kind-Beziehung vermittelt eher die Aktivierung als die Beruhigung des Kindes. Zwar können auch Rollenvorstellungen an diesem Zusammenhang beteiligt sein, jedoch scheinen auch biologische Eigenschaften diesen väterlichen Umgang mit dem Kind zu fördern.

Nicht alle Mütter, nicht alle Väter sind gleich. Wie gut es ihnen gelingt, liebevoll und feinfühlig auf ihr Kind einzugehen, ist abhängig von ihren eigenen Genvarianten, von ihren eigenen vorgeburtlichen und frühkindlichen Erfahrungen und von der sich daraus ergebenden charakteristischen Aktivität der verschiedenen Stoffe im Gehirn. Eltern, die auf eine eigene frühe sichere Bindung zurückblicken können, gelingt der feinfühlige Umgang mit ihrem Kind meist sehr gut und auch in der neuen Generation entstehen sichere Bindungsbeziehungen, die bestenfalls nach Art eines Engelskreises auch in den nachfolgenden Generationen aufrechterhalten werden. Ist das elterliche Verhalten jedoch aufgrund eigener negativer Erfahrungen eingeschränkt, kann dies die kindliche Hirnentwicklung in der Weise beeinflussen, dass die elterlichen Defizite und damit einhergehende weitere Merkmale von Psyche und Verhalten in Form eines Teufelskreises von einer Generation an die nächste weitergegeben werden.

6 Was bedeutet das alles für uns Eltern?

Nun wissen wir eine ganze Menge über das Gehirn. Über das kindliche Gehirn, das mütterliche Gehirn und selbst über das väterliche Gehirn. Wir wissen, welche Stoffe im Miteinander der Eltern mit ihrem Kind freigesetzt werden, und wir wissen, wie die Eltern das Milieu der Stoffe beim Kind, aber auch die Entwicklung des kindlichen Gehirns im Allgemeinen prägen können.

Was bedeutet das alles für uns Eltern? Was macht man mit diesen Informationen? Eine wichtige Erkenntnis, die sich aus diesen neurobiologischen, aber auch aus den ebenfalls dargestellten psychologischen Befunden ableiten lässt, ist die Notwendigkeit eines bindungsorientierten Umgangs mit den kindlichen Bedürfnissen, wie er etwa in Deutschland von dem Kinderpsychiater und Autor Karl Heinz Brisch propagiert wird.

6.1 Lernen, Eltern zu sein?

In den vorangegangenen Kapiteln ging es darum, wie im menschlichen Gehirn alles auf das Miteinander der Eltern mit ihrem kleinen Kind eingestellt wird. All diese Vorgänge folgen einem in den Genen gespeicherten Masterplan. Jede einzelne Zelle weiß, wie es prinzipiell zu laufen hat. Jede Zelle weiß, dass Babys getragen werden wollen, dass sie Nähe, Liebe und Bindung benötigen. Die Gene tun ihr Bestes, damit dieses Ziel erreicht wird. Sie statten das Baby mit großen runden Kulleraugen, einer süßen Stupsnase und weicher Haut aus. Sie bringen den Säugling dazu, mit seinen Augen nach menschlichen Gesichtern zu suchen, deren Lächeln zu erwidern und zu weinen, wenn er Hilfe benötigt. Die Gene der Eltern setzen ein komplementäres Programm in Gang. Sie veranlassen die Eltern, die kindlichen Reize anziehend zu finden, die körperliche Nähe des Babys zu genießen und ein Bedürfnis zu spüren, dem Kind zu helfen, für es da zu sein und eine enge Beziehung mit ihm aufzubauen.

Tief drinnen, im Inneren einer jeden Zelle, wissen wir alle, wie es geht, dieses Elternsein.

Manchmal könnte man aber den Eindruck bekommen, vielen von uns sei, irgendwo auf dem Weg zur Generation XYZ, diese Intuition abhandengekommen. Orientierungslos zweifeln wir, die wir nicht in Großfamilien mit vorgelebter Babybetreuung aufgewachsen sind, ob wir unser Baby zu viel oder zu wenig lieben, ob wir es mit der Bindung über- oder untertreiben. Ob wir es schreien lassen sollen oder sofort beruhigen? Wir wünschen uns eine Anleitung, am besten mit kleinem Filmchen und FAQs für alle Eventualitäten. Wir konsultieren Ratgeber über Ratgeber und entfernen uns immer mehr von unserem Bauchgefühl, das doch eigentlich in jeder Zelle steckt.

Einige der Probleme heutiger Eltern könnten auch ihren Ursprung in einer Fehlpassung des in den Genen gespeicherten Masterplans mit den Bedingungen unserer industrialisierten Gesellschaft haben – zumindest wird dies von einigen Anthropologen so gesehen. Ein paar Millionen Jahre lang lebten Menschen im Einklang mit der Natur – wenn diese auch recht unterschiedlich sein konnte. Mütter trugen ihre Kinder dicht am Körper, stillten nach Bedarf und schliefen gemeinsam mit ihren Kindern. Die Gene haben in den Gehirnen von Baby und Eltern die Chemie der Stoffe so angelegt, dass alle motiviert waren, sich so zu verhalten, wie es unter diesen frühen Bedingungen für das Kind optimal war. Nun haben sich vor einigen hundert Jahren, also einer Zeitspanne, die sich für die Gene und das Gehirn wie ein einzelner Lidschlag anfühlte, die Lebensbedingungen des Menschen erheblich geändert. Industrialisierung, Lohnarbeit, Milchnahrung, Kühlschränke, Badezimmer, Kinderbetten. Dabei hatten sich Gene und Gehirn noch gar nicht an den Ackerbau gewöhnt – auch der begann erst vor einer gefühlten Viertelstunde, das menschliche Leben zu bestimmen.

Der Masterplan – der in den Genen steckende Plan, der die menschliche Entwicklung einschließlich des Elternwerdens choreographiert – ist noch derselbe. Zwar können epigenetische Veränderungen in Flickarbeit das eine oder andere Gen abgeschaltet und den Menschen dadurch an neue Bedingungen angepasst haben, aber das Grundgerüst der Gene ist gleich geblieben. Und früher wie heute gehen die Gene bei der Entstehung neuen menschlichen Lebens nach dem gleichen Plan vor. Der Plan beinhaltet so grundsätzliche Dinge wie Zellteilung oder Zellspezialisierung, aber auch Stupsnase, Oxytocin und liebevolle Gefühle. Er stattet uns mit einer *Intuition* aus, damit sichergestellt ist, dass wir wissen, was das Baby braucht. Handeln wir intuitiv, orientieren wir uns oft an diesen ursprünglich vorgesehenen Mechanismen.

Entgegen unserer Intuition steht allerdings, in einem ständigen Streit mit ersterer, unser Leben in der heutigen Welt mit ihren Fortschritten, die zwar sehr angenehm sein können, manchmal jedoch nicht im Einklang mit einem fürsorglichen und engen Umgang mit Kindern stehen.

In der Ratgeberliteratur spiegelt sich diese Gegensätzlichkeit wider. Eine Sorte von Elternratgebern berät Mütter und Väter dahingehend, wie sie in der heutigen Gesellschaft mit Kindern leben können, ohne dabei zu sehr in ihrem normalen gesellschaftlichen und beruflichen Leben eingeschränkt zu werden. Eine andere Sorte setzt sich für den natürlichen Umgang mit Kindern ein und betont die Notwendigkeit eines fürsorglichen Eingehens auf deren Bedürfnisse und einer sicheren Bindung.

Nun haben wir also eine meist auf Bindung und Nähe ausgerichtete Intuition, der eine fortschrittliche Welt aus Kinderzimmer, Schrei-Apps und Arbeitsplatz gegenübersteht. Da kann man ganz schön durcheinanderkommen und in vielen Fällen mag ein Ratgeber sinnvoll sein. Schwierig wird es aber, wenn man sich von einer – vielleicht von Freunden empfohlenen – Ratgeberliteratur zu einem bestimmten Umgang mit dem Kind drängen lässt, bei dem die Intuition lautstark versucht, ein Veto einzulegen. Das ist von der Biologie so nicht gewollt.

Wenn aber der Ratgeber uns in unserer Intuition bestätigt und uns Tipps gibt, wie wir mit dem, was unser Bauchgefühl uns sagt, in der heutigen Welt umgehen, dann können wir sehr davon profitieren. Zu empfehlen ist aus Sicht der hier dargestellten Hirnforschung etwa das von Karl Heinz Brisch (2010) verfasste Begleitbuch zum Elternkurs SAFE (»Sichere Ausbildung Für Eltern«), in dem er den jungen Eltern bindungsorientierte Lösungen typischer Elternprobleme (Schlafen, Füttern, Quengeln, Fremdbetreuung) vorschlägt.

Take Home: Sind wir unsicher im Umgang mit unserem Kind, so kann dies daran liegen, dass wir biologisch auf einen besonders bindungsnahen Umgang mit dem Kind vorbereitet sind, der in der heutigen Welt mitunter schwierig zu handhaben ist.

6.2 Kaum eine Kindheit ist perfekt

In einer idealen Welt befindet sich das Ungeborene neun Monate lang sicher und geborgen in der Gebärmutter seiner glücklichen, gesunden und sportlichen Mutter. Neun entspannte Monate später wird es natürlich und komplikationslos entbunden. Seine Mutter spürt eine unbeschreibliche Freude auf die Zeit mit dem Baby. Sie stillt nach Bedarf und genießt das Miteinander mit ihrem Säugling. Bereits während der Schwangerschaft wird sie von ihrer eigenen Mutter, zu der sie eine sichere und innige Bindung hat, nach Kräften unterstützt. Aber auch ihr Mann ist immer für sie und das Baby da. Nach der Geburt nimmt er sich lange Urlaub, um bei ihr und dem Baby zu sein, und freut sich auf seine Elternzeit.

Das Kind entwickelt sich zu einem glücklichen und ausgeglichenen kleinen Menschen. Gefällt ihm etwas nicht, regt es sich zwar auf, aber ebenso zügig wieder ab. Es ist ausgesprochen bindungsfähig und bereichert sein ganzes Umfeld. Schnell bildet sich ein differenziertes emotionales System heraus und das Kind kann seine eigenen Emotionen gut regulieren. Es ist intelligent, selbstständig, sozial hochkompetent und gewinnt im Nu viele Freunde.

Und was, wenn nicht? Wie viele Kinder und Familien gibt es, bei denen es so rund läuft? Und was ist mit all den anderen? Was passiert, wenn der Start nicht so optimal war? Und wenn dann auch noch eins zum anderen kommt? Gelegentlich wird argumentiert, frühe Erfahrungen seien gar nicht so wichtig und nachhaltig: »Ich bin doch auch nicht gestillt worden und schau, was aus mir geworden ist!« Sind solche Feststellungen ein Beleg dafür, dass all die wissenschaftlichen Befunde über die Vorteile des Stillens aus der Luft gegriffen sind? Oder auch: »Meine Mutter trennte sich gerade von meinem Vater, als sie schwanger war. Sie war alleine mit mir und ich war ein sehr schwieriges Kind. Und sieh! Ich bin auch normal und glücklich!« Beweisen uns diese Berichte, dass die Forschung über die nachteiligen Auswirkungen frühen Stresses hinfällig ist?

Und was ist mit der Schwangeren, die mit bestem Willen alles unternimmt, damit sie in der Schwangerschaft keinem Stress ausgesetzt ist – und dann geschieht der Supergau? Ihre eigene Mutter erkrankt schwer, die Freundin hat einen Unfall, eine Unwetterkatastrophe bricht über die Region ein, ein Einbruch geschieht. Irgendetwas derangiert das Leben vorübergehend so, dass sie glaubt, nicht mehr weiterzuwissen. Stress. Und sie wollte ihn doch vermeiden! Ist nun alles zu spät für ihr Kind? Wird ihr Kind lebenslang unter diesen Ereignissen zu leiden haben?

Was sollen die Adoptiveltern sagen, denen endlich das ersehnte Kind vermittelt wurde? Die sich sogleich in das kleine schutzlose Wesen verliebten, aber wissen, dass es als Fötus in einer desolaten Beziehung der biologischen Eltern in den vergangenen neun Monaten bereits viel erlebte? Ist der Versuch, aus diesem Kind einen bindungsfähigen und glücklichen Erwachsenen zu machen, nun zum Scheitern verurteilt?

Nein. Es ist nur unter Umständen schwieriger. In den vergangenen Kapiteln ging es darum, wie sich die vorgeburtlichen Stresserfahrungen auf das Temperament des Kindes auswirken können. Das vorgeburtlich gestresste Kind wird möglicherweise mehr schreien oder ängstlicher sein als andere Kinder. Vielleicht wird es weniger leicht in den Schlaf finden, sich schlechter beruhigen können und den Eltern das feinfühlige Miteinander und den Aufbau einer sicheren Bindungsbeziehung erschweren.

Gleichzeitig ist es aber umso wichtiger für dieses vorbelastete Kind, eine sichere Bindung zu entwickeln. Sein überaus aktives Stresssystem muss lernen, unter dem beruhigenden Einfluss von Oxytocin herunterzufahren. Es muss ausreichend Bindungsstellen für Oxytocin aufbauen. Sein Gehirn muss effiziente emotionale Netzwerke zur Erkennung und Identifikation von Emotionen, aber mehr noch als andere auch zur Regulation von Emotionen aufbauen. Und all dies geschieht am effizientesten in einer sicheren Bindungsbeziehung.

Diese Notwendigkeit gilt umso mehr, wenn der vorgeburtliche Stress von einer besonders anfälligen genetischen Kombination begleitet wird (über die wir ja nicht Bescheid wissen), die Gene durch die Erfahrungen der Eltern in ihrer Wirksamkeit epigenetisch verändert wurden, Geburtskomplikationen oder Stillschwierigkeiten hinzukommen.

Es bedeutet aber nicht, dass diese einzelnen Faktoren für sich genommen ein bestimmtes Schicksal vorgeben.

Im Detail: In wissenschaftlichen Untersuchungen wird immer wieder gezeigt, dass bestimmte Risikofaktoren mit einem negativen Ausgang zusammenhängen: Sie erhöhen die Wahrscheinlichkeit für Angst, Aggressionen, ADHS. Die Studien beruhen aber auf der Untersuchung einer großen Zahl von Kindern, etwa einer Gruppe vorgeburtlich gestresster und nicht gestresster Kinder. Die beiden Gruppen werden hinsichtlich eines bestimmten Verhaltens verglichen und es werden Durchschnittswerte gebildet. Meist zeigt sich, dass die gestressten Kinder durchschnittlich mehr Probleme haben. Für den Einzelnen hängt die Entstehung der Probleme jedoch davon ab, ob noch andere Risikofaktoren, etwa Gene oder weitere Erfahrungen, hinzukommen.

Man kann sich die Ansammlung vieler Faktoren wie die Belastung auf einer Seite einer Wippe vorstellen. Der vorgeburtliche Stress, ausbleibende Stillerfahrungen – jedes frühe negative Ereignis ist wie ein Gewicht, das die Wippe in Richtung

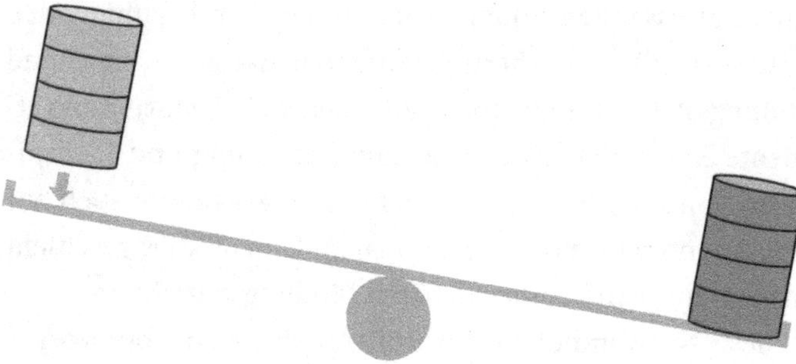

Abb. 6.1: Besitzt ein Kind anfällige genetische Varianten, geerbte epigenetische Belastungen und erlebte es vorgeburtlichen Stress oder Geburtskomplikationen, dann kann man sich vorstellen, dass die Wippe einseitig erheblich belastet wird. Beim Säugling geht dies mit einem schwierigen Temperament einher oder wird, wenn sehr viel zusammenkommt, an Regulationsstörungen deutlich. Das Kleinkind entwickelt infolge des Ungleichgewichts – je nach Art und Schwere der Belastungen – beispielsweise schlechtere Fähigkeiten zur Emotionsregulation und/oder eine geringere Bindungsfähigkeit. Wird die Wippe dauerhaft auf der Negativseite belastet, dann ist das Risiko für Erkrankungen wie Angststörungen, Depressionen oder Verhaltensstörungen langfristig erhöht. Dieser einseitig negativen Belastung kann mit sicheren frühen Bindungserfahrungen entgegengewirkt werden. Die positiven Erfahrungen helfen dem belasteten Kind, sein überschießendes Temperament zu zügeln, seine Emotionen zu regulieren und Beruhigung und Trost im Zusammensein mit anderen zu erfahren. Eine positive Entwicklung ist dann wahrscheinlich. Das Risiko für psychische Erkrankungen ist gering und die Neigung des Kindes, emotional und sozial kompetent sowie bindungsfähig und ausgeglichen zu sein, ist größer als bei den Kindern, deren Wippe einseitig negativ belastet wird.

einer negativen kindlichen Entwicklung ausschlagen lässt. Je größer die Belastung, desto notwendiger wird es, gegenzuhalten, mit diesen Kindern eine sichere Bindung aufzubauen und die Wippe wieder ins Gleichgewicht zu bringen – auch dann, wenn es schwierig ist und viel Einsatz erfordert.

Nicht vergessen darf man auch, dass sich die Kinder mit

dem frühen negativen Temperament entsprechend der in Kapitel 4.3 dargestellten Theorie der differentiellen Beeinflussbarkeit dann, wenn ihr überschäumendes Temperament auf sehr positive Erfahrungen trifft, besonders vorteilhaft entwickeln können.

Was ist eigentlich mit uns Eltern? Setzt uns all dies Wissen um die kindlichen Bedürfnisse nicht erheblich unter Druck? Müssen wir perfekt funktionierende Supereltern sein? Immer strukturiert, immer nachgiebig dem Kind gegenüber, immer liebevoll, nie genervt oder gar aufbrausend laut werdend?

Abgesehen davon, dass ein solches Verhalten wohl nur wenigen Müttern und Vätern gelingen wird, gibt es auch Theorien, die dahingehend gedeutet werden, dass Kinder manchmal leichte Frustrationen benötigen, um eigene Bewältigungsstrategien zu erproben. Diese Theorien, unter anderem das Konzept der »good enough mother« des Kinderpsychoanalytikers Winnicott, sind aber in ihrer ursprünglichen Formulierung sehr kompliziert und sollen uns hier gar nicht beschäftigen (für Übersichten s. Ahnert 2010; Ustorf 2012). Für das Kind ist es optimal, wenn seine Eltern feinfühlig erkennen, wann es Unterstützung benötigt und wann es besser ist, einmal nicht zu reagieren, weil es in der Lage oder bereits dabei ist, sein Problem selbst zu lösen.

Feinfühligkeit hin oder her, manchmal reagieren wir nicht im Einklang mit dem, was wir eigentlich über die Bedürfnisse des Kindes wissen. Wir werden laut, sind inkonsequent oder brechen in Tränen aus, weil das Baby schon wieder schreit. Mit dem Wissen um die innere Chemie in unseren Gehirnen und den verschiedenen, mehr oder wenig unbewusst wirksamen limbischen Ebenen sollten wir uns selbst mit einer ebenso nachsichtigen Haltung gegenübertreten wie dem Kind: Wir sind auch nur Menschen. Der Mensch ist nicht perfekt und das war er noch nie. Da kann unsere kognitiv-sprachliche Ebene noch so viele Anweisungen in Richtung limbische Ebenen poltern, man solle bitte immer ruhig und liebevoll bleiben, auch dann, wenn einem selbst der Dampf aus den Ohren kommt – es funktioniert nicht immer. Unsere eigene innere Chemie lässt sich nicht so willentlich steuern, wie wir das gerne hätten.

Wichtig ist dabei, dass der Umgang mit dem Kind vor dem Hintergrund einer liebevollen und sicheren Bindungsbeziehung abläuft, und dass das Kind nicht verletzt oder vernachlässigt wird – weder körperlich noch emotional. Das bedeutet nicht nur, dass es nicht geschlagen oder ihm Bedürfnisse nach Nahrung, Wärme, Nähe und Trost nicht verwehrt werden dürfen, sondern auch, dass es nicht isoliert und nicht emotional verletzt wird – etwa durch Abwertungen, Schuldzuweisungen oder Einschüchterungen. Erlebt das Kind uns als normalerweise liebevolle, zugewandte und zuverlässig verfügbare Eltern, gelingt es ihm sicherlich, gelegentliche elterliche Gefühlsausbrüche gut wegzustecken, dann, wenn wir aus Verzweiflung weinen oder laut werden.

Take Home: Können Kinder nach problematischen Erfahrungen während Schwangerschaft und Geburt durch eine sichere Bindungsbeziehung aufgefangen werden, dann müssen diese Erfahrungen keinen langfristig negativen Einfluss haben. Oft gelingt es auch, die Energie des temperamentvollen Kindes positiv zu nutzen. Apropos negativer Einfluss – solange wir die Kinder nicht körperlich oder emotional verletzen oder vernachlässigen, werden sie mit dem Rückhalt der sicheren Bindungsbeziehung auch mit unseren kleinen elterlichen Unzulänglichkeiten gut klarkommen, denn diese sind schlicht und ergreifend menschlich.

6.3 Über schreiende Kinder und verzweifelte Eltern

Auch wenn das Wissen um das Potential einiger besonders reizbarer Kinder irgendwie beruhigend ist, kapitulieren viele Eltern. Sie haben das Gefühl, über keine ausreichende Elternkompetenz zu verfügen. Die Kinder schreien und die Eltern sind verzweifelt. Völlig übernächtigt und am Ende ihrer Kräfte ziehen sich Intuition und gute Vorsätze zurück.

Wie geht man mit einem schwierigen kindlichen Temperament um?

Kinder schreien und Kinder schlafen nicht. Bei manchen von ihnen ist diese Tendenz ausgeprägter als bei anderen und bei einigen geht es soweit, dass eine Regulationsstörung diagnostiziert wird (s. Papousek et al. 2004). Schreibe ich hier »schwieriges kindliches Temperament«, dann beziehe ich mich auf die ganze Bandbreite und damit auf all diejenigen Kinder, die von ihren Eltern als schwierig erlebt werden und eben nicht als ausgeglichen und »pflegeleicht«.

Was sagen uns die Erkenntnisse der Neurobiologie darüber, wie wir mit dem reizbaren Kind umgehen sollen? Man muss nicht gleich so weit gehen, aus einer Biowissenschaft konkrete Erziehungstipps ableiten zu wollen, aber die Hirnforschung kann darüber informieren, welche *Haltung* gegenüber Kindern mit einem reizbaren Temperament angebracht ist.

Fragen wir uns, *warum* das Baby schreit: Schreit das Baby, weil es sich als kleines manipulatives Etwas aus freien Stücken dazu entschieden hat, seine Eltern zur Weißglut zu bringen, zu tyrannisieren, in die Verzweiflung zu treiben und deren Partnerschaft zu gefährden, nur weil es möglichst viel Aufmerksamkeit erhalten, lange aufbleiben und am besten viel und ständig trinken möchte?

Sollte dies so sein, dann wäre es vermutlich angebracht, das kleine Ungeheuer schleunigst zu erziehen und in seine Grenzen zu weisen. Entsprechend wird immer mal wieder geraten, sich von Kindern nicht manipulieren oder tyrannisieren zu lassen. Ein solcher Ratschlag beruht auf der klassischen Lerntheorie, d.h. darauf, dass das Verhalten des Menschen durch Assoziationen, durch Belohnung und Bestrafung angeleitet wird. Genauso, wie man einen Hund mit lobenden Worten dazu bringt, sein »Geschäft« auf dem Grünstreifen und nicht auf Nachbars Türschwelle zu verrichten, belohnt man Babys Gelassenheit mit Zuneigung und bestraft lautes Schreien mit Missachtung, um Wiederholung zu vermeiden. Ein solches Vorgehen kann auch bei Kleinkindern angebracht sein, z.B. dann, wenn der Zweieinhalbjährige vor dem Ü-Eier-Stand an der Supermarktkasse zu einem rasanten Wutanfall ansetzt, nicht jedoch im Miteinander mit dem Baby. Das wurde nicht immer so gesehen.

Im Detail: Johanna Haarer veröffentlichte 1934 den Erziehungsratgeber: »Die deutsche Mutter und ihr erstes Kind«. Nach Ende der Nazizeit wurde das Werk umbenannt in »Die Mutter und ihr erstes Kind« und verkaufte sich bis in die 1970er Jahre hinein so oft, dass es in fast jedem deutschen Haushalt einen Platz im Bücherregal hatte. Die Lungenfachärztin gab in diesem Buch Tipps für jede Lebenslage einer jungen Mutter, unter anderem auch für den Umgang mit dem anhaltenden Schreien eines Babys: »Versagt auch der Schnuller, dann, liebe Mutter, werde hart! Fange nur ja nicht an, das Kind aus dem Bett herauszunehmen, es zu tragen, zu wiegen, zu fahren oder es auf dem Schoß zu halten. Das Kind begreift unglaublich rasch, dass es nur zu schreien braucht, um eine mitleidige Seele herbeizurufen. Nach kurzer Zeit gibt es keine Ruhe mehr, bis es wieder getragen, gewiegt oder gefahren wird – und der kleine, aber unerbittliche Haustyrann ist fertig.« (Haarer 1963, S. 101)

Aus Sicht der elterlichen Ohren mag diese Haltung eine Berechtigung haben. Die Geräuschkulisse im Haus würde harmonisiert und man könnte sich in aller Ruhe dem Schnittmuster für »Kleidchen mit Höschen« widmen, das damals jedem Buch beigelegt wurde.

Aber was sagt das kindliche Gehirn zu dieser elterlichen Haltung?

Es ist richtig, dass das menschliche Gehirn ständig auf Belohnung aus ist und wann immer möglich versucht, Bestrafung zu vermeiden und deshalb ziemlich viel Aufwand betreibt, um unser Verhalten entsprechend auszurichten. Deshalb wird die Neurobiologie auch sehr gerne zitiert, um einen entsprechenden Umgang mit Kindern, Hunden oder anderen Lebewesen, deren Verhalten man ändern möchte, zu rechtfertigen.

Im Umgang mit Babys ist diese elterliche Haltung jedoch unangebracht.

Den oben dargestellten psychologischen und neurobiologischen Erkenntnissen zufolge ist es nicht so, dass Babys anhaltend schreien, weil sie ihr Umfeld manipulieren wollen. Das Baby schreit, weil es Bedürfnisse hat. Sein durch Gene und Erfahrungen beeinflusstes Temperament und die damit einhergehende Chemie beeinflussen Art und Dauer seines Schreiens. Schreit es anhaltend, dann macht es dies, weil sein Stresssystem hochaktiv ist. Weil sein Blut vor lauter Stresshormonen schon ganz dickflüssig ist. Und weil es speziell seinem Gehirn nicht leichtfällt, sich zu beruhigen. Vielleicht fehlen Bindungsstellen, um die Stressreaktion schnell abzuschalten, vielleicht fehlen Bindungsstellen, um den Trost schnell wirksam werden zu lassen – in jedem Fall hat die kindliche Nicht-Beruhigbarkeit Entsprechungen im Gehirn des Kindes. Das Gehirn braucht länger, um zur Ruhe zu kommen. Und das Kind kann nichts dafür! Es ist deshalb wichtig, das Kind so zu akzeptieren, wie es ist, und Verständnis aufzubringen für seine Bedürfnisse, für seine Eigenheiten und seine Regulationsschwierigkeiten.

Darüber hinaus kann das Schreienlassen negative Folgen für das Baby haben. Bittet ein Baby schreienderweise um Unterstützung, vielleicht, weil irgendetwas doof ist und es deshalb das dringende Bedürfnis nach körperlicher Nähe hat, und wird ihm dieses Bedürfnis aus Angst vor Verwöhnung verwehrt, dann wird dadurch nicht das *Bedürfnis* abgestellt, sondern nur das Verhalten, mit dem dieses Bedürfnis signalisiert wird. Baby lernt: »Mir hilft ohnehin keiner« und resigniert.

Beruhigung funktioniert anders. Und das, was in der Psychologie schon seit langem bekannt ist, kann entsprechend den Darstellungen in Kapitel 4 auch mit neurobiologischen Prozessen verknüpft werden: Das Gehirn des Säuglings lernt dann, sich schnell zu beruhigen, wenn im Miteinander Oxytocin ausgeschüttet wird und hierdurch das Stresssystem gedämpft wird. Wenn Nervenzellen aus der oberen limbischen Ebene in die Verarbeitung eingebunden werden und diese Nervenzellpfade durch wiederholte Nutzung dauerhaft stabilisiert werden.

Langfristig ist das regelmäßige behutsame Eingehen auf die mehr oder weniger laut vorgebrachten Unwohlseins-Bezeugungen des Säuglings neurobiologisch mit einer optimalen Einstellung des Stress- und des Oxytocin-Systems verbunden. Auf psychologischer Ebene vermittelt es dem Säugling die Sicherheit, dass er verstanden wird, dass er auf die Welt einwirken kann und dass er von seiner sozialen Umwelt Hilfe erhält. Es unterstützt ihn außerdem bei der Entwicklung der Fähigkeit, sich selbst zu beruhigen.

Im Detail: Die Haltung, Kinder als Tyrannen anzusehen und ihnen schon frühzeitig den eigenen Willen abzutrainieren, führt hingegen zu einem weniger stabilen Fundament, zu einer eingeschränkten Wahrnehmung von Selbstwirksamkeit und zu einem geringeren Vertrauen in die soziale Umwelt. Die Beziehung zur Mutter oder einer anderen primären Bezugsperson, die Kooperation mit ihr, wird ebenfalls negativ beeinflusst. Ist das Kind etwas später in der Entwicklung bereit, den Ge- und Verboten der Bezugsperson zu folgen, dann geschieht dies eher aus Gehorsam und nicht so sehr vor dem Hintergrund eines kooperativen Einwilligens, wie es als Antwort auf eine feinfühlige und ihrerseits kooperative Mutter der Fall wäre (Grossmann und Grossmann 2008).

In diesem Zusammenhang kann ebenfalls ein anthropologischer Rückblick in die evolutionäre Vergangenheit des Menschen sinnvoll sein. Wie oben angedeutet, könnte manch ein Problem im Umgang mit Kindern in den Anforderungen der modernen Welt bzw. deren Passung mit den Bedürfnissen des Gehirns begründet sein. Das Gehirn erwartet kein eigenes Kinderzimmer mit Marienkäferbordüre, keinen Buggy mit Blick in Laufrichtung und auch keine rigiden Erziehungsprotokolle. Das an die lange Menschheitsgeschichte angepasste Gehirn möchte im Elternbett schlafen, getragen werden und im Falle einer gefühlten Notlage schnell beruhigt werden.

Im Detail: Bis vor einigen Jahrzehnten konnte man einen Einblick in frühere Lebensweisen erhalten, wenn man Naturvölker, wie die !Kung beobachtete, die im Einklang mit der Natur ein nomadisches Leben als Jäger und Sammler im Nordwesten Botswanas führten. Die !Kung-Mütter, aber auch die anderer Naturvölker, stillten häufig, schliefen gemeinsam mit ihren Säuglingen, hatten ausgiebigen körperlichen Kontakt und waren den Kindern gegenüber sehr nachsichtig. Die Bindung zwischen Mutter und Kind, aber auch die zwischen

Kind und anderen Mitgliedern der Gemeinschaft scheint eine ausgesprochen große Bedeutung zu haben. Da diese Verhaltensweisen auch in vielen Affengattungen verbreitet sind, geht man davon aus, dass sie bereits vor 30–40 Millionen Jahren bei unseren gemeinsamen Vorfahren vorhanden waren.

Schrie ein Baby, reagierten die !Kung-Mütter prompt und zuverlässig und in der Regel mit körperlichem Kontakt. Heutige Mütter hingegen fürchten oft, ihr Kind zu verwöhnen (und dadurch noch mehr Schreien zu generieren) oder erwarten sehr früh von ihm, sich selbst zu regulieren. Sie reden mit ihm, geben ihm den Schnuller oder machen einfach die Tür zu. Dann ist es nicht so laut. Vergleicht man das Ausmaß des kindlichen Schreiens zwischen diesen Kulturen, findet man entsprechend, dass die !Kung-Kinder zwar genauso oft schreien, jedoch weniger anhaltend. Insgesamt dauert ihr Schreien nur halb so lange an wie das niederländischer Kinder. Ein entsprechendes Eingehen auf die kindlichen Bedürfnisse kann jedoch auch bei westlichen Kindern zur Beruhigung führen. So wurde bei kanadischen Kindern gezeigt, dass sie weniger schreien, wenn sie mehr getragen werden (für Übersichten s. Konner 2005; Rilling 2013).

In unserer heutigen Gesellschaft ist der Wunsch stark, bereits kleine Kinder zu Selbstständigkeit und Unabhängigkeit zu erziehen, Überbehütung und Verwöhnung hingegen zu vermeiden. Überbehütung beinhaltet – wie in Kapitel 5 beschrieben – ein Eingehen auf kindliche Bedürfnisse, wenn das Kind diese Unterstützung gar nicht wünscht und stattdessen nach Unabhängigkeit strebt. Dies ist im Falle des hier beschriebenen Schreiens wohl nicht der Fall.

Cosleeping
Schlimmer noch als das anhaltende Schreien eines Babys ist das anhaltende Schreien eines Babys in der Nacht, wenn man eigentlich selbst zur Ruhe kommen möchte (noch schlimmer ist übrigens das anhaltende abwechselnde Schreien zweier Babys in der Nacht, das die ambitionierte Zwillingsmutter durchaus in die Lage bringen kann, morgens auf einen Nettoschlaf von drei Stunden, verteilt auf drei Einheiten von je 60 Minuten, zurückzublicken. Und das mehrmals die Woche).

Nun gibt es auch hier die eine Fraktion, der zufolge dieses Problem leicht aus der Welt zu schaffen ist, wenn man den Kindern das Einschlafen mit der richtigen Methode beibringt und das Baby unter gewissen Bedingungen auch einmal bewusst ausschreien lässt. Fast alle Eltern kennen das strukturierte Schreien lassen als Methode zum Schlafenlernen, das nach dem Kinderarzt Richard Ferber benannte »Ferbern«. Viele Eltern sind davon schwer begeistert. Endlich Abhilfe im Kampf mit dem schreienden Baby. Andere Eltern protestieren gegen diese Konditionierung, einige sogar mit Hilfe einer Petition[12], und betonen die kindlichen Bedürfnisse nach Nähe und Trost.

Meines Wissens gibt es keine neurobiologischen Studien über die Folgen dieses Verfahrens für die Hirnentwicklung, aber die Erkenntnisse über die im Rahmen der Bindungserfahrungen im Gehirn ablaufenden Chemie legen nahe, dass eine solche Konditionierung nicht das ist, worüber sich das sich entwickelnde Gehirn freut. Das Baby schreit, weil es müde ist, aber sein Stresssystem gleichzeitig Mühe hat, alleine zur Ruhe zu kommen. Es braucht Hilfe. Beruhigung, Oxytocin.

»Ja!«, mag die eine oder andere Mutter, oder auch der eine oder andere Vater, nun anmerken, »das kann ich mir denken! Das Problem ist aber, dass das Baby, nachdem ich es beruhigt habe, sofort wieder beginnt zu brüllen, sobald ich es in sein Bettchen lege!«. Das ist in der Tat problematisch und banalerweise wohl darin begründet, dass das Baby nicht in sein Bettchen gelegt werden möchte. Der unreife kleine Säugling, der eigentlich gerne noch ein wenig länger in der Gebärmutter geblieben wäre und sich dort in Ruhe weiterentwickelt hätte, braucht länger, um sein Stresssystem herunterzufahren und tiefenentspannt schlafen zu können. Sein Schreien bedeutet übersetzt: »Hilf mir, ich komme alleine nicht zur Ruhe!«

Was macht man also mit dem schreienden Kind, wenn man es nicht schreien lassen soll, aber man selbst so müde ist, dass das liebevoll vorgebrachte Schlaflied einen Bumerang-Effekt bekommt?

Ein Weg, über den man zumindest in der Nacht etwas Ruhe finden kann, ist das sogenannte *Cosleeping*, das gemeinsame Schlafen in einem Raum oder einem Bett, so wie es auch die Jäger-Sammler-Völker praktizierten. Auch heute schlafen die Kinder in den allermeisten Kulturen gemeinsam mit ihrer Mutter oder ihren Eltern und es wird spekuliert, dass der abendliche Protest gegenüber dem Zubettgehen oder auch das nächtliche Aufwachen ein Artefakt westlicher Schlafregelungen ist (Konner 2005).

Im Detail: Wie verbreitet ist das gemeinsame Schlafen heutzutage? Eine große Übersichtsarbeit, in der das Auftreten des gemeinsamen Schlafens von Eltern und Baby in 45 verschiedenen Nationen verglichen wurde, ergab beispielsweise für Kamerun und Kenia einen Wert von 100 %, für Vietnam 83 %, für England fast 30 % und für Frankreich fast 40 %. Deutschland war lediglich mit knapp 10 % dabei (Mileva-Seitz et al. 2016).

Ist der Alltag mit dem unruhigen Kind aufreibend, nervenzehrend und manchmal kaum auszuhalten, kann das gemeinsame Schlafen nicht nur das fortwährende nächtliche Aufstehen überflüssig machen, sondern auch Speicher auffüllen. »*Ein Kind, das tagsüber zu wenig Nähe und Zuwendung bekommt, neigt dazu, nachts die Eltern aufzusuchen.*« (Largo und Benz-Castellano 2004; S. 25). Die Kinder können sich in der Nacht die Nähe und Fürsorge holen, die ihnen im hektischen Alltag manchmal fehlt.

Es ist deshalb auch schwierig zu untersuchen, ob sich Kinder infolge eines gemeinsamen Schlafens langfristig anders entwickeln als früh »separierte« Kinder, denn es muss immer berücksichtigt werden, *warum* Kinder bei den Eltern schlafen.

Im Detail: Findet man heraus, dass sich gemeinsam schlafende Kinder genauso oder sogar schlechter entwickeln als separiert schlafende Kinder, dann muss dies nicht am gemeinsamen Schlafen liegen. Ebenso kann das gemeinsame Schlafen eine Reaktion darauf sein, dass Kinder tagsüber zu wenig Nähe bekommen oder ein besonders reizbares und schwer zu beruhigendes Temperament haben. Es können diese Faktoren gewesen sein, die die kindliche Entwicklung nachteilig beeinflusst haben (für eine Übersicht s. Mileva-Seitz et al. 2016).

Nimmt man umgekehrt an, dass Kinder nicht deshalb in einem Bett mit den Eltern schlafen, *weil* sie besonders entspannt sind, dann kann man aber eine Studie ernstnehmen, in der ein positiver Effekt des gemeinsamen Schlafens auf die Stressverarbeitung gefunden wurde.

Aus der Forschung: In einer niederländischen Studie ergab die Untersuchung von fast 200 Kindern, dass Kinder im Alter von 12 Monaten in einer kurzen Trennungssituation umso weniger Stresshormone ausschütteten, je größer die Anzahl von Wochen war, die sie gemeinsam mit ihren Eltern geschlafen hatten (Beijers et al. 2013). Die gemeinsam schlafenden Kinder scheinen die kurzfristige Trennung als weniger aufreibend zu empfinden.

Viele Eltern lehnen das gemeinsame Schlafen jedoch ab, und zwar aus mehreren Gründen. Zum einen befürchten sie, dass es die kindliche Unabhängigkeit gefährden würde. Im Elternbett schlafende Kinder würden verwöhnt, mit achtzehn noch das elterliche Bett bevölkern und auch dann noch an der mütterlichen Brust trinken wollen, wenn die andere Hand längst triumphierend den Führerschein in die Luft hält. Diese Annahme ist jedoch auch in einer abgeschwächten Version dieser Formulierung nicht richtig. Der umgekehrte Zusammenhang trifft es eher: Gerade diejenigen Kinder, denen es während ihrer frühen Entwicklung gestattet ist, über die Maßen Fürsorge und Liebe zu tanken und die hierdurch ausgeprägte Strategien der Emotionsregulation und ein großes Vertrauen in sich selbst und in die Verfügbarkeit anderer entwickelt haben, werden sich dann, wenn es an der Zeit ist, ohne Weiteres dazu bewegen lassen, sich abzunabeln und ohne belastende Ängste selbstständiger zu werden (s. 4.3; s.a. Brisch 2010).

Ein weiterer Grund, der einige Eltern dazu bringt, das Co-sleeping abzulehnen, ist die Warnung, dass dadurch das Risiko für den plötzlichen Kindstod zunehmen könnte.

Im Detail: Verschiedene Studien haben gezeigt, dass die Praxis des gemeinsamen Schlafens mit einem erhöhten Risiko für den plötzlichen Kindstod verbunden ist. Wissenschaftler weisen jedoch auch darauf hin, dass dieses Risiko vor allem dann gegeben ist, wenn die Eltern rauchen, Alkohol getrunken oder Drogen genommen haben, der gemeinsame Schlaf auf einem Sofa oder Sessel stattfindet, oder wenn es sich um ein frühgeborenes Kind oder eines mit einem besonders niedrigen Geburtsgewicht handelt. Auch Meta-Analysen dieser Studien sind sich nicht darüber einig, ob das Risiko auch dann erhöht ist, wenn diese Risikofaktoren nicht gegeben sind. Wichtig ist zudem zu berücksichtigen, dass gemeinsames Schlafen häufig auch mit vermehrtem Stillen verbunden ist und dies wiederum einen Schutzfaktor für den plötzlichen Kindstod darstellt (für Übersichten s. Fleming und Blair 2015; Mileva-Seitz et al. 2016).[13]

Eine Möglichkeit, relativ risikoarm gemeinsam mit dem Kind zu schlafen, könnte darin bestehen, das Baby in einem an das Elternbett angebauten Beistellbett schlafen zu lassen. Zudem sollten Eltern ihr Baby auch beim Einschlafen zuverlässig trösten, sobald es durch Weinen Stress signalisiert. So verinnerlicht es ein Gefühl von Sicherheit und das Vertrauen, dass immer jemand für es da ist (s. Brisch 2010 für eine Beschreibung entsprechender Rituale).

In manchen Nächten hilft bei manchen Kindern aber auch das nicht. Cosleeping nicht, Stillen nicht, und schon gar nicht das Akzeptieren kindlicher Bedürfnisse. Schon beim Wort »akzeptieren« könnte man vor lauter Schlaflosigkeit hinter geschlossenen Lidern mit den Augen rollen. In solchen Situationen, in denen man vom Schlaf oder sogar von Träumen übermannt wird, während man sanft versucht, das Baby in den Schlaf zu wiegen.

Dann muss man wohl einfach nur Aushalten, sich nicht entmutigen lassen. Bindung ist für alle Kinder wichtig, für diese besonders reizbaren Kinder umso mehr. Welche Bedeutung hat es schon für uns Eltern, für unser Leben, mehrere Monate lang mehrmals in der Nacht aufzustehen und am nächsten Tag hundemüde zu sein? In vielen Fällen keine große. Irgendwie stehen wir den Tag dann doch durch. Für das Leben des Kindes, für die Ausbildung einer ausgewogenen Chemie in seinem Gehirn, für seine Persönlichkeit spielt es aber eine große Rolle, ob es in seinen Bemühungen, zur Ruhe zu kommen, immer und immer wieder Unterstützung erfährt und hierdurch lernt, sich selbst zu regulieren.

Wichtig im Umgang mit einem reizbaren Kind ist natürlich auch die Unterstützung der Hauptbezugsperson durch den Partner, die Oma, den Opa oder einen Babysitter. Diese Unterstützung kann viel Erleichterung verschaffen.

Gelegentlich kann es aber auch nötig sein, sich im Angesicht des schwierigen Kindes Hilfe von Experten zu suchen, wie ich am Ende des nächsten Abschnittes erklären werde.

Wie geht man mit schwierigen Eltern um?

Aus Sicht des Säuglings ist der Umgang mit schwierigen, wenig feinfühligen Eltern ganz einfach: Man schreit sie an. Brüllt umso lauter, wenn sie den Bedürfnissen nicht nachkommen. Wird wütend und aggressiv. Oder ängstlich, so ganz alleine, ohne zuverlässigen Schutz. Oder man zieht sich zurück. Resigniert im Angesicht der elterlichen Ignoranz oder Aufdringlichkeit.

Man entwickelt Strategien, mit dem elterlichen Verhalten umzugehen. Lässt man sich seine Not nicht anmerken, dann kommen manchmal Psychologen daher und behaupten, man hätte eine unsicher-vermeidende Bindungsbeziehung. Kämpft man um die Gunst der Eltern, drücken sie einem den Stempel »unsicher-ambivalent« oder »unsicher-resistent« auf die Stirn. Hoffnungslos. Dabei möchte man einfach nur Baby sein.

Wir als Eltern können mit der Angelegenheit natürlich auch anders umgehen, denn unser Handlungsspielraum ist etwas größer als der unseres Babys. Manchmal ist das vermeintlich schwierige Temperament eines Kindes auch in der Persönlichkeit bzw. den Eigenschaften der Eltern begründet oder entsteht aus dem Zusammenspiel von kindlichem Temperament und elterlichen Eigenschaften. In Kapitel 5 haben wir gesehen, dass die eigenen frühen Bindungserfahrungen der Eltern deren späteres Bindungsmodell, deren individuelle Gehirn-Chemie aus Oxytocin und Co und deren Feinfühligkeit im Umgang mit ihren Kindern prägen. Nicht allen Eltern fällt es daraufhin gleich leicht, optimal auf die kindlichen Bedürfnisse einzugehen.

Stellen Eltern fest, dass sie Probleme im Umgang mit dem Kind haben, dass das Baby immer wieder anhaltend brüllt und nicht schläft, oder dass das Kleinkind über die Maßen trotzt, tobt, klammert oder seine Nahrung verweigert, so kann dieses Verhalten eines besonders reizbaren Säuglings durch die eine oder andere elterliche Eigenschaft – etwa eine verminderte Feinfühligkeit oder eine eigene emotionale Überreaktion auf das Schreien des Babys – verstärkt werden. Beratungsstellen, von der Schreiambulanz bis hin zur Erziehungsberatung, können dann helfen, die Ursache der Probleme zu erkennen.

Und was sollen Eltern machen, wenn sie feststellen, dass sie mit ihrem eigenen unsicheren Bindungsmodell Teil der Problematik sind? Ist dann die Weitergabe der Bindungsproblematik an das Kind nicht mehr aufzuhalten?

Nein, denn die inneren Modelle von Bindung sind nicht starr. Sie sind veränderbar. Erwachsene mit einem sicheren inneren Modell von Bindung haben nicht immer selbst eine sichere Bindung mit ihren Eltern gehabt. Nicht immer können sie von eigenen Erfahrungen der liebevollen und feinfühligen Fürsorge berichten. Viele erlebten auch Ablehnung und Verlust. Was diese Eltern jedoch auszeichnet, ist, dass sie diese Erfahrungen reflektiert und verarbeitet haben. In der Folge entwickelten auch sie trotz negativer Kindheitserfahrungen ein sicheres inneres Bindungsmodell (Main et al. 1985).

Wird etwa im Rahmen einer Elternberatung deutlich, dass eigene frühe Bindungserfahrungen einem optimalen Miteinander mit dem Kind im Wege stehen, dann beinhaltet der richtige Weg häufig eine *Bindungspsychotherapie*.[14] In einer auf Bindung ausgerichteten Psychotherapie kann der Mensch in einer engen emotionalen Beziehung mit dem Therapeuten lernen, seine vorangegangenen problematischen emotionalen Erfahrungen zu verarbeiten und zu integrieren. Er muss sie nicht mehr verleugnen oder bagatellisieren, sondern erfährt eine Anerkennung des Leids, verbunden mit Trost und Unterstützung. Häufig entwickelt er daraufhin nachträglich ein sicheres inneres Modell von Bindungsbeziehungen (Brisch 2014).

Es ist möglich, dass dieser Prozess der Verarbeitung mit einer Zunahme der Ausbildung von Bindungsstellen für Oxytocin verbunden ist, die wiederum den Oxytocin-Haushalt dauerhaft beeinflussen kann.

> **Im Detail:** Psychotherapie kann über epigenetische Veränderungen die Ausbildung von Rezeptoren langfristig modulieren – das wurde an anderen Systemen gezeigt. Wird in einer Psychotherapie die Bindungssicherheit erhöht (z. B. Reiner et al. 2016), so könnte der positiven Wirkung der Therapie eine erhöhte Ausbildung von Oxytocin-Rezeptoren zugrunde liegen, die ihrerseits über einen positiven Rückkopplungsmechanismus die Oxytocin-Freisetzung erhöhen kann. Dieser Zusammenhang ist jedoch spekulativ und noch nicht wissenschaftlich belegt (für eine Diskussion s. Roth und Strüber 2014).

Oft sind es nach Brisch (2014) aber gerade die Eltern mit einem ohnehin bereits sicheren Bindungsmodell, die sich bei aufkommenden Schwierigkeiten mit ihrem Kind Unterstützung und Beratung suchen. Sie sind es gewohnt, sich im Einklang mit sozialen Beziehungen weiterzuentwickeln. Eltern mit unsicheren Bindungsmodellen hingegen neigen häufig dazu, mit den Problemen selbst klarkommen zu wollen.

Sehen wir, dass Eltern in einer unangemessenen Weise mit ihren Kindern umgehen, dann fragen wir uns automatisch: »Wie können die nur?« Ein solches Unverständnis beinhaltet, dass wir glauben, die betreffende Person könnte, wenn sie nur wollte, anders handeln, als sie es tut. Behalten wir aber im Gedächtnis, dass Menschen aufgrund ihrer eigenen Bindungserfahrungen so handeln, wie sie handeln, dann fällt es uns vielleicht etwas leichter, ihnen mit Verständnis zu begegnen. Nichtsdestotrotz sollten sie in der Entwicklung optimaler Umgangsformen unterstützt werden, damit die Erfahrungen und ihre Auswirkungen nicht an die nächsten Generationen weitergegeben werden.

Take Home: Anhaltend schreiende Kinder versuchen nicht, uns zu manipulieren. Sie können nichts dafür, dass ihr individuelles Stresssystem überschießt und benötigen mehr als andere liebevolle Unterstützung, um zu lernen, sich zu beruhigen. Spielen eigene problematische Bindungserfahrungen der Eltern eine Rolle für die Problematik kindlicher Regulationsprobleme, kann eine Bindungspsychotherapie den Eltern helfen, diese Erfahrungen zu verarbeiten und ein sicheres Modell von Bindung zu entwickeln.

6.4 Wer betreut? Die Mutter, der Vater, die Oma oder die Krippe?

In vielen menschlichen Gesellschaften war es üblich, dass die Mutter in der Fürsorge ihres Kindes von verschiedenen Menschen unterstützt wurde: Väter, Großmütter, Schwestern, Brüder, ältere Geschwister. Diese Unterstützung erlaubte ihr – je nach Kultur – die Betreuung weiterer Kleinkinder, das Sammeln von Früchten, die Lohnarbeit oder andere Tätigkeiten auszuüben. Heutzutage leben die meisten Eltern mit ihren Kindern in isolierten Kleinfamilien, weit weg von einer unterstützenden Verwandtschaft. Mutter und Vater müssen dann sowohl die Fürsorge für die Kinder als auch die Versorgung der Familie alleine leisten. Lange Zeit wurde deshalb Arbeitsteilung betrieben. Die Frau blieb zu Hause und sorgte für das Kind, der Mann ging arbeiten. Für das Kind war dieses Modell recht angenehm. Als Baby und Kleinkind hatte man in jeder erdenklichen Situation seinen liebevollen Beistand an der Seite und als älteres Kind konnte man morgens auf einen frisch gebügelten Stapel T-Shirts zugreifen und sich pünktlich um 13 Uhr über das dampfende Mittagessen hermachen. Für die Mütter hatte dieses Modell jedoch eine Kehrseite, denn es führte sie in eine unvorteilhafte Situation: kein eigenes Geld, kaum intellektuelle Anregungen, keine eigene Altersvorsorge und in jeder Entscheidung abhängig von der Gunst des Mannes.

Der Ausweg ist – wie wir alle wissen – die Auslagerung der Kinderbetreuung. Professionelle Kinderbetreuer sorgen für die Kinder, während die Mütter ebenfalls arbeiten gehen, eigenes Geld verdienen, selbst alle Entscheidungen treffen und die eigene Karriere und die langfristige Versorgung sicherstellen. Für die Unabhängigkeit der Mütter ist dies ein guter Weg.

Aber ist dieser Weg auch für die Kinder eine gute Lösung?

Können sie sich in der frühen Fremdbetreuung genauso gut entwickeln wie im Miteinander mit der Mutter? Bilden sie ebenso gute Kompetenzen zur Stresshemmung, Emotionsregulation und Bindungsfähigkeit heraus wie diejenigen Kinder, die ihre allerersten Lebensjahre im Miteinander mit ihrer biologisch auf diese Rolle vorbereiteten Mutter verbrachten?

Benötigen unsere Kinder vielleicht sogar die frühe Krippe, um frühe Bildung zu erhalten und eine hohe soziale Kompetenz zu entwickeln?

Vielleicht schreit aber auch unser Bauchgefühl, dass es für das Kind noch zu früh ist, in einer Gruppe mit anderen, weg von zu Hause betreut zu werden? Was dann? Müssen dann unbedingt wir Mütter ran? Oder vielleicht auch die Väter? Die Großmütter? Können die nicht auch? Um all diese Fragen wird es nun gehen.

Der Vater

Kürzlich in einem Supermarkt schrie etwas. So laut und anhaltend, dass selbst ältere Herrschaften ihren Großeinkauf verkürzten. Als ich mich der Quelle näherte, sah ich einen Vater, der verzweifelt versuchte, seinen Nachwuchs zu trösten, während seine Frau den Einkaufswagen mit Lebensmitteln bestückte. Erst kitzelte er das schlecht gelaunte Kind liebevoll, etwas später stand ihm aber die Frustration deutlich ins Gesicht geschrieben. Er schaukelte das Kind wild herum, zischte beruhigende Worte in dessen Ohr, nichts half. Plötzlich war es ruhig. Offensichtlich hatte er mitsamt Kind den Supermarkt verlassen. Als ich zehn Minuten später ebenfalls vor die Tür trat, sah ich ihn wieder. Wie in einem Panzer kurz vor dem Einfall in feindliches Gebiet stand er mit seinem Geländewagen, laufendem Motor und eingeschaltetem Fernlicht direkt gegenüber dem Eingang und wartete ungeduldig auf seine Frau.

Gut, auch mir und vielen anderen Müttern ist es wohl schon passiert, dass es uns nicht gelang, während eines Einkaufs unsere Kinder zu beruhigen. Und ich bin mir sicher, dass heutzutage die meisten Väter anders reagiert hätten. Empfindsamer, ruhiger, weniger aggressiv. Der Mann im Supermarkt ist sicherlich kein Prototyp des heutigen Vaters. Auffällig war aber, dass sich niemand an seinem Verhalten gestört oder besonders überrascht gewirkt hat. Wie die Leute wohl geguckt hätten, würde eine Mutter aufgrund ihres nicht beruhigbaren Kindes zischend und mit Panzer-Lichthupe auf ihren Mann warten? Mit diesem Vater hatte man aber irgendwie Verständnis. Er war ja der Vater, nicht die Mutter.

Die meisten Väter sind heutzutage anders. Mit Einsetzen der Vaterschaft stellt sich ihr Gehirn auf die neue Lebenssituation ein. Bei den einen mehr, bei den anderen weniger. Der Supermarkt-Vater hat diesen Prozess wohl verpasst.

Wie wir in Kapitel 5 gesehen haben, wird die Hirnchemie des Mannes wie die eines jeden Menschen durch seine Gene, seine vorangegangenen Erfahrungen (vor allem seine frühen Bindungserfahrungen), sein Alter und vermutlich auch seinen Alltag beeinflusst. Hat er eine konstitutionell besonders hohe Testosteron-Freisetzung und gelingt es ihm nicht, diese herunterzufahren und seine Gehirnaktivität an die Vaterrolle anzupassen, dann sind möglicherweise die Mütter besser für das tagtägliche feinfühlige Miteinander mit dem kleinen, noch sprachlosen Säugling geeignet.

Ist er aber bereit, sich auf seine Vaterrolle einzulassen, erlaubt ihm sein Alltag einen intensiven Umgang mit dem Kind, und gelingt seinem Gehirn die Umstellung, dann kann er es auch. Dann kann auch er ein feinfühliger und liebevoller Kinderbetreuer sein.

Die Erkenntnis, dass Väter auch können, wenn sie denn

wollen, hat in den letzten Jahren Einzug in die öffentliche Diskussion gehalten. Wie so oft, wenn traditionelle und starre Meinungen aufweichen, scheint aber das Pendel zunächst weit in die andere Richtung auszuschlagen, bevor es hoffentlich in der Mitte seine Ruhe findet. Nun findet nämlich auch die väterliche Meinung, Väter könnten es nicht nur, sondern sogar besser als die Mütter, öffentliches Gehör.

Im Detail: In einem Ende 2015 erschienenen Spiegel-Artikel (»Lasst die Väter ran«)[15] nahm zunächst ein Alexander zu dem Thema Stellung: »Wo er hingehe, würden die Mütter Lieder anstimmen, mit dem Kopf wackeln, ihren Babys albern zuwinken. Alexander meint, ihm sei das zu viel. Er sei gern Vater, er spiele mit Henri, lese ihm vor. Aber sich so zum Affen machen, das könne er nicht.« Ein anderer Vater betont in dem Artikel die Vorteile der Väter. Er berichtet von der harmonischen Stille in seiner Vater-Kind-Gruppe, die im Gegensatz zur Unruhe in Mütter-Kind-Gruppen stünde. Mütter würden, so der Krabbelgruppen-Vater, fortwährend an sich und dem Umgang mit dem Baby zweifeln und deshalb mit ihrem ständigen »Gezuppel, Gemache und Getue« der Harmonie entgegenstehen.

Darüber hinaus gibt es noch die Fraktion Väter, denen zufolge die Mütter Schuld seien, dass sie sich nicht in der Fürsorge engagieren. Die Mütter würden in einem Prozess des *mütterlichen Gatekeepings* einen Zaun um sich und das Kind ziehen und jegliche Beteiligung des Vaters an der Pflege des Kindes kritisch kommentieren. Sie würden ihm nichts zutrauen, ihn nicht »machen lassen« und hierdurch jeglichen gut gemeinten Einsatz des Vaters verhindern.

Wollen wir Mütter gar nicht, dass die Väter auch können? Wollen wir alleine können? Oder ist das mütterliche Gatekeeping lediglich die Folge dessen, dass Väter sich erst einmal auf die Rolle des feinfühligen und empathischen Fürsorgers einstellen müssen, mit all ihrer Hirnchemie und Hirnaktivität, bevor sie zuverlässig erkennen können, was Baby gerade will? Grundsätzlich betrifft es beide Geschlechter: Macht man einen Job – Haare schneiden, Tabellen bearbeiten oder Dachpfannen auslegen –, dann kann das erst einmal derjenige besser, der sich jeden Tag damit beschäftigt. Der Dachdecker weiß besser, was die Dachpfanne von ihm erwartet, wenn sie einfach nicht in die Lücke passen will, als der Kollege, der sonst immer die Balken verlegt. Oder als der Friseur.

Zurück zur Eignung des Vaters als alleinverantwortlicher Betreuer des Säuglings. Die in diesem Buch dargestellten Erkenntnisse könnten bedeuten, dass Väter aufgrund des Testosterons etwas unflexibler als die Mütter sind, wenn es darum geht, zwischen Herausforderungen des Alltags und dem liebevollen und feinfühligen Umgang mit dem noch sprachlosen Säugling zu switchen. Um auf der Überholspur Karriere zu machen und bei einem Meeting um 12.30 Uhr ihrem Mitstreiter unmissverständlich ihre Kompetenz klarzumachen, benötigen sie Testosteron. Übernehmen sie ab 14.00 Uhr die Kinderbetreuung und sollen sie feinfühlig erkennen, warum der Säugling gerade quengelt, und müssen sein Schreien gegebenenfalls erst einmal aushalten, dann werden sie sich damit möglicherweise etwas schwerer tun als Frauen in gleicher Situation.

Was bedeutet das schon wieder, mag sich jetzt die eine oder andere Mutter fragen, während ihr Gesicht rot anläuft: »Soll das heißen, der Vater kann halbtags nicht?« Nein, denn ich beschreibe hier lediglich neurobiologische und psychologische Erkenntnisse, Hinweise, Tendenzen und Durchschnittswerte und interpretiere diese. Sie können das Verhalten *einiger* Väter erklären, müssen jedoch nicht jeden betreffen und dürften höchstens Impulse für neue Diskussionen liefern. Nicht vergessen darf man auch, dass Säugling nicht gleich

Kleinkind ist. Babys in unterschiedlichem Alter haben entsprechend unterschiedliche Ansprüche. Mag im Umgang mit einem noch sprachlosen Säugling eine Mutter oder ein sich hauptberuflich um das Kind kümmernder Vater die bessere Wahl sein als der karriereorientierte Halbzeitvater auf Testosteron, mag dies im Kleinkindalter ganz anders aussehen. Dann, wenn es gilt, hohe Bäume zu erklimmen und die Schaukel möglichst im Überschlag zu erleben. Dann, wenn man nicht mehr darauf angewiesen ist, dass der Halbtags-Papa jede Nuance der Mimik sofort erkennt, stundenlanges Gebrüll aushält und im Babytalk-Modus mit fiepsiger Stimme jede Silbe überdeutlich artikuliert.

Aus der Forschung: Deutschen Bindungsforschern um das Ehepaar Grossmann zufolge ist im Säuglingsalter eine zärtliche und liebevolle Fürsorge unbedingt nötig, die in allen Kulturen vor allem von der Mutter ausgehe. Im Kleinkindalter würden aber spielerische Interaktionen und die Erkundung der Umwelt immer mehr an Bedeutung für das Kind gewinnen. In dieser Zeit, mehr noch als im Säuglingsalter, scheinen das feinfühlige väterliche Spiel, seine Unterstützung und vorsichtige Herausforderung besonders wichtig für das Kind zu sein und einen langfristigen positiven Einfluss auf die kindliche Entwicklung zu haben (Grossmann et al. 2002).

Man muss bei diesen Betrachtungen zudem die individuellen Gegebenheiten innerhalb der Familie berücksichtigen. Auch in der Forschung gibt es viele Studien, die das Miteinander mit dem Kind aus diesem Blickwinkel betrachten – nicht nur soziologische und psychologische Studien, sondern auch Untersuchungen der begleitenden Hirnchemie. Es konnte beispielsweise gezeigt werden, dass der individuelle Oxytocin-Haushalt beider Eltern häufig ganz ähnlich ist und nicht nur das Ausmaß von Nähe und liebevoller Fürsorge für das

Kind vorhersagen kann, sondern auch den liebevollen Umgang der Eltern miteinander bestimmt (Gordon et al. 2010b). Sind Oxytocin-Haushalt und innere Modelle von Bindung zwischen den Eltern hingegen sehr unterschiedlich, hat dies eine erhebliche Bedeutung. Dann geht es nicht mehr darum, ob Frauen oder Männer besser geeignet sind, den Säugling zu betreuen, sondern darum, wer von beiden ein sicheres inneres Modell von Bindung hat. So kann ein Vater mit einer sicheren Bindungsrepräsentation und einer Bereitschaft, sich auf das Kind einzulassen, auch eine wesentlich bessere frühe Betreuung leisten als eine Mutter, die aufgrund noch nicht verarbeiteter eigener Erfahrungen ein problematisches Bindungsmodell hat oder etwa unter einer Depression leidet. Gleiches gilt, wenn der Alltag mit einem oder mehreren Kindern oder die Vereinbarkeit von Kind und Beruf für die Hauptbetreuungsperson mit erheblichem chronischen Stress einhergeht und dies ihre Feinfühligkeit beeinträchtigt. Auch in diesem Fall ist die Überlegung, wer von den beiden Eltern mehr Ressourcen für die feinfühlige Betreuung mitbringt, wichtiger als die Diskussion der Auswirkungen von Geschlechtsunterschieden auf die Betreuung des Kindes.

Die Oma

Großmütter waren schon immer eine gern gesehene Unterstützung der Mutter. Fragen wir uns, ob Großmütter geeignet sind, die Kleinen zu betreuen, können wir uns ebenso gut fragen, warum es überhaupt Großmütter gibt. Das klingt ein wenig abgeklärt, ist aber eine in der Anthropologie immer wieder gestellte Frage. Warum leben Frauen im Durchschnitt noch mehrere Jahrzehnte nach Beendigung ihrer Fruchtbarkeit? Warum hat sich ein solches Modell in der Evolution durchgesetzt? Oder ist es lediglich ein Nebenprodukt unserer sicheren Umwelt?

Die Anthropologin Sarah Blaffer-Hrdy (2002) geht in ihrer *Hypothese von der Großmutteruhr* (die sich von ähnlichen Großmutter-Hypothesen[16] etwas unterscheidet) davon aus, dass der lange Abschnitt nach den Wechseljahren einer Frau ein nicht wegzudenkender Bestandteil des Fortpflanzungsplans des menschlichen Organismus ist.

Im Detail: Der Mensch ist dieser Hypothese zufolge von der Evolution auf eine mit einem langsamen Reifungsprozess einhergehende Stoffwechseluhr programmiert worden. Im Zuge der natürlichen Selektion haben sich hiernach insbesondere diejenigen Frauen fortgepflanzt und ihre Gene weitergegeben, die so lange lebten, bis ihr letztes Kind eigenständig war, und denen es aufgrund ihrer Langlebigkeit gelang, auch die Kinder ihrer Kinder zu unterstützen. In dieser Weise könnten Gene für Langlebigkeit von einer Generation an die nächste übertragen worden sein.

Der Mensch verdankt sein langes Leben hiernach den Großmüttern. Die Unterstützung der Mütter durch die Großmütter gehört zum menschlichen Leben dazu. Die Anthropologin beschränkt sich nicht auf die Menschen, sondern schließt andere Arten mit einer nach dem Ende der Fortpflanzungsperiode andauernden langen Lebensperiode (Elefanten und Pilotwale) ein, wenn sie über die Eignung der Großmütter als Allomütter (Pflegemütter) schreibt:

Zitat: »Wenn – was selten genug der Fall ist – Weibchen zur Verfügung stehen, deren gebärfähige Zeit vorüber ist, so sind sie ideale Allomütter, die Artgenossinnen dabei helfen, ihren entwöhnten Nachwuchs zu versorgen und zu schützen.« (Blaffer-Hrdy 2002, S. 318)

Aber was sagt die Biologie dazu? In den vergangenen Kapiteln ging es darum, wie die Elternschaft das Gehirn verändert und die Eltern hierdurch auf den Umgang mit dem Kind eingestellt werden. Was passiert im Gehirn der Oma?

Großmütter haben zwar nach ihren Wechseljahren nur geringe Konzentrationen von Östrogenen im Blut, die ihrerseits die Freisetzung von Oxytocin anfeuern können, sie verfügen jedoch über eine *biologische Erinnerung* an das Muttersein. Ihr Körper hat sich im Zuge ihrer zurückliegenden Mutterschaft an diese Rolle angepasst – etwa mit einer erhöhten Ausbildung von Oxytocin-Rezeptoren. Großmütter können von dieser biologischen Erinnerung profitieren, wenn sie als Oma die Kleinen betreuen (Gettler 2014). Ob ähnliche Mechanismen auch den Opa betreffen, vermag ich nicht zu beurteilen – Opas wurden in der Kleinkindforschung bisher nicht berücksichtigt.

Die Krippe

Kommt ein Kind in die Kindergruppe, dann bedeutet dies erst einmal Stress. Es ist lauter als im heimischen Wohnzimmer, alles bewegt sich, Kissen fliegen tief und viele fremde Gesichter blicken einen in dieser unübersehbaren neuen Welt an. Das Kind reagiert darauf mit einer erhöhten Freisetzung von Cortisol – ein Zeichen dafür, dass das Gehirn im Stressmodus läuft.

Ist allerdings im Rahmen einer *Eingewöhnungsphase* die Mutter anwesend und haben Mutter und Kind eine sichere Bindungsbeziehung, dann kann die Mutter die Cortisol-Reaktion des Kindes abdämpfen, wie in einer Studie an 15 Monate alten Kindern gezeigt werden konnte. Die mütterliche Anwesenheit schützt das Kind vor Stress und hilft, die sichere Bindungsbeziehung zur Mutter aufrechtzuerhalten (Ahnert et al. 2004). Dies zeigt, wie wichtig der behutsame Übergang ist. »Hinweise der Krippenerzieherin, dass die Trennung am besten »kurz und schmerzlos« durchgeführt werden soll, sind in gar keiner Weise bindungsorientiert und schaden dem Kind«, rät Karl Heinz Brisch in einem seiner Bücher, und umreißt, wie ein solch allmählicher Übergang aussehen kann (Brisch 2010, S. 136f.).

Aber auch nach der Eingewöhnungsphase ist der Krippenalltag von Stress geprägt, wie an einer erhöhten Cortisol-Freisetzung der Kinder deutlich erkennbar ist.

Aus der Forschung: Eine ganze Reihe von Studien hat gezeigt, dass Kinder, die früh fremdbetreut werden, in der Betreuungseinrichtung eine erhöhte Freisetzung des Stresshormons Cortisol aufweisen. Unabhängig von der Betreuungssituation wird dieses Stresshormon auch in Bedingungen der Ruhe in das Blut abgegeben. Normalerweise nimmt die Freisetzung nach einem besonders hohen morgendlichen Schub mit Fortschreiten des Tages aber langsam ab. So auch bei Kindern, die den Tag zu Hause verbringen. Bei Krippenkindern hingegen steigt die Konzentration des Cortisols im Verlauf des Tages an. Dieser Verlauf wird als Zeichen von Stress gewertet und ist vor allem bei denjenigen Kindern besonders ausgeprägt, die jünger als 36 Monate sind. Der Alltag in der Gruppe scheint für sie Stress zu bedeuten. Die Auswirkungen auf die Cortisol-Freisetzung sind aber auch dann besonders deutlich, wenn die Kinder sehr viele Stunden in der Krippe verbringen (für eine Übersicht s. Vermeer und van IJzendoorn 2006).

Nicht einig ist man sich allerdings darüber, welche *langfristigen Folgen* dieser in der Krippe erlebte Stress für das Kind hat. Einerseits wurde in verschiedenen Forschungszweigen herausgefunden, dass frühkindlicher Stress zahlreiche Gehirnprozesse beeinflussen und hierüber das Risiko für psychische Erkrankungen wie Depressionen und Verhaltensstörungen erhöhen kann. Früher Stress kann Auswirkungen darauf haben, ob das Gehirn im Angesicht bedeutsamer Reize leicht auf Angst und Vermeidung schaltet, ob es eine effiziente Emotionsregulation ermöglicht und ob es intellektuelle Aufgaben effizient meistert. Früher Stress moduliert das Ausmaß der Neubildung von Nervenzellen, die Zellalterung, die Versorgung der Zellen mit Wachstumsfaktoren, die Dichte der Zellen in der Hirnrinde und viele weitere Prozesse im Gehirn. Eine wichtige Folge frühen Stresses ist auch die Programmierung der späteren Funktion des Stresssystems: Der frühe Stress legt fest, wie das Gehirn langfristig auf Stress reagiert (eine solche Einstellung hatte ich bereits in einem Zusammenhang mit vorgeburtlichen Stresserfahrungen beschrieben). Kinder oder Erwachsene, die frühkindlich erheblichen Stress erlebt haben, weisen oft eine erhöhte oder verminderte Stresshormon-Freisetzung auf – häufig begleitet von Auffälligkeiten im emotionalen Erleben oder im Verhalten (s. Strüber et al. 2014).

Ob allerdings das Ausmaß der Erhöhung der Stresshormon-Freisetzung, wie es bei den Krippenkindern gemessen wurde, ausreicht, um langfristige negative Folgen herbeizuführen, ist, wie die Entwicklungspsychologin Lieselotte Ahnert (2004) betont, nicht zweifelsfrei belegt. Hinweise darauf, dass die frühe Betreuungssituation Auswirkungen auf die langfristige Einstellung des Stresssystems hat, gibt es aber dennoch. Dies wurde in einer großangelegten Langzeitstudie herausgefunden.

Aus der Forschung: In der Untersuchung von Langzeitfolgen früher Kinderbetreuung wird häufig die sogenannte NICHD-Studie zitiert. Diese Studie des »National Institute of Child Health and Human Development« (NICHD) wurde 1991 als »Study of Early Child Care and Youth Development« (SECCYD) ins Leben gerufen und gilt als umfassendste Studie über Kinder und die verschiedenen Umgebungen, in denen sie aufwachsen. Vom ersten Monat an wurde der Lebensweg einer großen Anzahl von Kindern (zu Beginn der Studie waren es 1364 Säuglinge) verfolgt und seitdem in zahlreichen Veröffentlichungen über verschiedene langfristige Auswirkungen der frühen Betreuungssituation dieser Kinder berichtet.

Im Rahmen dieser Studie wurde an 863 Fünfzehnjährigen untersucht, wie sich die frühe Betreuungssituation – aber auch mütterliche Eigenschaften – auf den morgendlichen Cortisol-Schub auswirken. Dieser Schub, der uns auf die Anforderungen des Tages vorbereitet, ist von Person zu Person unterschiedlich, ist aber als typische Eigenschaft eines Menschen recht stabil. Es zeigte sich, dass Jugendliche, die in den ersten drei Lebensjahren über viele Stunden fremdbetreut wurden, ebenso wie Kinder, deren Mütter besonders unsensibel sind, mit einem etwas geringeren Schub Cortisol auf das Aufwachen reagieren (Roisman et al. 2009).

Eine langfristig verminderte Freisetzung von Stresshormonen wurde schon öfter infolge früher Stresserfahrungen gefunden, und es wird angenommen, dass die Stresshormone sich dann, wenn sie über längere Zeit in hoher Dosis freigesetzt werden, irgendwann selbst herunterregulieren (s.a. Kapitel 3.2). Eine abgeschwächte Stresshormonwirkung infolge langanhaltenden Stresses scheint den Menschen in Richtung einer verminderten emotionalen Verarbeitung zu beeinflussen: Emotionale Inhalte finden dann in geringerem Maße ihren Weg ins Bewusstsein (für eine Übersicht s. Strüber et al. 2014). Allerdings muss man berücksichtigen, dass weitere frühe Erfahrungen (so etwa – wie auch in dieser Studie gezeigt – die Feinfühligkeit der Mutter), spätere Erfahrungen und auch die Gene diesen Cortisol-Schub beeinflussen können.

Ebenfalls untersucht wurde natürlich das *Verhalten* der Kinder. Unterscheiden sich früh betreute Kinder in ihrem Verhalten von solchen, die ihre ersten Jahre bei der Mutter oder dem Vater verbrachten? Sind sie aggressiver oder ängstlicher? Die entsprechenden Forschungsergebnisse weisen zwar auf Verhaltensunterschiede hin, allerdings sind diese im Durchschnitt nicht sehr groß.

Im Detail: In der NICHD-Studie zeigte sich, dass sich die Kinder, die in den ersten Lebensjahren nicht von ihrer Mutter betreut worden waren, im Alter von viereinhalb Jahren nicht grundsätzlich anders entwickelt hatten als andere Kinder – das ist ein häufig zitierter Befund. Allerdings beruht diese Schlussfolgerung auf der zusammengefassten Bewertung aller Formen nicht-mütterlicher Betreuung, von der Betreuung im eigenen Haus durch Vater, Oma und Au-Pair über die Betreuung in einem Privathaus einer Tagesmutter hin zu einer Unterbringung in einer Krippe (eines durchschnittlichen Personalsschlüssels von 1:4 bei 15 Monate alten Kindern, NICHD 1999 – letzteres betraf die wenigsten der unter Zweijährigen dieser Studie). Verglich man hingegen die in Krippen betreuten Kinder mit denjenigen, die andere Formen nicht-mütterlicher Betreuung erfahren hatten, so wiesen die Krippenkinder mehr Verhaltensprobleme im Alter von viereinhalb Jahren auf. Sie waren etwas aggressiver, oppositioneller oder auch sozial zurückgezogener. Auch im Alter von 15 Jahren waren noch Auswirkungen feststellbar: Die Kinder, die in ihren ersten viereinhalb Lebensjahren sehr viel von anderen als ihren Verwandten betreut wurden, waren im Alter von 15 Jahren impulsiver und risikobereiter als ihre Gleichaltrigen, die einen großen Teil ihrer Zeit in Gegenwart von Mutter, Vater oder Oma verbracht hatten. Die Unterschiede waren zwar weder bei den Vierjährigen noch bei den Jugendlichen sehr groß, aber sie waren signifikant und vor allem konsistent. Die Wissenschaftler weisen darauf hin, dass auch kleine Effekte dann eine große Wirkung erzielen können, wenn sie zuverlässig auftreten. Sind etwa in einem Klassenzimmer alle Kinder geringfügig aggressiver, dann kann dies das Klima in der Klasse und die Unterstützungsmöglichkeiten des Lehrers erheblich beeinflussen und hierdurch die Problematik verschärfen (NICHD 2006, Vandell et al. 2010). Andere Studien aus der Schweiz (Averdijk et al. 2011), England (z. B. Stein et al. 2013) und Kanada (Baker et al. 2015) fanden ebenfalls einen Zusammenhang zwischen Krippenbetreuung und problematischem Verhalten. Allerdings sind die Effekte in der Regel auch hier nicht immer so erheblich, dass man pauschal sagen könnte, der Aufenthalt in der Krippe mache Kinder aggressiv.

Der Zusammenhang von Krippe und Langzeitauswirkungen ist also nicht ganz so einfach und nicht so schwarz-weiß, wie er manchmal von der einen oder der anderen Seite nahegelegt wird. Das mag daran liegen, dass Krippe nicht gleich Krippe und Krippenkind nicht gleich Krippenkind ist. Entscheidend ist natürlich, was im Krippenalltag mit dem Kind passiert. Kann es zusätzlich zu seiner Bindungsbeziehung mit seinen Eltern in der Krippe eine weitere sichere Bindung aufbauen? Kann eine andere Person als die Mutter die Rolle der feinfühligen und zuverlässigen Fürsorge übernehmen und das Stresssystem dämpfen?

Inzwischen weiß man, dass auch die Krippenbetreuerin eine sichere Bindung mit dem Kind aufbauen kann, und dass diese Bindung nicht diejenige mit der Mutter oder dem Vater beeinträchtigt. Auch in der Erzieher-Kind-Beziehung werden Stress und Angst des Kindes gehemmt und hierdurch die Grundlage für die gesunde Entwicklung emotionaler Hirnstrukturen geschaffen. Voraussetzung dafür ist allerdings, dass die Erzieherin zuverlässig für das Kind verfügbar ist (Richard Bowlby 2007; Badanes et al. 2012).

Aus der Forschung: Einer Meta-Analyse zufolge waren 42 % der in den verschiedenen Studien untersuchten, durchschnittlich zweieinhalb Jahre alten Kinder sicher an eine ihrer Erzieherinnen gebunden. Der genaue Anteil hing jedoch von verschiedenen weiteren Faktoren ab: Kinder, die privat betreut wurden, hatten eher eine sichere Bindung als Kinder in Einrichtungen und Mädchen eher als Jungen (Ahnert et al. 2006).

Ob der Aufbau einer sicheren Bindung mit der Erzieherin gelingt, und die Krippe hierdurch zu einer positiven oder zumindest nicht-negativen Erfahrung für das Kind wird, hängt von verschiedenen Faktoren ab: Von der Qualität der Krippe ebenso wie von der Persönlichkeit der Erzieherin. Wichtig sind auch individuelle Eigenschaften der Eltern sowie das Temperament des Kindes, das festlegt, wie schwierig es ist, mit dem Kind eine Beziehung aufzubauen.

Qualität der Krippe

Was macht eine gute Qualität der Krippe aus? Viele Faktoren spielen hierbei eine Rolle: die Gruppengröße, Altersgrenzen, der Platz, der Anteil verhaltensauffälliger Kinder (und damit die Stimmung in der Gruppe und die Aufmerksamkeitsverteilung der Erzieher) und vor allem die Anzahl sowie die kontinuierliche Anwesenheit der Erzieherinnen.

Schon viele Psychologen, Psychiater, Pädagogen und weitere Experten haben vor den Folgen zu großer Krippengruppen, eines unzureichenden Betreuungsschlüssels sowie eines zu häufigen Wechsels von Betreuern gewarnt. Für die Herausbildung einer sicheren Bindungsbeziehung mit der Erzieherin und für eine gesunde emotionale Entwicklung des Kindes ist es wichtig, dass die Erzieherin in der Lage ist, feinfühlig auf die Signale und Bedürfnisse des Kindes einzugehen, und zuverlässig für das Kind da ist.

Im Detail: Empfohlen wird ein Betreuungsschlüssel von einer Erzieherin auf zwei bis drei Kleinkinder. Handelt es sich dabei um Säuglinge, sollte die Erzieherin nicht mehr als zwei gleichzeitig betreuen (das man damit bereits ans Limit kommen kann, können mit mir zahlreiche andere Zwillingsmütter bestätigen). Dazu Brisch (2010, S. 137): »Wer eine wirklich feinfühlige Betreuung gewährleisten will, ist mit drei Kindern, darunter einem Säugling, schon sehr gefordert, manchmal sogar überfordert. Die heutigen Betreuungsverhältnisse von 1:6 oder 1:8 und mehr sind nicht akzeptabel und bergen das große Risiko, dass die Kinder emotionale Probleme bekommen.« In einer solchen Betreuungssituation, in der zwei Erzieherinnen für eine große Gruppe von Kindern zuständig sind, sind sie vor allem damit beschäftigt, die körperlichen Bedürfnisse zu befriedigen – für ein Eingehen auf emotionale Bedürfnisse bleibt keine Zeit mehr (s. a. Brisch et al. 2011).

Können Erzieherinnen aufgrund einer zu hohen Anzahl zu betreuender Kinder nicht zuverlässig auf die emotionalen Bedürfnisse der Kinder eingehen und keine sichere Bindung mit ihnen aufbauen, dann erleben die Kinder Stress. Ihr Stresserleben wird *nicht* durch die beruhigende Wirkung einer sicheren Bindung gedämpft. Entsprechend ist der eingangs erwähnte Anstieg in der Cortisol-Freisetzung besonders unter denjenigen verbreitet, die eine Betreuung geringer Qualität erfahren.

Aus der Forschung: Zwar steigt auch bei Kindern in Krippen hoher Qualität die Cortisol-Freisetzung leicht an, allerdings ist diese Reaktion in Krippen mit großen Gruppen und wenig Platz pro Kind stärker ausgeprägt (für eine Übersicht s. Vermeer und van IJzendoorn 2006). Selbst bei den etwas älteren Kindergartenkindern (3 bis 5 Jahre) ist bei einer Unterbringung in nicht optimalen Einrichtungen ein Anstieg der Cortisol-Konzentration im Tagesverlauf zu beobachten. Kinder, die in diesem Alter in besseren Einrichtungen betreut werden, reagieren mit der auch zu Hause üblichen Abnahme der Cortisol-Freisetzung im Laufe des Tages (Sims et al. 2006).

Oben habe ich berichtet, dass Kinder, die früh in Krippen betreut werden, ein erhöhtes Risiko haben, aggressives und oppositionelles Verhalten oder Aufmerksamkeitsstörungen zu entwickeln. Der Zusammenhang zwischen früher Betreuung und Verhaltensproblemen gilt umso mehr in Einrichtungen schlechterer Qualität. Eine schlechte Qualität der Krippenbetreuung hat sogar bis in die Jugend hinein Auswirkungen auf die Neigung der Jugendlichen, weniger sozial und verstärkt aggressiv zu sein (Vandell et al. 2010). Allerdings wird dieser Zusammenhang auch durch weitere Faktoren beeinflusst, so etwa die kindlichen Eigenschaften, wie ich unten erläutern werde. In einer umfangreichen norwegischen Studie von Kindern, die zumeist ihr erstes Jahr zu Hause und anschließend in Krippen einer *sehr guten Qualität* betreut worden waren, konnte der Zusammenhang von früher Krippenbetreuung und Verhaltensproblemen nicht bestätigt werden (Zachrisson et al. 2013).

Individuelle Eigenschaften von Mutter und Kind

Auch Eigenschaften von Mutter und Kind (und sicherlich auch des Vaters, dieser Zusammenhang wurde nur nicht genauso ausgiebig untersucht) können Auswirkungen darauf haben, wie die frühe Krippenbetreuung dem Kind bekommt. Das ist nicht überraschend. Leicht kann man sich vorstellen, dass es das Kind erheblich beeinflusst, welche Einstellung die Mutter zur Fremdbetreuung hat und wie sie selbst mit der Trennung umgeht. Dass es für die Anpassung der Kinder an die neue Situation nicht förderlich ist, wenn eine Mutter die morgendliche Trennung vom Kind als Selbstverständlichkeit betrachtet und diese Haltung auch vom Kind erwartet, oder wenn sie andersherum dem Kind deutlich zeigt, dass sie selbst große Probleme damit hat, sich zu trennen.

Wichtig für die Reaktion des Kindes auf die neue Krippensituation ist auch die Art der Bindungsbeziehung zwischen Mutter und Kind. Dies wird an der kindlichen Stresshormon-Freisetzung deutlich.

Aus der Forschung: Oben heißt es, in der Eingewöhnungsphase der Krippe dämpfe eine Mutter die Stressreaktion ihres 15 Monate alten sicher gebundenen Kindes. Bei den unsicher gebundenen Kindern schien die Mutter in dieser Studie nicht gleichermaßen Quelle der Sicherheit zu sein, denn die Kinder reagierten auch in ihrer Anwesenheit mit einer erhöhten Stresshormon-Freisetzung auf die ersten Tage und Wochen in der Krippe.
Nach der Eingewöhnungsphase reagierten zwar auch die sicher gebundenen Kinder mit einer erhöhten Cortisol-Freisetzung auf die Trennung von der Mutter, allerdings unterschieden sie sich in einem weiteren wichtigen Punkt von den unsicher gebundenen Kindern: Sie schrien und quengelten viel mehr als die unsicheren Kinder, die übrigens mehrheitlich unsicher-vermeidend an ihre Mütter gebunden waren. Es schien, als würden die unsicher-vermeidenden Kinder ihre eigenen Emotionen zurückhalten (Ahnert et al. 2004).

Unter bestimmten Bedingungen, nämlich dann, wenn das Miteinander mit der Mutter sehr problematisch ist, kann eine Fremdbetreuung hoher Qualität aber auch eine schützende Wirkung haben, wie weitere Studien zeigen.

Aus der Forschung: Erfahren Kinder, deren Mütter depressiv sind, eine Fremdbetreuung geringer Qualität, so neigen sie zu Verhaltensauffälligkeiten und wenig sozialem Verhalten. Eine Gruppenbetreuung hoher Qualität kann diese Entwicklung jedoch abfedern: Die Kinder reagieren nicht mit Verhaltensauffälligkeiten auf die psychischen Probleme der Mutter (Goelman et al. 2014). Ebenso kann eine frühe Betreuung Kinder davor schützen, infolge der mütterlichen Depression eine erhöhte Ängstlichkeit oder eine Neigung zum Rückzug zu entwickeln (Herba et al. 2013).

Nicht nur die Eigenschaften der Mutter, auch diejenigen des *Kindes* sind wichtig, wenn es darum geht, welche Auswirkungen die frühe Krippenbetreuung auf das Kind hat. Die im Verlauf dieses Buches (Kap. 4.3, 6.2) schon mehrfach beschriebenen Kinder mit dem schwierigen frühen Temperament, also diejenigen, die für den Umgang mit ihren überschießenden Emotionen mehr als andere eine feinfühlige Bindungsperson benötigen, reagieren auch auf den Krippenalltag empfindlicher. Für sie scheint die Gruppenbetreuung mit mehr Stress verbunden zu sein – zumindest legen dies Untersuchungen ihres Cortisol-Haushalts nahe. Es sind sowohl die sozial ängstlichen als auch die unkontrollierten und aggressiven Kinder, die im sozialen Miteinander mit den anderen Kindern besonders viele Stresshormone ausschütten (für eine Übersicht s. Vermeer und van IJzendoorn 2006).

Auch die Qualität der Betreuung hat nicht immer den gleichen Einfluss auf das Verhalten der Kinder. Während einige Kinder auch mit einer Betreuung geringer Güte keine Probleme haben (resiliente Kinder), reagieren andere äußerst sensibel auf die Qualität der Betreuung.

Aus der Forschung: Erleben Kinder mit einem von negativen Emotionen geprägten Temperament eine Krippenbetreuung geringer Qualität, so entwickeln sie mehr Verhaltensprobleme als Kinder mit einem positiv geprägten Temperament. Ist die Qualität der Betreuung hingegen hoch, dann ist ihr Verhalten friedlicher und unproblematischer als das der positiven Kinder. Selbst im Alter von 15 Jahren fallen die Kinder mit negativem Temperament, die eine Betreuung geringer Qualität erlebten, durch weniger soziales und aggressiveres Verhalten auf. Eine Analyse der genetischen Varianten ergab wieder einmal (s. Kapitel 3.1 und 4.3), dass es diejenigen Kinder mit der 7R-Genvariante des Dopamin-Rezeptors sind, die besonders empfindlich auf Betreuung geringer Qualität reagieren (Belsky und Pluess 2012; 2013).

Kinder, die als Säuglinge ein negatives Temperament haben, scheinen das höchste Risiko aufzuweisen, in der späteren Entwicklung nachteilige Auswirkungen davonzutragen, wenn sie in einem jungen Alter in einer Krippe von geringer Qualität betreut werden.

Benötigt ein Kind die frühe Krippe, um soziale Kompetenz zu erwerben?

Der Klassiker – eine Notiz aus einem schnell gegoogelten Internetforum:

> **Zitat:** »Hier in der Gegend ist es üblich, dass die Kinder mit einem Jahr in die Krippe gehen. Und zwar ausnahmslos. Auch in meinem Freundes- und Bekanntenkreis. Ich habe für mich beschlossen, dass ich das nicht möchte, sondern lieber noch ein, eventuell sogar zwei Jahre länger zu Hause zu bleiben. Wenn ich von diesem Plan erzähle, heißt es aber immer von allen Seiten: »Was? Aber dein Kind braucht doch Kontakt mit Gleichaltrigen!«[17]

Was ist die zugrundeliegende Annahme? Warum braucht das Kind den Kontakt mit Gleichaltrigen? Es geht hierbei vor allem um den Erwerb *sozialer Kompetenz.* Darum, dass es lernt, das Miteinander mit anderen zu schätzen, sich in andere hineinzuversetzen, ihre Gefühle zu erkennen, hilfsbereit und empathisch zu sein, sich kooperativ zu verhalten und die eigenen Absichten und Ziele mit denen der anderen zu verknüpfen. Benötigen nun Kinder die frühe Krippe, um soziale Kompetenz zu erwerben?

In vielen Studien wurde untersucht, welche Auswirkungen die frühe Krippenbetreuung auf die Entwicklung sozialer Kompetenz hat. Oft wird dabei der spätere Umgang der früh betreuten Krippenkinder mit Gleichaltrigen untersucht. Die Ergebnisse sind höchst uneinheitlich. Zum einen mag dies daran liegen, dass immer viele Faktoren eine Rolle spielen, die aber in der Regel in den Studien nicht alle berücksichtigt werden: Betreuungsschlüssel, Feinfühligkeit und Bindungsfähigkeit der Erzieherinnen, Temperament des Kindes oder das Alter des Kindes bei Eintritt in die Krippe. Bestimmte Kombinationen können sich recht ungünstig auf den späteren Umgang mit Gleichaltrigen auswirken, wie z.B., wenn Kinder vor ihrem ersten Geburtstag in eine Krippe geringer Qualität kommen (Howes et al. 1990).

Von großer Bedeutung ist auch das *emotionale Klima* in der Krippe: Wie gehen die Kinder miteinander um? Welche Temperamente wurden zusammengewürfelt? Kinder, die in der Krippe positive Erfahrungen mit Gleichaltrigen machen, sind auch im Schulalter beliebter, geselliger, kooperativer und weniger aggressiv als Kinder mit negativen Erfahrungen (NICHD 2008).

Vieles deutet auch daraufhin, dass für die Entwicklung der sozialen Kompetenz eines Kindes die Krippe gar keine so große Rolle spielt wie angenommen. Vergleicht man in Langzeitstudien wie der NICHD-Studie Kinder, die im familiären Umfeld oder in einer Krippe betreut wurden, dann zeigen sich zwar die beschriebenen moderaten Unterschiede im Sozialverhalten, es wird aber auch ein weiterer Zusammenhang deutlich: Viel einflussreicher als die frühe Krippenbetreuung sind der *familiäre Hintergrund* und hier vor allem die Qualität des Mutter-Kind-Miteinanders. Bestimmte familiäre Merkmale wie das Einkommen, die Ausbildung oder eine Scheidung der Eltern, die mütterliche Feinfühligkeit, ihre Neigung zu Depressionen, die Strukturierung des Tages durch Routinen oder das Vorhandensein von Büchern und Spielmaterial in der Familie, die kulturelle Stimulation des Kindes und viele weitere Faktoren beeinflussen die soziale Kompetenz eines Kindes viel mehr als das Ausmaß der Krippenbetreuung (für eine Übersicht s. NICHD 2006; s.a. Tietze et al. 2013 für einen ähnlichen Befund aus Deutschland).

Dieser Zusammenhang zwischen Familienmerkmalen und der kindlichen Entwicklung gilt – so die Forscher der großen NICHD-Langzeitstudie – »*in einer ähnlichen Weise für Kinder in umfangreicher Kinderbetreuung (30 oder mehr Stunden die Woche) und für Kinder in weitgehend mütterlicher Betreuung*« (NICHD 2006, S. 25, eigene Übersetzung).

Je nach Begleitumständen mag die frühe Krippenbetreuung hiernach einen leicht positiven oder einen leicht negativen Einfluss auf die Entwicklung der sozialen Kompetenz haben, es ist aber dem derzeitigen Forschungsstand zufolge keinesfalls so, dass Kinder die frühe Krippenbetreuung *benötigen*, um soziale Kompetenz zu erwerben.

Ungeachtet dessen, dass es viele weitere Gründe gibt, weshalb eine Familie sich für eine frühe Krippenbetreuung entscheidet: Das Kind wird nicht zum zurückgezogenen Sonderling, wenn es drei Jahre lang zu Hause betreut wird – vorausgesetzt, es hat zu Hause eine feinfühlige Bindungsperson, die bereit ist, auf seine Bedürfnisse einzugehen:

Zitat: »Einer der wichtigsten und zuverlässigsten Einflusswerte für die kognitive und soziale Entwicklung eines Kindes war die Qualität der Mutter-Kind-Interaktion. Je feinfühliger, ansprechbarer, aufmerksamer und kognitiv stimulierender die Mutter während der beobachteten Interaktionen war, desto besser waren die Ergebnisse der Kinder« (NICHD 2006, S. 23, eigene Übersetzung).

In einer anderen großen Langzeitstudie, der bereits in Kapitel 4.3 zitierten Minnesota-Studie, zeigte sich, dass die mütterliche Feinfühligkeit einen ausgesprochen langfristigen Einfluss auf die Ausbildung sozialer Fähigkeiten hat und positive Auswirkungen selbst im Alter von 32 Jahren noch feststellbar sind (Raby et al. 2015).

Eigentlich muss diese Erkenntnis nicht verwundern. Aus Kapitel 4 wissen wir bereits, dass Kinder, deren Gehirn und deren Persönlichkeit sich innerhalb einer sicheren Bindungsbeziehung entfalten konnten, nicht nur selbstständig, wenig ängstlich und sehr frustrationstolerant, selbstbewusst und positiv sind, sondern auch besonders sozial kompetent. Diese Kinder haben in einer engen und fürsorglichen Beziehung mit einer feinfühligen Bindungsperson ihre eigenen Emotionen kennen und regulieren gelernt. Sie haben ein effizientes System zur Stresshemmung und eine hohe Bindungsfähigkeit entwickelt. Entspannt konnten sie ihre eigene Welt und die der anderen erkunden. Verschiedene Studien deuten an, dass die sichere Bindungsbeziehung über eine besonders gute Einstellung des *Oxytocin-Systems* ihren Einfluss auf die soziale Entwicklung genommen hat.

Aus der Forschung: Kinder, die im Alter von zwei bis vier Jahren im Umgang mit Gleichaltrigen durch besonders soziales Verhalten auffallen, zeichnen sich durch eine hohe Oxytocin-Konzentration im Urin aus. Bei Kindern mit problematischem Sozialverhalten ist die Konzentration hingegen viel geringer (Fujiwara et al. 2014). In einer anderen Studie zeigte sich ebenfalls, dass die Qualität des sozialen Miteinanders dreijähriger Kinder mit ihrem ersten besten Freund mit dem kindlichen Oxytocin-Gehalt, aber ebenso mit der mütterlichen Oxytocin-Funktion und der Qualität des Mutter-Kind-Miteinanders zusammenhängt (Feldman et al. 2013).

Ist zu Hause *keine* entsprechend feinfühlige Betreuung gegeben, dann mag die frühe Fremdbetreuung auch hinsichtlich der Entwicklung einer hohen Sozialkompetenz einen schützenden Einfluss haben – dann nämlich, wenn sich das kindliche Gehirn in einer sicheren Bindungsbeziehung mit den Erzieherinnen optimal entwickeln kann.

Und was ist nun mit den Gleichaltrigen? Sicher benötigen Kinder einen intensiven Umgang mit den sogenannten »*Peers*« – mit ähnlich denkenden Kindern, mit denen sie sich gemeinsam weiter entwickeln können und mit denen sie gleichberechtigte Freundschaften aufbauen können. Aller Wahrscheinlichkeit nach haben diese ersten Kontakte aber dann eine besonders positive Wirkung auf das Kind, wenn sich diese Erkundung der Welt der anderen vor dem Rückhalt einer *sicheren Bindungsbeziehung* abspielt und das Kind im Falle eines ernsthafteren und nicht auf Anhieb selbst zu lösenden Konflikts Trost und Beruhigung finden kann. Wenn sein Stresssystem mit Unterstützung der Bindungsperson herunterfahren kann, so dass der Konflikt anschließend flexibel gelöst werden und das Kind lernen kann, kreative Problemlösestrategien anzuwenden.

Benötigt ein Kind die frühe Krippe, um frühe Bildung zu erhalten?

Immer mal wieder gelangen medial aufbereitete Studien über den Zusammenhang früher Krippenbetreuung oder mütterlicher Berufstätigkeit einerseits und späteren intellektuellen Leistungen der Kinder andererseits in den Fokus der Öffentlichkeit. Die Schlagzeilen sind immer groß und die Botschaft eindeutig: »Kinder in der Kita: Je früher, desto schlauer« oder »Arbeitende Mamas machen Kinder erfolgreicher«.[18] Schaut man direkt in die dem jeweiligen Artikel zugrundeliegenden Studien, fallen die Ergebnisse oft weniger eindeutig aus.

Eine ganze Reihe von Schlagzeilen aus diesem Bereich beruht auf verschiedenen Studien wirtschaftswissenschaftlicher Institute, in denen in einer sehr indirekten Weise ein Zusammenhang zwischen der Dauer der Kinderbetreuung und späterem Erfolg hergeleitet wurde. So wurde beispielsweise gezeigt, dass Töchter berufstätiger Mütter im späteren Leben beruflich etwas erfolgreicher sind als diejenigen reiner Hausfrauen. Eine Mutter wurde übrigens dann als »berufstätig« definiert, wenn sie zwischen Geburt und dem 14. Lebensjahr des Kindes ein Jahr lang mindestens eine Stunde pro Woche gearbeitet hatte (McGinn et al. 2015). Es ist fragwürdig, ob Studienergebnisse wie diese die eindeutige Schlussfolgerung rechtfertigen, dass ein früher Krippenbesuch Kinder schlau oder erfolgreich mache. Zudem muss berücksichtigt werden, dass auch Unterschiede zwischen Müttern, die sich für oder gegen Berufstätigkeit entschieden haben, direkt an deren Kinder vererbt worden sein können. Der IQ etwa ist in einem hohen Maße erblich. Die oft zitierte Studie der Bertelsmann-Stiftung ist hier schon etwas aussagekräftiger, denn hier wurde herausgefunden, dass Kinder, die früh eine Krippe besucht hatten, mit einer um 12 % größeren Wahrscheinlichkeit später ein Gymnasium besuchen als Nicht-Krippenkinder. Allerdings hat der größere Teil der in dieser Studie untersuchten Kinder erst im Alter von zwei Jahren mit dem Besuch der Krippe begonnen (Fritschi und Oesch 2008). Weitere Faktoren, wie z. B. Unterschiede im elterlichen Ehrgeiz, könnten den Zusammenhang ebenfalls beeinflusst haben.

»*Kita-Besuch ist in jedem Alter gut für den IQ*« – untertitelte Die Welt im Januar 2013[19] und berief sich auf eine wissenschaftliche Arbeit, in der mit statistischen Verfahren eine ganze Reihe von Studien zur Intelligenzsteigerung von Kindern untersucht wurde. Es kam heraus, dass sozial benachteiligte Vorschulkinder dann um 7 IQ-Punkte schlauer sind, wenn sie eine Vorschule mit besonderen sprachlichen Fördermaßnahmen besuchen. Es zeigte sich außerdem, dass früher als die Vorschule beginnende Maßnahmen keinen zusätzlichen Effekt hatten. Zudem brachte ein entsprechendes Training der sozial benachteiligten Mütter in einem kognitiv stimulierenden Umgang mit ihren Kindern ebenfalls 7 IQ-Punkte Fortschritt. Die Wissenschaftler warnten explizit davor, dass die Studienergebnisse nicht generalisiert werden dürften und nur für sozial benachteiligte Kinder gelten. Also: »Kita-Besuch ist in jedem Alter gut für den IQ«?

Andere Studien zeigten, dass sich für Kinder aus benachteiligten und geringverdienenden Haushalten auch die frühe Krippenunterbringung bzw. mütterliche Berufstätigkeit positiv auf die intellektuelle Entwicklung auswirken kann, während dieselbe Erfahrung für Kinder aus Haushalten mit einem normalen oder hohen Einkommen auch gegenteilige Effekte haben und mit schlechteren Ergebnissen in der Lese- und Rechenfähigkeit einhergehen kann (Lombardi und Coley 2014; Votruba-Drzal et al. 2013).

Wie bereits in einem Zusammenhang mit der Entwicklung der sozialen Kompetenz beschrieben, ist auch für die kognitive Entwicklung des Kindes der Einfluss des Elternhauses immens. Dies wurde in einer Langzeituntersuchung einer Reihe von Armut bedrohter Kinder demonstriert.

Aus der Forschung: Die frühe Stimulation von Lernen und Sprachentwicklung durch die Eltern, deren korrekte Anwendung von Sprache, die Bereitstellung von Büchern und vielfältigen kulturellen Erlebnissen – all diese Faktoren haben einen erheblichen positiven Einfluss auf die Sprachkompetenz im frühen Erwachsenenalter – selbst wenn man den mütterlichen IQ (und dessen potentielle Vererbung) berücksichtigt (Farah et al. 2008). Auch in den Gehirnen der jungen Erwachsenen zeigen sich Unterschiede, denn die Hirnrinde derjenigen Versuchspersonen, deren Eltern viele kognitive Anregungen bereithielten, wies Merkmale auf, die auf eine fortgeschrittene Reifung und eine effiziente Verarbeitung schließen lässt (Avants et al. 2015).

Die Kinder, denen das eigene Elternhaus keine Stimulation bietet, können hiernach durchaus von einer frühen Krippenbetreuung profitieren. Hier zeigt sich wie so oft, dass man nicht verallgemeinern sollte, denn was für den einen gut ist, kann für den anderen schlecht oder zumindest bedeutungslos sein. Nicht vergessen darf man hier auch, dass es in diesem Kapitel um die Frage geht, ob das durchschnittliche, normal begabte Kind die Krippe benötigt, um frühe Bildung zu erhalten. Es geht nicht um Kinder mit festgestelltem Förderbedarf, bei denen eine besonders frühe Unterstützung unabhängig von der Bildungsnähe des Elternhauses von großer Wirkung sein kann.

Was sagt nun das *Gehirn* dazu? Kann die Hirnforschung ergänzende Erkenntnisse liefern? Schließlich wird häufig Bezug auf dieses Organ genommen, wenn für eine besonders frühe Konfrontation des Kindes mit Lernprogrammen argumentiert wird. Wir wissen, dass junge Gehirne besonders aufnahmefähig sind, dass es Zeitfenster gibt, in denen sie darauf vorbereitet sind, etwas zu lernen (so etwa Sprache), in denen Nervenzellnetzwerke darauf warten, Informationen aufzunehmen und ansonsten ihre Fortsätze beleidigt zurückziehen. Wir füttern deshalb die Gehirne unserer Kinder mit Wissen, wir versuchen, alles hineinzustopfen, bevor es zu spät ist.

Prinzipiell sind diese Annahmen über das Gehirn richtig, so funktioniert es. Je früher, desto nachhaltiger. Ob allerdings Klavier und Geige, Englisch und Chinesisch, gemalte As oder in den Wolken gesuchte Ws sowie ein gesungenes Einmaleins zu den Inhalten gehören, die das Gehirn in den ersten Jahren am allermeisten benötigt, ist die zweite Frage.

Das Gehirn muss nämlich noch viele, sehr viele andere Dinge lernen und auch der kindliche Alltag hat nur eine begrenzte Anzahl von Stunden. Es muss seinen Körper kennenlernen, es muss erfahren, wie man die Füße vorsichtig voreinander setzt, um Bäume zu erklimmen oder auf einer Mauer zu balancieren. Es muss die Vorgänge in seiner Umwelt durch Nachspielen begreifen und es muss sich in seiner Beschäftigung mit der Welt kreativ und flexibel treiben lassen können, um nach fehlenden Puzzleteilen im Verständnis seiner kleinen Welt zu suchen. Das kindliche Gehirn braucht *Zeit*.

Auch wenn man es manchmal nicht glauben mag – zumindest dann nicht, wenn man schon mal einem Kind bei den Hausaufgaben geholfen hat: Das Gehirn lernt unheimlich gerne (für eine ausführliche Darstellung s. Roth 2011). Sehr gerne speichert es haufenweise Informationen ab. Eine Voraussetzung hierfür ist jedoch der Pädagogen und Psychologen schon seit langem bekannte Umstand, dass das Kind die Notwendigkeit für die Speicherung begreift und dass es das Abgespeicherte in einen Zusammenhang setzen, ihm eine Bedeutung geben kann. Im Gehirn ist dies damit verbunden, dass die neue Information auf bereits bestehende Netzwerke miteinander verbundener Nervenzellen trifft. Die durch die neue Information angeregten Nervenzellen schließen sich dem Verband an und sind von nun an gemeinsam mit ihm aktiv.

Das Kind muss zudem erst einmal das Bedürfnis entwickeln, etwas Bestimmtes zu lernen. Es muss begreifen, dass es notwendig ist, die Welt in Mengen, Zahlen und Buchstaben zu erfassen, etwa um den brüderlichen Streit um die roten Duplosteine beizulegen oder um eine Geburtstagskarte für die Oma zu schreiben.

Das Gehirn lernt vor allem dann, wenn es belohnt wird oder eine Belohnung erwartet. In verschiedensten Bereichen des Gehirns wird Dopamin ausgeschüttet und prägt all diejenigen einfließenden Informationen der Umwelt, die potentiell belohnungsversprechend sind, mit einem »Wichtig!«-Stempel. Belohnend wirken jedoch nicht nur die lobenden Worte der Erzieherin. Jeder, der schon einmal erlebt hat, wie aufgeregt und stolz ein Kleinkind darauf reagiert, einen hohen Legoturm, größer als es selbst, gebaut zu haben, weiß, dass das Erleben dieser Selbstwirksamkeit jegliche lobenden Worte in den Schatten stellt. Gleiches gilt für das Baby, das Schwerkraft und mütterliche Reaktion testet, indem es immer und immer wieder den Löffel mit dem Bananenbrei gen Boden sausen lässt und sich irrsinnig über die Vorhersehbarkeit seiner Welt einschließlich der emotionalen Reaktion seiner Mutter freut. Diese selbstgesteuerte Erkundung der Welt, ihrer Gesetzmäßigkeiten und der eigenen Einflussnahme darauf ist nachhaltiger als jede frühe Physikstunde.

Aber auch die Zuneigung der anderen, das Lernen im Miteinander mit geschätzten Menschen empfindet das Gehirn als sehr belohnend. Gemütlich eingekuschelt auf dem Schoß der Eltern oder des Erziehers miteinander ein Bilderbuch anschauen – so lernt es gerne, das Gehirn. Neue Erkenntnisse deuten an, dass das im Miteinander ausgeschüttete *Oxytocin* auch beim *Lernen* eine große Rolle spielt. Früher folgerte man aus der Beobachtung furchtkonditionierter Tiere, dass Oxytocin das Lernen beeinträchtige – dies ging sogar so weit, dass man Oxytocin als amnestisches Peptid bezeichnete. Inzwischen glaubt man, dass Oxytocin die Art des Lernens ändert. Es könnte etwa die stresstypische Neigung vermindern, an Verhaltensstrategien festzuhalten, wenn diese gar nicht mehr sinnvoll sind und stattdessen eher kreatives und flexibles Denken fördern (De Dreu et al. 2014).

Aktuelle Ergebnisse können Hinweise darauf sein, dass Oxytocin dann, wenn es in Situationen des herzlichen Miteinanders zwischen Eltern und Kind oder auch Erzieherin und Kind ausgeschüttet wird, das Lernen des Kindes erleichtert.

Oxytocin fördert nicht nur Prozesse, die für das Lernen allgemein von Bedeutung sind – so beispielsweise die Reaktion des Gehirns auf Sinneswahrnehmungen, die Neubildung von Nervenzellen und einen Mechanismus, über den Verknüpfungen zwischen gleichzeitig aktiven Nervenzellen dauerhaft verstärkt werden (Lin et al. 2012; Zheng et al. 2014) –, sondern auch das Lernen durch soziales Feedback. Im Gehirn ist dies damit verbunden, dass unter dem Einfluss von Oxytocin Bereiche des Belohnungssystems stark aktiviert und besonders effizient mit einer ganzen Reihe anderer Hirnstrukturen verbunden sind (Hu et al. 2015). Oxytocin scheint hierdurch die Motivation zu verstärken, in einem Miteinander mit anderen äußerst lernfähig zu sein. Darüber hinaus könnte das Oxytocin dem Stress und der Angst entgegenwirken, die in der Konfrontation mit neuen Reizen oder sozialen Situationen entstehen können. Nur ein Gehirn in Sicherheit kann sorgenfrei lernen und erkunden!

Dieser Zusammenhang von Oxytocin und Lernsicherheit scheint auch die Grundlage dafür zu bilden, dass Kinder ihre Eltern als sichere Basis nutzen, um ihre Umwelt besonders entspannt und effizient erkunden zu können. Die sichere Bindungsbeziehung liefert hiermit die Grundlage für ein besonders nachhaltiges frühkindliches Lernen.

Vermutlich deshalb gilt nicht nur für die oben beschriebenen sozialen Fähigkeiten eines Kindes, sondern auch für die kognitiven Fähigkeiten, dass es die Mutter-Kind-Beziehung ist, die den größten Einfluss darauf hat, wie sich das Kind akademisch entwickelt (NICHD 2006).

Aus der Forschung: Ein hohes Ausmaß mütterlicher Feinfühligkeit in den ersten drei Lebensjahren steht in einem Zusammenhang mit guten akademischen Leistungen im Alter von 32 Jahren (Raby et al. 2015). Insbesondere Gedächtnisleistungen werden übrigens durch die Wärme und Verfügbarkeit der Mutter beeinflusst. Es wird angenommen, dass die mütterliche Fürsorge die Nervenzellen des für das Gedächtnis wichtigen Hippocampus vor den schädlichen Auswirkungen von Stress schützt (Farah et al. 2008).

Ist hiernach die frühe Krippenbetreuung erforderlich für die frühe Bildung? Das frühe Lernen in einem Umfeld der Sicherheit kann in einer Krippe einer ausgesprochen guten Qualität stattfinden, muss es aber nicht. Hat das Kind engagierte Eltern, die mit ihm gemeinsam die Welt erkunden oder ihm dafür eine sichere Basis bieten, die mit ihm reden und Bücher anschauen, dann ist die Krippenbetreuung in den allerersten zwei bis drei Lebensjahren allem Anschein nach nicht erforderlich, damit das Kind frühe Bildung erhält.

Sind die häuslichen Bedingungen für das Kind aber nicht optimal und förderlich, dann kann auch die frühe Krippenbetreuung die kognitive Entwicklung des Kindes stützen – allerdings nur, wenn sie von guter Qualität ist, und vor allem dann, wenn das frühe Lernen in einem herzlichen Miteinander und im Rahmen einer sicheren Bindungsbeziehung mit den Erzieherinnen erfolgt.

Take Home: Eltern unterstützen normalerweise intuitiv die gesunde emotionale und kognitive Entwicklung des Kindes und sind deshalb bestens für die frühe Betreuung des Kindes in dessen ersten Lebensjahren geeignet. Müssen beide Eltern bereits früh wieder in die Berufstätigkeit zurückkehren oder sind elterliche Fürsorge bzw. ihr Umfeld aufgrund eigener Erfahrungen der Eltern, psychischer Erkrankungen oder schwieriger wirtschaftlicher Verhältnisse nicht optimal, dann kann es für das Kind vorteilhaft sein, wenn andere Erwachsene in die Betreuung des Kindes eingebunden werden. Das kann die Oma sein, aber auch die Erzieherin in der Krippe. Voraussetzung für letzteres ist allerdings – wie schon viele Stimmen forderten – eine hohe Qualität der frühen Krippenbetreuung. Nicht mehr als zwei bis maximal drei Kinder sollte eine Erzieherin beaufsichtigen müssen, um den Aufbau einer sicheren Bindung gewährleisten und das Kind vor Stress schützen zu können. Dies gilt umso mehr für Kinder mit einem von negativem Affekt gekennzeichneten Temperament. Vor dem Hintergrund schwieriger häuslicher Verhältnisse kann die frühe Fremdbetreuung Kinder in der Entwicklung einer hohen sozialen Kompetenz unterstützen und in ihrer frühen Bildung erheblich fördern. Sind diese Risiken nicht gegeben, können diese Fähigkeiten ebenso gut oder besser durch die Eltern vermittelt werden. Jede Familie sollte die Entscheidung über die frühe Betreuung unter Berücksichtigung der Umstände und des Bauchgefühls selbst treffen. Beweggründe für eine frühe Krippenentscheidung sollten jedoch weder die gegenwärtige Strömung sein (»das macht man halt so«) noch Vorhaltungen anderer, man würde das Kind andernfalls in seiner Entwicklung von hoher sozialer Kompetenz oder in seiner kognitiven Entwicklung beeinträchtigen. Dafür gibt es entsprechend der in diesem Buch dargestellten Forschungsergebnisse keine Veranlassung. Die Gehirne von Mutter und Vater sind bestens darauf vorbereitet.

6.5 Kapitel 6 in Kürze

Eigentlich weiß unser Körper, wie das geht, das mit dem Elternsein. Ein entsprechender Masterplan ist in jeder Zelle in den Genen gespeichert. Trotzdem wissen wir oft nicht weiter. Möglicherweise deshalb, weil der Masterplan – und hiermit unsere Intuition – an eine Welt angepasst wurde, die Millionen Jahre lang den Alltag des heutigen Menschen und seiner frühen Vorfahren charakterisierte, die aber seit wenigen Jahrhunderten ganz anders ist. Das muss nicht schlecht sein – wir alle freuen uns über Kühlschrank, Kinderwagen und Konservierungsmittel – aber es ist anders. Und somit sind wir manchmal verunsichert, wenn sich unsere Intuition nicht im Einklang mit den Anforderungen des Alltags befindet.

Kaum eine Kindheit ist perfekt, und manchmal kommt einiges an negativen Veranlagungen und Erfahrungen zusammen und belastet die kindliche Entwicklung. Das liebevolle Miteinander mit dem Kind und die sichere Bindung können aber diesen Belastungen entgegenwirken und das Kind vor schädlichen Auswirkungen früher Risikofaktoren schützen. Und sicherlich müssen wir auch als Eltern nicht perfekt sein und dürfen durchaus auch mal unsere negativen Emotionen zeigen – denn so funktioniert der Mensch nun einmal. Wichtig ist aber natürlich, dass wir das Kind dabei weder emotional noch körperlich verletzen oder vernachlässigen.

Nichtsdestotrotz kann es manchmal schwierig werden im Umgang mit dem Kind. Dann, wenn Kinder aufgrund ihrer Genvarianten oder ihrer frühen Stresserfahrungen ein überschießendes Temperament oder gar Regulationsstörungen haben, wenn sie schreien und wir uns fragen, wo sich bloß unsere Intuition versteckt hat – wir wissen nämlich nicht weiter. Das Wissen um die neurobiologischen Vorgänge, die

Kinder zu diesem Verhalten bringen – etwa ihr überschäumendes Stresssystem – unterstreicht die bindungsnahe Haltung, die heutzutage von vielen Psychologen und Psychiatern empfohlen wird: Die Kinder wollen uns nicht manipulieren. Sie können nichts für ihr Temperament und müssen liebevoll in der Regulation ihrer Emotionen unterstützt werden. Manchmal ist in solchen Fällen eine Beratung, z.B. in einer »Schreiambulanz«, sinnvoll. Sind auch die eigenen Bindungserfahrungen der Eltern an der Problematik beteiligt, so können Beratung oder eine Bindungspsychotherapie helfen.

Müssen beide Eltern wieder früh in den Beruf zurückkehren, dann sind alternative Betreuungsmodelle auch mit dem Blick auf die psychologischen und neurowissenschaftlichen Vorgänge rund um Bindung, Oxytocin und Gehirn nicht grundsätzlich problematisch. Allerdings muss – wie schon so oft gefordert – die Qualität der Einrichtungen ausgesprochen gut und der Aufbau einer sicheren Bindungsbeziehung zwischen Erzieherin und Kind realisierbar sein.

Es scheint aber den hier dargestellten Forschungsergebnissen zufolge keineswegs so zu sein, dass Kinder aus Elternhäusern, die *nicht* in hohem Maße bildungsfern sind, die frühe Unterbringung benötigen, um eine hohe soziale Kompetenz aufzubauen oder um mit Hilfe frühkindlicher Bildungsprogramme akademisch mithalten zu können. Die Geborgenheit der sicheren Bindungsbeziehung mit der Mutter, dem Vater oder einer anderen zuverlässig anwesenden Betreuungsperson und deren liebevoll kognitiv stimulierender Umgang mit dem Kind ist die Grundlage für die optimale Entwicklung dieser kindlichen Fähigkeiten.

7 Ausblick: Das Bedürfnis des Gehirns nach Bindung und die Gesellschaft

Nun kommt auch noch die Neurobiologie daher und unterschreibt all das, was Psychologen, Psychiater und Pädagogen schon seit Jahren beharrlich fordern:

Kinder benötigen für eine gesunde Entwicklung eine sichere frühe Bindungsbeziehung. Liebevolle Geborgenheit einer zuverlässig für sie verfügbaren feinfühligen Bezugsperson und ein stimulierendes Umfeld, in dem sie die Gesetzmäßigkeiten der Welt ohne Stress erkunden können.

Wir wissen nun, dass diese Prozesse mit stofflichen Vorgängen im *Gehirn* verbunden sind. Dass Kinder nicht nur subjektiv das Bedürfnis nach Trost und Geborgenheit verspüren, sondern auch ihre Gehirne diese soziale Unterstützung für ihre Reifung benötigen. Wie in Kapitel 4 beschrieben, ermöglicht die sichere Bindung die Entwicklung eines guten Zugangs zu den eigenen Emotionen, ihre Regulierung, wenn die Situation dies erfordert, eine hohe Bindungsfähigkeit und effiziente Möglichkeiten der Stressbewältigung.

Was bedeuten diese Erkenntnisse für die Gesellschaft? Für den Umgang einer Gesellschaft mit ihren Kindern? Für die politischen Entscheidungen, die eine Grundlage dafür liefern, wie und von wem Kinder in welcher Weise betreut werden? Müssen wir uns vor dem Hintergrund der psychologischen und neurobiologischen Erkenntnisse fragen, ob der derzeitige Weg der umfassenden U3-Betreuung der richtige ist?

Oder war früher alles besser? Früher, als Kinder während

ihrer ersten Lebensjahre zumeist von der Mutter betreut wurden? Als die Kleinkinder in der Küche Türmchen bauten, während Mutter die Bohnen schnippelte? Als ihr fragendes Lallen im Eins-zu-eins-Gespräch kommentiert wurde und sie sofort liebevoll geäußerte tröstende Worte hörten, wenn das Türmchen wider Erwarten umfiel? Ja, aus Sicht des Kindes schon. Gelingt es der Mutter, feinfühlig auf das Kind einzugehen, dann ist dieses individuelle Miteinander mit dem Kind genau das, was sein kleines Gehirn für eine gesunde Entwicklung benötigt.

Die gegenwärtig fortschreitende gesellschaftliche Abkehr von dem Modell der häuslichen Betreuung beruht nicht auf kindlichen Bedürfnissen und Notwendigkeiten. Es sind *mütterliche* Bedürfnisse und Notwendigkeiten. Moderne Frauen wollen nicht mehr nur auf die Mutterrolle reduziert werden, sondern finanziell unabhängig, selbstbestimmt und gesellschaftlich anerkannt sein.

Im Zuge der Gleichberechtigung wurden die gesellschaftlichen Geschlechterrollen zunehmend neu definiert, und Frauen erhielten dieselben Rechte und Möglichkeiten, ihren Lebensweg zu gestalten (auch wenn noch Nachbesserungsbedarf bestehen mag). Unabhängig von diesem gesellschaftlichen Fortschritt blieben die Bedürfnisse heutiger Kleinkinder jedoch unverändert. Ihre Gehirne brauchen nach wie vor eine sichere Bindung, um eine gesunde Psyche zu entwickeln.

Dieser Umstand schien einige Mütter veranlasst zu haben, Prioritäten zu setzen: »Dann lieber keine Kinder!« Die notwendige Folge einer drastisch gesunkenen Geburtenrate versetzte die Politik in Alarmbereitschaft und führte zum umfassenden Ausbau der U3-Betreuung, die es berufstätigen Frauen ermöglichen soll, Kind und Karriere zu vereinbaren. Und das mit so wenig beruflichem Ausfall wie möglich. Auch ökonomisch betrachtet war dies eine weise Entscheidung – steht doch einem immensen Fachkräftemangel eine Ressource gegenüber: »*Das größte und am schnellsten zu aktivierende Fachkräftepotenzial im Inland sehen die Wissenschaft und die Bundesagentur für Arbeit bei den Frauen*« (BMAS 2011, S. 20). Doch sind damit wirklich alle Probleme gelöst? Sind die Mütter nun glücklich mit ihrer Situation der Erwerbstätigkeit bei ausgelagerter Kinderbetreuung? Und was ist mit den Kindern und ihrem Bedürfnis nach sicherer Bindung? Zunächst zu den Müttern.

Vereinbarkeit

Eine Studie des Deutschen Instituts für Wirtschaftsforschung legt nahe, dass die Zufriedenheit der Mütter durch den Krippenausbau leicht gestiegen ist (Schober und Schmitt 2013). *Warum* sind Mütter dann zufriedener, wenn sie das Baby, das sie sich zuvor so sehr wünschten, leichter abgeben können, um zu arbeiten? Weil sie so gerne arbeiten und es nicht erwarten können, wieder am Schreibtisch zu sitzen? Weil sie die Anwesenheit des Babys nicht leiden können? Wohl kaum.

Vermutlich waren es zuvor eher Sorgen um berufliche Nachteile und ein vorzeitiges Karriereende, finanzielle Probleme, oder die fehlende gesellschaftliche Anerkennung der fürsorgenden Mutter, die ihrer verminderten Zufriedenheit zugrunde lagen. Vielleicht treiben auch die Alleinerziehenden, die Selbstständigen und diejenigen, in deren Familien ein einzelnes Einkommen beim besten Willen nicht ausreichte, die Statistik an, denn sie mussten auch schon vor der Reform arbeiten und finden durch den Ausbau der Krippen nun etwas bessere Bedingungen vor.

Ist nun alles optimal? Warum hört man nur immer wieder vom Halbtagsjob, der nach allen Abzügen für Krippe und Steuer kaum etwas einbringt, irgendwie auch kein berufliches Weiterkommen ermöglicht, und dem regelmäßig eine zweite

Tageshälfte folgt, in der die Haushaltspflichten in hochkonzentrierter Form der (meist doch noch mütterlichen) Aufmerksamkeit bedürfen?

Oder vom Alltag einer in Vollzeit beschäftigten Mutter, der ihr schnell die Grenzen der Vereinbarkeit aufzeigt? Dann, wenn sie merkt, dass fiebrige Kinder und fordernde Arbeitgeber schlecht vereinbar sind? Wenn sie immer wieder feststellen muss, dass ausgerechnet in der eingeplanten quality time nach der Arbeit dem Kind gar nicht nach quality time zumute ist und außerdem die nasse Wäsche in der Maschine knittert, der klebrige Saft vom Boden aufgewischt werden muss und die Krippenleitung auf einen Rückruf wartet? Immer dabei: das sich dominant ausbreitende schlechte Gewissen, das sich fragt, ob das Kind nicht zu kurz kommt. Es mag einige geben, bei denen perfekte Bedingungen diesen Spagat erlauben und erträglich machen, aber was ist mit dem Rest?

Wären alle Mütter mit der Situation zufrieden, warum sind dann die Regale der Buchläden und die Tiefen des Internets so angefüllt mit Streitschriften über die Unvereinbarkeit von Kind und Karriere?[20] Differenziert und mit vielen Beispielen wird dargelegt, dass es eben nicht möglich ist, gleichzeitig liebevolle und fürsorgliche Mutter, engagierte und zuverlässige Arbeitnehmerin und dazu auch noch schön, gepflegt, sportlich, gesellschaftlich engagiert und sozial integriert zu sein – wissend, dass man dies eigentlich gar nicht sagen darf, um nicht all den jungen Frauen ihre Illusionen zu rauben.

Da mag auch eine ehemalige Familienministerin sieben Kinder haben und eine andere empfehlen: »Lassen Sie sich nicht verunsichern, wenn Sie beides wollen! Beruf und Familie unter einen Hut zu bekommen, ist zwar manchmal anstrengend, aber vieles ist schon möglich.«[21] Irgendwie wird man das Gefühl nicht los, dass bei denen zu Hause etwas anders läuft als bei einem selbst. Und irgendwie murmelt bei aller Vereinbarkeit auch das Bauchgefühl (oder kommt es gar aus dem Gehirn?), dass die wenigen und so wichtigen Jahre des Kindes doch so schnell vorübergehen. Soll das jetzt alles gewesen sein? War das der Zustand, den meine biologische Uhr herbeiticken wollte?

Oder doch die ersten drei Jahre bis zum Kindergarten zu Hause bleiben? Schon beim ersten Gedanken daran schreit hier wieder das schlechte Gewissen, diesmal ziemlich barsch aus einer anderen Ecke: »Geht's noch? Du bist eine fortschrittliche Frau! Außerdem kannst du das nicht riskieren!« »Ich arbeite, also bin ich«, beschreiben die Autorinnen Susanne Garsoffky und Britta Sembach in ihrem Buch über die Alles-ist-möglich-Lüge diese gegenwärtig verbreitete Haltung zur Berufstätigkeit. Neben dem Gewissen raten auch Freunde und Bekannte dazu, die Kinder schnell in die Krippe zu geben, fördere dies doch die soziale Kompetenz und die frühe Bildung der Kinder.

Abgesehen davon beeinträchtigt das nun gültige Anrecht auf eine U3-Betreuung die Möglichkeit einer eigenen *Auswahl* des Lebensmodells. Mütter, die beim Arbeitgeber um eine mehrjährige Auszeit oder flexible minimale Arbeitszeiten bitten, können *nicht mehr* mit fehlender Kinderbetreuung argumentieren. Und der öffentliche Arbeitgeber garantiert der schwangeren Lehrerin nur dann eine Weiterbeschäftigung an der alten Schule (im selben Ort wie der soeben fertiggestellte Neubau), wenn sie direkt nach dem Mutterschutz zurückkehrt.[22]

Und was sagen die Kinder dazu?

Die Kinder, die heutzutage zwischen Krippe, quality time und Vereinbarkeit aufwachsen? Das Credo, dem zufolge die frühe Krippenbetreuung nicht nur für die Mütter gut sei, sondern auch für die Kinder, scheint sich verselbstständigt zu haben.

Übersehen wird dabei oft, dass die Folgerung, die frühe Krippenunterbringung sei für die Entwicklung einer hohen sozialen Kompetenz und die frühe Bildung unerlässlich (s. Kapitel 6.4), nur für diejenigen Kinder gilt, bei denen die frühe Krippenbetreuung im Vergleich mit der mütterlichen Betreuung auch ein Mehr an liebevoller und feinfühliger Zuwendung und ein Mehr an stressfreiem und kognitiv stimulierendem Miteinander bedeutet.

Dieser Zusammenhang gilt nämlich vor allem für Kinder aus sozioökonomisch *benachteiligten* Familien. Häufig wird für Familien mit einem mittleren oder höheren Einkommen bzw. einer höheren Bildung genau das Gegenteil festgestellt. Ebenso, wenn die Unterbringung vor dem ersten Geburtstag stattfindet oder die Qualität der Krippe nicht stimmt (für eine Metanalyse s. Lucas-Thompson et al. 2012; s. a. BMFSFJ 2012).

Erst einmal Krippe für alle. Das mit der Qualität und dem Betreuungsschlüssel wird sich mit den Jahren schon einspielen. Oder? Nach einem 1997 in Kanada begonnenen Programm einer flächendeckenden Versorgung mit Krippen mit nicht optimalem Betreuungsschlüssel (erlaubte 1:5 für die jüngeren und 1:8 für die älteren der unter Vierjährigen) zeigten sich bei den Kindern einige Jahre später erste negative Auswirkungen, die sich mit einer verminderten Gesundheit, einer verringerten Lebenszufriedenheit und einer erhöhten Neigung zu Kriminalität bis in das Jugendalter fortsetzten (Baker et al. 2015). Eine kürzlich veröffentlichte Analyse dieser Daten zeigte, dass diese Ergebnisse abhängig vom *Alter* bei Beginn der Krippenbetreuung waren: Negative Auswirkungen auf die Gesundheit und das Verhalten waren besonders für diejenigen Kinder erheblich, die bereits vor dem Alter von drei Jahren betreut worden waren. Kinder, bei denen die Betreuung erst nach ihrem dritten Geburtstag begonnen hatte, reagierten stattdessen mit einer positiven Entwicklung auf das Betreuungsprogramm (Kottelenberg und Lehrer 2014).[23]

Im aktuellen Report des Ländermonitors Frühkindliche Bildungssysteme 2015 der Bertelsmann-Stiftung[24] werden die Betreuungsschlüssel in deutschen Krippen genau dargestellt und diskutiert. Die Stiftung empfiehlt bei den unter Dreijährigen einen Personalschlüssel von 1:3 – und liegt damit noch leicht unter dem von Bindungsforschern und Kinderärzten empfohlenen Verhältnis von einer Erzieherin auf zwei bis drei Kleinkinder (Horacek et al. 2008; Brisch et al. 2011). Im Länderreport wird zudem daran erinnert, dass Erzieherinnen ihre Arbeitszeit nicht ausschließlich im Miteinander mit den Kindern verbringen. Elterngespräche, Beobachtung und Dokumentation, Teamgespräche, Vorbereitungszeiten, Ausfallzeiten durch Urlaub, Fortbildungen und Krankheit etc. halten von der tatsächlichen Beschäftigung mit den Kindern ab. Wieviel Prozent der Tätigkeit dies ausmacht, ist von Einrichtung zu Einrichtung unterschiedlich. Berücksichtigt man diese Tätigkeiten, dann kommt man auf Betreuungsschlüssel (die sogenannte Fachkraft-Kind-Relationen), die deutlich vom Optimum abweichen. Handelt es sich um 25 % der Zeit, dann betreut eine Vollzeitkraft im bundesweiten Mittel (mit einem starken Ost-West-Gefälle) 5,9 der U3-Kinder. Bei einem Anteil von 40 % läge der Mittelwert bei 7,3 Kindern. In Bundesländern wie Sachsen wäre dann statistisch eine Erzieherin für 10,8 Kinder unter drei Jahren zuständig (Länderreport: Bock-Famulla et al. 2015; S. 22–26).

Kann sich die Gesellschaft Bindung kaufen?

Stellen wir doch einfach mehr Erzieherinnen ein! Für den von der Bertelsmann-Stiftung (2014) empfohlenen Schlüssel fehlen 120 000 Vollzeitstellen für Erzieherinnen (mit einem jährlichen Finanzbedarf von 5 Mrd. Euro). Im Fachkräftebarometer Frühe Bildung 2014 wird geschätzt: »*Qualitative Verbesserungen in der Kindertagesbetreuung ziehen einen zusätzlichen Personalbedarf zwischen 60 000 und 80 000 Vollzeitstellen nach sich, die zu Personalengpässen führen können*«. Die Autoren schließen in dieser Berechnung zwar auch ältere Kinder mit ein, beziehen sich dabei aber auf einen Personalschlüssel von 1:4,5 bzw. 1:4 bei den unter Dreijährigen (Schuldt und Hofele 2014, S. 104f.). Ob finanzielle Mittel in ausreichendem Maße vorhanden sind, um das Problem durch die Einstellung einer großen Zahl zusätzlicher Erzieherinnen zu lösen und ob eine ausreichende Anzahl kompetenter Frauen und Männer Schlange steht, um sich für den Beruf zu entscheiden, ist fraglich. Die Arbeitsbedingungen mögen für sich sprechen.

Jeder, der einmal mehrere Säuglinge und Kleinkinder gleichzeitig beaufsichtigt hat, weiß, wie schwierig es ist, all deren unterschiedliche Bedürfnisse gleichzeitig zu befriedigen – allein schon rein logistisch gesehen. Selbst die geeignetste Erzieherin ist unter diesen Bedingungen nicht immer in der Lage, feinfühlig und liebevoll auf die Bedürfnisse all der zu betreuenden Säuglinge einzugehen und sichere Bindungen mit ihnen aufzubauen. Wobei Letzteres ohnehin nicht einfach ist, wenn man ausfallbedingt Gruppen wechseln muss oder gar – und das ist alles andere als unüblich – nur befristet beschäftigt ist. Und all dies mag auch für die Erzieherin umso mehr mit einer chronischen Stressbelastung einhergehen, je mehr sie um die Notwendigkeit einer feinfühligen Fürsorge und einer sicheren Bindung weiß und versucht ist, dies zu leisten.

Vor dem Hintergrund der in Kapitel 4 dargestellten Prägung der Entwicklung von Gehirn und Persönlichkeit durch sichere Bindungsbeziehungen könnte man sich vorsichtig fragen, ob eine flächendeckende Krippenversorgung bei nicht sichergestellter hoher Qualität ein sinnvoller Weg ist – sowohl für die Kinder, die Eltern als auch gesamtgesellschaftlich.

Nicht nur den Kindern und ihrem persönlichen Lebensweg würde es guttun, hätten sie die Möglichkeit zum Aufbau sicherer Bindungsbeziehungen, sondern auch der Gesellschaft. Jede Gesellschaft würde von einer Zunahme des Anteils sicher gebundener, sozial kompetenter, psychisch gesunder und bindungsfähiger Menschen erheblich profitieren. Sie wird finanziell und hinsichtlich personeller Ressourcen belastet, wenn Kinder in überfrachteten Krippen nicht optimal betreut werden und sich in einer Spätfolge die Verbreitung einer verminderten Stresstoleranz oder die Prävalenz psychischer Erkrankungen erhöht.

Was tun?

Wertschätzung von Fürsorge

Der amerikanischen Politikwissenschaftlerin Anne-Marie Slaughter zufolge liegt eines der Kernprobleme unserer heutigen Gesellschaft in der grundsätzlich fehlenden *Wertschätzung* der so wichtigen Aufgabe der Fürsorge. Vor dem Hintergrund der immensen Bedeutung der frühen liebevollen Fürsorge für die Kinder, aber auch für die Gesellschaft, die von unseren heutigen Kindern in einigen Jahren geprägt werden wird, muss die Zeit der Fürsorge wieder etwas werden, auf das man stolz sein kann. Anne-Marie Slaughter, die selbst sehr leistungsorientierte, ehemalige leitende Beraterin im US-amerikanischen Außenministerium, argumentiert in ihrem Buch, dass der Mensch in seinem Streben nach Überleben und Fortschritt schon immer von den gegensätzlichen Motivationen des Leistungswettbewerbs und der Fürsorge angetrieben worden sei, dass es aber nicht gerechtfertigt sei, die Produktion von Einkommen über die Bereitstellung von Fürsorge zu stellen. »Wettbewerb produziert Geld. Aber Fürsorge produziert Menschen« (2015, S. 84, eigene Übersetzung; s.a. 2016). »*Wenn alle in die Erwerbstätigkeit streben und sämtliche Aufgaben, die der Liebe bedürfen, in bezahlte Arbeit umgewandelt werden, entsteht eine gewaltige Fürsorge-Lücke.*«[25] Fürsorge, unabhängig davon, ob es hierbei um die Fürsorge der eigenen Kinder, der eigenen Eltern oder die ehrenamtliche Fürsorge für andere geht, müsse wertgeschätzt werden. Über die Rolle der Frau schreibt Slaughter, die sich selbst als »optimistische Feministin« bezeichnet: »*Ich glaube, Frauen brauchen inzwischen nicht mehr zu beweisen, dass sie gut sind, dass sie hart sind, dass sie eigentlich alle wichtigen Positionen übernehmen können. Es ist an der Zeit, darüber zu reden, welchen Preis wir dafür zahlen.*«[26]

Die Wertschätzung der Fürsorge umfasst auch die gesellschaftliche Achtung und Unterstützung der mütterlichen Entscheidung, eine längere Baby- oder Kinderpause einzulegen, oder beruflich nur wenige Stunden tätig zu sein. Sie beinhaltet auch, dass gesetzliche Regelungen nicht ausschließlich darauf ausgerichtet sein sollten, die lückenlose Karriere trotz Kinder zu fördern, sondern vielmehr auch die Lücke zu ermöglichen, ohne dass dadurch eine Benachteiligung der Mutter entsteht. Und ohne dass hiermit die mit dem Konservativ-Etikett versehene Schublade geöffnet wird, in der sich die rückständigen Rollenmodelle und »früher-war-alles-besser«-Streitschriften befinden. Und ohne dass sich die Diskussion auf die Frage »Betreuungsgeld oder nicht?« reduziert und auch hier die Antworten in die entsprechenden Schubladen gesteckt werden.

Mit Toleranz zur Entlastung

Grabenkämpfe darüber, wer es richtig macht, welche Eltern Rabeneltern sind, und in welche Schublade sie aufgrund ihrer Entscheidung gehören, führen lediglich dazu, dass sich in dieser wichtigen Entscheidung das Bauchgefühl aus Angst vor der negativen Beurteilung durch andere verkrümelt. Strömen daraufhin alle Mütter in Richtung früher Krippenbetreuung, dann sind entsprechend oben dargestellter Statistiken vermutlich nicht genügend Ressourcen für eine optimale Betreuung der Kleinkinder vorhanden.

Die Forderung nach Wertschätzung von Fürsorge muss vor dem Hintergrund einer *Gleichberechtigung* der Geschlechter und einer *Toleranz* verschiedener Lebensmodelle laut werden und somit einem Fortschritt gleichkommen.

Für einige Eltern ist es klar, dass sie sich für eine frühe Krippenbetreuung entscheiden, sei es, weil sie selbstständig oder hochspezialisiert sind oder aus anderen Gründen. Vor dem Hintergrund der im Buch dargestellten Befunde ist es äußerst wichtig, dass diese Eltern die Möglichkeit haben, ihre Kinder in eine Krippe zu geben, deren Betreuungsschlüssel optimal ist.

Eine andere Gruppe von Eltern würde gerne ihre Kinder in den ersten drei Jahren zu Hause behalten oder nur in einem minimalen Umfang betreuen lassen, wenn sie könnte – wären da nicht die finanziellen Gründe oder die Angst vor Jobverlust und Karriereende. Gäbe es hier andere Möglichkeiten der Unterstützung, etwa finanzieller Natur für Alleinstehende oder in Form flexiblerer Arbeitszeit-, Anwesenheits- oder Babypausenregelungen, und würde dieses den Eltern ermöglichen, ihrem intuitiven Wunsch zu folgen und ein paar Jahre zu Hause beim Kind zu bleiben, dann wäre dies für die Entwicklung ihrer Kinder in den meisten Fällen optimal.

Ebenso optimal wäre es für die Entwicklung der Kinder

der erstgenannten Eltern, die sich für eine Krippenbetreuung entscheiden, denn diese Kinder träfen aufgrund der geringeren Inanspruchnahme der frühen Krippe auf ein System, in welchem die personellen Ressourcen ausreichen, um den dann reduzierten Bedarf an früher Betreuung zu decken.

Würden die verschiedenen Lebensmodelle gleichberechtigt unterstützt werden und die Diskussion über deren Berechtigung aufhören, könnten vielleicht auch beständigere politische Lösungen realisiert und gemeinsam eine bessere Betreuung der Kinder erreicht werden.

Und die Männer kommen am besten gleich mit, auf dem Weg zur Entscheidungsfreiheit und zur Wertschätzung von Fürsorge!

Väter

Ist die Feststellung, dass sich Frauen und Männer durchaus in ihrem Verhalten und in ihren Motivationen unterscheiden, eine rückständige Ansicht, aus der sich die Notwendigkeit ergibt, dass doch wieder ausschließlich den Frauen das Paket mit der Kinderbetreuung in die Hände gelegt wird?

Nein. Frauen sind, wie in Kapitel 5 dargestellt, von vorne herein auf die Fürsorge eingestellt und oft motivierter, diese auch zu übernehmen. Ihre Intuition murmelt wohl einfach lauter.

Dennoch können Väter auch. Und das Problem der *Vereinbarkeit* von Elternschaft und Beruf betrifft auch die Väter. Das soll aber nicht heißen, dass mit dem Satz »Siehst du, jetzt bist Du aber dran!« die wertgeschätzte, aber vermeintlich heiße Kartoffel in Richtung Vater geworfen werden sollte. Ebenso betrifft ihn nämlich auch die Notwendigkeit von Entscheidungsfreiheit und Wertschätzung der Fürsorge.

Auch die väterliche Fürsorge muss einen hohen Stellenwert haben. Auch Väter müssen geachtet werden, wenn sie sich entscheiden, eine Phase ihres Lebens der Fürsorge zu widmen. Und auch *sie* sollten Unterstützung erfahren, wenn sie sich für eine längere Zeit mit dem Baby entscheiden, ohne dass ihnen ihre berufliche Kompetenz abgesprochen wird oder ihr Vorgesetzter sie mit bedrohlichen Szenarien vom vorzeitigen Karriereende versucht, davon abzuhalten. Und auch *sie* würden erleben, wie erfüllend es sein kann, dem Murmeln etwas besser zuzuhören und dem Miteinander mit dem Kind viel Raum im eigenen Leben zu gewähren.

Die Väter haben hierbei ein wirklich großes Problem, denn viele von ihnen würden die Kartoffel gerne fangen, wenn sie nur bei ihnen nicht noch heißer ankommen würde, als sie losgeworfen wurde. Das Problem der gesellschaftlichen Akzeptanz der Fürsorge und der Durchsetzung einer längeren Babypause ist bei den Vätern wahrscheinlich noch größer als bei den Müttern.

Von der Wertschätzung zur Veränderung

Dann aber, wenn die Wertschätzung von Fürsorge in den Köpfen der Menschen ankommen würde, dann könnte dies auch einen grundlegenden Einfluss auf die Vereinbarkeit von Kind und Karriere für diejenigen haben, die sich entscheiden, bereits früh in den Beruf zurückzukehren. Ob Mann oder Frau. Es könnte Ausnahmen zum Standard werden lassen, wie Anne-Marie Slaughter in ihrem Aufsatz schreibt. Die Erwartungen daran, wann, wo und wie Arbeit erledigt wird. Während es gegenwärtig noch immer nötig ist, um Ausnahmeregeln zu bitten, um eine Vereinbarkeit zu erreichen, könnte ein flexiblerer Berufsalltag mit selbst eingeteilten Arbeitszeiten und einer aufgelockerten Anwesenheitspflicht in vielen Berufen der Standard sein, sobald Menschen in die Fürsorge anderer Personen eingebunden sind.

Ebenso könnte dies mit einer Aufwertung des Berufs der

Erzieherinnen verbunden werden, denn diese müssen unbedingt entlastet, besser entlohnt und vor allem wertgeschätzt werden.

Ein weiterer Weg, der von Anne-Marie Slaughter, aber auch von anderen Autorinnen aufgezeigt wird, ist die Abkehr von allzu starren Lebensläufen, von geradlinigen Versuchen, die Karriereleiter hinaufzuklettern. Slaughter erinnert daran, dass wir inzwischen eine hohe Lebenserwartung haben und auch mit Mitte vierzig in der Lage sind, beruflich voll einzusteigen, eine vor der Familienzeit begonnene Karriere fortzuführen und in unseren 50ern auf dem Gipfel unseres beruflichen Erfolgs zu stehen. Sie rät Frauen, diesen Weg nicht als stetig nach oben führende Steigung zu betrachten, sondern als eine Treppe mit unregelmäßigen Stufen, einschließlich einiger Ebenen und eventuell auch gelegentlichen Neigungen nach unten. Sie nennt diese Ebenen *»Investment Intervals«* – Phasen, in denen wir in unsere Kinder investieren.[27]

In einem ähnlichen Sinne sprechen Susanne Garsoffky und Britta Sembach von einem *»Leben in Wellen«* und meinen damit eine On-off-Biografie, *»eine Biografie, in der Zeiten der Sorge gleichberechtigt und sozial abgesichert neben Erwerbszeiten stehen. Und zwar immer im Wechsel. Das gilt für Männer wie für Frauen. Ja, wir können alles haben, eine Familie und einen guten Beruf – aber nicht alles zur gleichen Zeit und mit derselben Hingabe«* (S. 208). Sie plädieren dafür, die Rushhour des Lebens zu entzerren, sich nicht von den Anforderungen von Familie und Beruf zerreiben zu lassen und die Aufgaben in Familie und Job besser über das ganze Leben zu verteilen – so kann etwa auch eine *späte Karriere* sinnvoll sein. Selbst in Führungspositionen können qualifizierte Menschen auch dann bestehen, wenn sie eine Zeit lang kürzergetreten sind – möglicherweise sogar besser, denn sie haben in der Fürsorge zusätzliche Kompetenzen erworben.

Dem möchte ich mich vor dem Hintergrund der in diesem Buch dargestellten Notwendigkeit sicherer Bindungsbeziehungen für die Gehirnentwicklung voll und ganz anschließen.

8 Anmerkungen

1 Glutamat, Gamma-Aminobuttersäure (GABA) und Glycin. Glutamat erregt die Zielzelle, GABA und Glycin hemmen sie in ihrer Aktivität.

2 Manchmal wird auch zwischen angeborenen und erworbenen Merkmalen unterschieden. Verwendet man diese Begriffe, muss man berücksichtigen, dass angeborene, d.h. bei Geburt vorhandene Merkmale, auch durch die vorgeburtliche Umwelt beeinflusst worden sein können.

3 Streng genommen würde man den Begriff der »Susceptibility« eher mit »Anfälligkeit« oder »Empfindlichkeit« übersetzen. Dies bringt aber nicht die besondere Beeinflussbarkeit dieser Kinder für positive Erfahrungen zum Ausdruck, so dass ich ihn für ein besseres Verständnis des Inhalts dieser Theorie mit »Beeinflussbarkeit« übersetzt habe.

4 Unter bestimmten Bedingungen können Gene durch die DNA-Methylierung auch angeschaltet und nicht abgeschaltet werden – aber das würde hier zu weit führen. Genauso wenig werde ich darauf eingehen, dass eine epigenetische Abschaltung in vielen Fällen streng genommen eine »langfristige Abschaltung der Anschaltmöglichkeit« ist.

5 Wann immer ich in diesem Buch von »emotionalen« oder »kognitiven« Hirnbereichen spreche, meine ich solche Hirnbereiche, die für die Verarbeitung entsprechender Inhalte wichtig sind.

6 Ob dies allerdings direkt geschieht, oder ob hier noch weitere Mechanismen im Spiel sind, wird noch diskutiert. Direkt würde bedeuten, dass die hohen Cortisol-Konzentrationen der Mutter über die Plazenta in den Blutkreislauf des Fötus gelangen. Allerdings gibt es dort ein Enzym, das normalerweise mütterliches Cortisol unschädlich macht und es daran hindert, in den Kreislauf des Fötus einzutreten. Es ist möglich, dass dieses Enzym durch das Erleben von chronischem Stress seine Funktion einbüßt und der Fötus deshalb mehr Cortisol der Mutter abbekommt.

7 Wird angenommen, dass die Einnahme von Oxytocin durch die schwangere Mutter das Gehirn des Fötus beeinflusst, setzt dieses voraus, dass Oxytocin in das Gehirn des Fötus gelangen kann. Dieser Prozess galt zunächst als unwahrscheinlich, da sowohl die Plazenta

eine Barriere darstellt als auch die Blut-Hirn-Schranke hydrophile Peptide wie das Oxytocin der herkömmlichen Meinung zufolge nicht durchlässt. Aufgrund verschiedenster Befunde, etwa der Beobachtung von Verhaltensänderungen infolge einer Oxytocin-Verabreichung, wird heutzutage jedoch angenommen, dass ein Oxytocin-Signal durchaus diese Barrieren überqueren und das Neugeborene erreichen kann (Kenkel et al. 2014).

8 Allerdings dauert es ein paar Minuten, bis das Cortisol im Gehirn ankommt und erst ca. 20 Minuten nach Beginn des Stresses wird im Gehirn ein Gipfel der Konzentration erreicht. Dort kann es aber eine schnelle Wirkung erzielen und benötigt nicht – wie früher angenommen – eine Genaktivierung für eine Wirkung.

9 Amygdala, Teile des Hypothalamus, Teile des Belohnungssystems wie Nucleus accumbens, ventrales tegmentales Areal und Substantia nigra.

10 Anteriorer cingulärer Cortex, medialer präfrontaler Cortex, orbitofrontaler Cortex, anteriore Insula.

11 Diese Apps sind ein vielleicht ein interessantes Spiel, um die eigene Intuition mit Technik zu vergleichen, sollten jedoch nicht als Ersatz für ein intuitives mütterliches Verhalten genutzt werden. Angaben über den Zusammenhang von Bedürfnissen des Babys und einer damit verbundenen Akustik beruhen auf Mittelwerten großer Stichproben. Jedes Kind ist aber einzigartig und teilt auch über seine Mimik und Gestik mit, was es bewegt. Und diese zu erkennen ist die große Aufgabe, die Bezugspersonen im täglichen Miteinander mit ihrem ganz speziellen Baby lernen müssen.

12 https://www.change.org/p/gu-gr%C3%A4fe-und-unzer-verlag-gmbh-bitte-nehmen-sie-jedes-kind-kann-schlafen-lernen-vom-markt?share_id=PTvzWgcspj, abgerufen am 26.04.16.

13 S. a. http://www.spiegel.de/gesundheit/schwangerschaft/ploetzlicher-kindstod-so-schuetzen-sie-ihr-baby-a-999101.html, abgerufen am 01.05.16.

14 Karl Heinz Brisch definiert: »Eine bindungsbasierte Beratung und Therapie – im Folgenden auch kurz Bindungspsychotherapie genannt – ist keine eigenständige Therapiemethode. Vielmehr geht es darum, eine bindungsorientierte Sichtweise in Diagnostik und Behandlung aufzunehmen. Sie kann mit sehr unterschiedlichen Therapieschulen und Methoden kombiniert und in sie integriert werden« (Brisch, 2014, S. 14).

15 http://magazin.spiegel.de/EpubDelivery/spiegel/pdf/140508788, abgerufen am 16.05.16.

16 https://de.wikipedia.org/wiki/Großmutter-Hypothese

17 z. B. http://www.erziehung-online.de/forum/allgemein/ab-wann-brauchen-kinder-regelmassige-sozialkontakte/

18 http://www.abendblatt.de/hamburg/article107787670/Kinder-in-der-Kita-Je-frueher-desto-schlauer.html http://www.tagesanzeiger.ch/leben/gesellschaft/arbeitende-mamas-machen-kinder-erfolgreicher/story/10895868; alle abgerufen am 10.05.16.

19 http://www.welt.de/gesundheit/psychologie/article113118426/Drei-Dinge-die-Babys-wirklich-schlau-machen.html, abgerufen am 10.05.16.

20 http://www.theatlantic.com/magazine/archive/2012/07/why-women-still-cant-have-it-all/309020/, abgerufen am 21.05.16; u.a. auch Garsoffky und Sembach 2014; Bronsky und Wilk 2016).

21 http://www.abi.de/orientieren/promi_interviews/abi-typisch-manuela-schwesig-i013429.html, abgerufen am 18.05.16.

22 http://www.phv-bw.de/Aktuelles/2007/Elterngeld+Elternzeit-Info-2009.pdf, abgerufen am 18.05.16.

23 Für ähnliche Ergebnisse s. Loeb et al. 2007; Eine Studie des Deutschen Instituts für Wirtschaftsforschung demonstrierte allerdings bei Jungen aus bildungsfernen Haushalten mit geringem Einkommen einen positiven Effekt der Betreuung vor dem Alter von 2.5 Jahren (Peter et al. 2014).

24 http://www.laendermonitor.de/laendermonitor/aktuell/index.html, abgerufen am 27.05.16.

25 So heißt es in einem Artikel über das Buch von Slaughter: http://www.sueddeutsche.de/karriere/feminismus-reinhaengen-hilft-den-frauen-nicht-wenn-die-eltern-dement-werden-1.2731105, abgerufen am 20.05.16.

26 http://www.zeit.de/gesellschaft/2012-07/anne-marie-slaughter

27 http://www.theatlantic.com/magazine/archive/2012/07/why-women-still-cant-have-it-all/309020/, abgerufen am 21.05.16.

9 Literatur

Abraham, E., Hendler, T., Shapira-Lichter, I., Kanat-Maymon, Y., Zagoory-Sharon, O., & Feldman, R. (2014). Father's brain is sensitive to childcare experiences. Proceedings of the National Academy of Sciences, 111(27), 9792–9797.

Ahnert, L., Gunnar, M. R., Lamb, M. E., & Barthel, M. (2004). Transition to child care: Associations with infant–mother attachment, infant negative emotion, and cortisol elevations. Child development, 75(3), 639–650.

Ahnert, L., Pinquart, M., & Lamb, M. E. (2006). Security of children's relationships with nonparental care providers: A meta-analysis. Child development, 77(3), 664–679.

Ahnert, L. (2010). Wieviel Mutter braucht ein Kind. Bindung – Bildung – Betreuung: öffentlich und privat. Springer Spektrum, Heidelberg.

Anders, S. M van., Tolman, R. M., & Volling, B. L. (2012). Baby cries and nurturance affect testosterone in men. Hormones and Behavior, 61(1), 31–36.

Archer, J. (2004). Sex differences in aggression in real-world settings: a meta-analytic review. Review of general Psychology, 8(4), 291.

Asendorpf, J. B. (2007). Psychologie der Persönlichkeit. Heidelberg: Springer Medizin Verlag.

Avants, B. B., Hackman, D. A., Betancourt, L. M., Lawson, G. M., Hurt, H., & Farah, M. J. (2015). Relation of Childhood Home Environment to Cortical Thickness in Late Adolescence: Specificity of Experience and Timing. PloS one, 10(10), e0138217.

Averdijk, M., Besemer, S., Eisner, M., Bijleveld, C., & Ribeaud, D. (2011). The relationship between quantity, type, and timing of external childcare and child problem behaviour in Switzerland. European Journal of Developmental Psychology, 8(6), 637–660.

Badanes, L. S., Dmitrieva, J., & Watamura, S. E. (2012). Understanding cortisol reactivity across the day at child care: The potential buffering role of secure attachments to caregivers. Early childhood research quarterly, 27(1), 156–165.

Baker, M., Gruber, J., & Milligan, K. (2015). Non-cognitive deficits and

young adult outcomes: The long-run impacts of a universal child care program (No. w21571). National Bureau of Economic Research.
Bakermans-Kranenburg, M. J., & Van IJzendoorn, M. H. (2006). Gene-environment interaction of the dopamine D4 receptor (DRD4) and observed maternal insensitivity predicting externalizing behavior in preschoolers. Developmental psychobiology, 48(5), 406–409.
Bakermans-Kranenburg, M. J., & Van IJzendoorn, M. H. (2015). The hidden efficacy of interventions: Gene× environment experiments from a differential susceptibility perspective. Annual review of psychology, 66, 381–409.
Baribeau, D. A., & Anagnostou, E. (2015). Oxytocin and vasopressin: linking pituitary neuropeptides and their receptors to social neurocircuits. Frontiers in neuroscience, 9.
Baron-Cohen, S., Knickmeyer, R. C., & Belmonte, M. K. (2005). Sex differences in the brain: implications for explaining autism. Science, 310(5749), 819–823.
Baron-Cohen, S., Lombardo, M. V., Auyeung, B., Ashwin, E., Chakrabarti, B., & Knickmeyer, R. (2011). Why are autism spectrum conditions more prevalent in males?. PLoS Biol, 9(6), e1001081.
Barrett, E. S., Redmon, J. B., Wang, C., Sparks, A., & Swan, S. H. (2014). Exposure to prenatal life events stress is associated with masculinized play behavior in girls. Neurotoxicology, 41, 20–27.
Beijers, R., Riksen-Walraven, J. M., & de Weerth, C. (2013). Cortisol regulation in 12-month-old human infants: Associations with the infants' early history of breastfeeding and co-sleeping. Stress, 16(3), 267–277.
Belsky, J., Fish, M., & Isabella, R. A. (1991). Continuity and discontinuity in infant negative and positive emotionality: Family antecedents and attachment consequences. Developmental Psychology, 27(3), 421.
Belsky, J. (1997). Theory testing, effect-size evaluation, and differential susceptibility to rearing influence: The case of mothering and attachment. Child development, 68(4), 598–600.
Belsky, J., & Pluess, M. (2012). Differential susceptibility to long-term effects of quality of child care on externalizing behavior in adolescence?. International Journal of Behavioral Development, 36(1), 2–10.
Belsky, J., & Pluess, M. (2013). Genetic moderation of early child-care effects on social functioning across childhood: A developmental analysis. Child Development, 84(4), 1209–1225.

Benoit, D., & Parker, K. C. (1994). Stability and transmission of attachment across three generations. Child development, 65(5), 1444–1456.
Bergman, K., Sarkar, P., Glover, V., & O'Connor, T. G. (2010). Maternal prenatal cortisol and infant cognitive development: Moderation by infant–mother attachment. Biological psychiatry, 67(11), 1026–1032.
Berridge, K. C., & Kringelbach, M. L. (2015). Pleasure systems in the brain. Neuron, 86(3), 646–664.
Berry, D., McCartney, K., Petrill, S., Deater-Deckard, K., & Blair, C. (2014a). Gene–environment interaction between DRD4 7-repeat VNTR and early child-care experiences predicts self-regulation abilities in prekindergarten. Developmental psychobiology, 56(3), 373–391.
Bertelsmann Stiftung (Hrsg.) (2014): Qualitatsausbau in Kitas. 7 Fragen zum Qualitatsausbau in deutschen Kitas. 7 Antworten der Bertelsmann Stiftung: Status quo, Handlungsbedarfe und Empfehlungen. Methodische Erläuterungen. Gütersloh.
Bird, G., Silani, G., Brindley, R., White, S., Frith, U., & Singer, T. (2010). Empathic brain responses in insula are modulated by levels of alexithymia but not autism. Brain, awq060.
Bischof-Köhler, D. (2006). Von Natur aus anders: die Psychologie der Geschlechtsunterschiede. W. Kohlhammer Verlag.
Blaffer Hrdy, S. (2000). Mutter Natur. Die weibliche Seite der Evolution. Berlin: Berlin Verlag.
Blakemore, J. E., LaRue, A. A., & Olejnik, A. B. (1979). Sex-appropriate toy preference and the ability to conceptualize toys as sex-role related. Developmental Psychology, 15(3), 339.
BMAS (2011). Fachkräftesicherung. Ziele und Maßnahmen der Bundesregierung. http://www.bmas.de/SharedDocs/Downloads/DE/fachkraeftesicherung-ziele-massnahmen.pdf?__blob=publicationFile, abgerufen am 18.05.16
BMFSFJ (2012). Achter Familienbericht: Zeit für Familie-Familienzeitpolitik als Chance einer nachhaltigen Familienpolitik. Bundestag-Drucksache, 17, 9000.
Bock-Famulla, K., & Lange, J.; Strunz, E. (2015). Länderreport Frühkindliche Bildungssysteme 2015. Gütersloh: Verlag Bertelsmann Stiftung.
Bos, P. A., Panksepp, J., Bluthé, R. M., & van Honk, J. (2012). Acute effects of steroid hormones and neuropeptides on human social–emotional behavior: a review of single administration studies. Frontiers in neuroendocrinology, 33(1), 17–35.
Bowlby, R. (2007). Babies and toddlers in non-parental daycare can avoid

stress and anxiety if they develop a lasting secondary attachment bond with one carer who is consistently accessible to them. Attachment & Human Development, 9(4), 307–319.

Bradley, B., Westen, D., Mercer, K. B., Binder, E. B., Jovanovic, T., Crain, D., … & Heim, C. (2011). Association between childhood maltreatment and adult emotional dysregulation in a low-income, urban, African American sample: moderation by oxytocin receptor gene. Development and Psychopathology, 23(02), 439–452.

Braun, K., Lange, E., Metzger, M., & Poeggel, G. (1999). Maternal separation followed by early social deprivation affects the development of monoaminergic fiber systems in the medial prefrontal cortex of Octodon degus. Neuroscience, 95(1), 309–318.

Bridges, R. S. (2016). Long-term alterations in neural and endocrine processes induced by motherhood in mammals. Hormones and behavior, 77, 193–203.

Brisch, K. H. (2010). SAFE. Sichere Ausbildung für Eltern. Sichere Bindung zwischen Eltern und Kind. Klett-Cotta.

Brisch, K. H. (2014). Säuglings-und Kleinkindalter: Bindungspsychotherapie – Bindungsbasierte Beratung und Psychotherapie. Klett-Cotta.

Brisch, K. H., Mögel, M., Simoni, H., von Kalckreuth, B., & Kruppa, K. (2011). Verantwortung für Kinder unter drei Jahren. Empfehlungen der Gesellschaft für Seelische Gesundheit in der Frühen Kindheit (GAIMH) zur Betreuung und Erziehung von Säuglingen und Kleinkindern in Krippen.

Brizendine, L. (2007). Das weibliche Gehirn. Hamburg: Hoffmann und Campe.

Bronsky, A. & Wilk, D. (2016). Die Abschaffung der Mutter. München: Deutsche Verlags-Anstalt.

Buchmann, A. F., Zohsel, K., Blomeyer, D., Hohm, E., Hohmann, S., Jennen-Steinmetz, C., … & Laucht, M. (2014). Interaction between prenatal stress and dopamine D4 receptor genotype in predicting aggression and cortisol levels in young adults. Psychopharmacology, 231(16), 3089–3097.

Burkett, J. P., Spiegel, L. L., Inoue, K., Murphy, A. Z., & Young, L. J. (2011). Activation of μ-opioid receptors in the dorsal striatum is necessary for adult social attachment in monogamous prairie voles. Neuropsychopharmacology, 36(11), 2200–2210.

Burton, G. J., Moffett, A., & Keverne, B. (2015). Human evolution: brain,

birthweight and the immune system. Philosophical Transactions of the Royal Society B: Biological Sciences, 370(1663).
Bystrova, K., Ivanova, V., Edhborg, M., Matthiesen, A. S., Ransjö-Arvidson, A. B., Mukhamedrakhimov, R., … & Widström, A. M. (2009). Early contact versus separation: effects on mother–infant interaction one year later. Birth, 36(2), 97–109.
Campbell, A., Muncer, S., & Odber, J. (1998). Primacy of organising effects of testosterone. Behavioral and Brain Sciences, 21(03), 365–365
Canli, T., & Lesch, K. P. (2007). Long story short: the serotonin transporter in emotion regulation and social cognition. Nature neuroscience, 10(9), 1103–1109.
Carter, R. (2014). The brain book. Dorling Kindersley Ltd.
Caspi, A., Harrington, H., Milne, B., Amell, J. W., Theodore, R. F., & Moffitt, T. E. (2003a). Children's behavioral styles at age 3 are linked to their adult personality traits at age 26. Journal of Personality, 71, 495–513.
Caspi, A., Sugden, K., Moffitt, T. E., Taylor, A., Craig, I. W., Harrington, H., … & Poulton, R. (2003b). Influence of life stress on depression: moderation by a polymorphism in the 5-HTT gene. Science, 301(5631), 386–389.
Chang, F. M., Kidd, J. R., Livak, K. J., Pakstis, A. J., & Kidd, K. K. (1996). The world-wide distribution of allele frequencies at the human dopamine D4 receptor locus. Human genetics, 98(1), 91–101.
Chen, F. S., Kumsta, R., von Dawans, B., Monakhov, M., Ebstein, R. P., & Heinrichs, M. (2011). Common oxytocin receptor gene (OXTR) polymorphism and social support interact to reduce stress in humans. Proceedings of the National Academy of Sciences, 108(50), 19937–19942.
Christov-Moore, L., Simpson, E. A., Coudé, G., Grigaityte, K., Iacoboni, M., & Ferrari, P. F. (2014). Empathy: gender effects in brain and behavior. Neuroscience & Biobehavioral Reviews, 46, 604–627.
Chugani, H. T. (1998). Biological basis of emotions: Brain systems and brain development. Pediatrics, 102(Supplement E1), 1225–1229.
Connellan, J., Baron-Cohen, S., Wheelwright, S., Batki, A., & Ahluwalia, J. (2000). Sex differences in human neonatal social perception. Infant Behavior and Development, 23(1), 113–118.
Crudo, A., Petropoulos, S., Moisiadis, V. G., Iqbal, M., Kostaki, A., Machnes, Z., … & Matthews, S. G. (2012). Prenatal synthetic glucocorticoid

treatment changes DNA methylation states in male organ systems: multigenerational effects. Endocrinology, 153(7), 3269–3283.
Davis, E., Glynn, L. M., Dunkel Schetter, C., Hobel, C., Chicz-Demet, A., & Sandman, C. A. (2005). Corticotropin-Releasing Hormone during Pregnancy Is Associated with Infant Temperament. Developmental Neuroscience, 27(5), 299–305.
De Dreu, C. K., Baas, M., Roskes, M., Sligte, D. J., Ebstein, R. P., Chew, S. H., … & Shamay-Tsoory, S. G. (2014). Oxytonergic circuitry sustains and enables creative cognition in humans. Social cognitive and affective neuroscience, 9(8), 1159–1165.
Depue, R. A., & Morrone-Strupinsky, J. V. (2005). A neurobehavioral model of affiliative bonding: Implications for conceptualizing a human trait of affiliation. Behavioral and Brain Sciences, 28(3), 313–349.
De Weerth, C., van Hees, Y., & Buitelaar, J. K. (2003). Prenatal maternal cortisol levels and infant behavior during the first 5 months. Early human development, 74(2), 139–151.
Dias, B. G., & Ressler, K. J. (2014). Parental olfactory experience influences behavior and neural structure in subsequent generations. Nature neuroscience, 17(1), 89–96.
DiPietro, J. A., Ghera, M. M., & Costigan, K. A. (2008). Prenatal origins of temperamental reactivity. Early Human Development, 84, 569–575.
Dölen, G., Darvishzadeh, A., Huang, K. W., & Malenka, R. C. (2013). Social reward requires coordinated activity of nucleus accumbens oxytocin and serotonin. Nature, 501(7466), 179–184.
Dumais, K. M., & Veenema, A. H. (2015). Vasopressin and oxytocin receptor systems in the brain: Sex differences and sex-specific regulation of social behavior. Frontiers in neuroendocrinology.
Eccles, J. S., Jacobs, J. E., & Harold, R. D. (1990). Gender role stereotypes, expectancy effects, and parents' socialization of gender differences. Journal of Social Issues, 46(2), 183–201.
Eidelman, A. I., Schanler, R. J., Johnston, M., Landers, S., Noble, L., Szucs, K., & Viehmann, L. (2012). Breastfeeding and the use of human milk. Pediatrics, 129(3), e827-e841.
Eisenberg, N., & Lennon, R. (1983). Sex differences in empathy and related capacities. Psychological Bulletin, 94(1), 100.
Eisenegger, C., Haushofer, J., & Fehr, E. (2011). The role of testosterone in social interaction. Trends in cognitive sciences, 15(6), 263–271.
Ellis, B. J., Boyce, W. T., Belsky, J., Bakermans-Kranenburg, M. J., & Van IJzendoorn, M. H. (2011). Differential susceptibility to the environ-

ment: An evolutionary–neurodevelopmental theory. Development and psychopathology, 23(01), 7–28.

Ernst, A., Alkass, K., Bernard, S., Salehpour, M., Perl, S., Tisdale, J., … & Frisén, J. (2014). Neurogenesis in the striatum of the adult human brain. Cell, 156(5), 1072–1083.

Farah, M. J., Betancourt, L., Shera, D. M., Savage, J. H., Giannetta, J. M., Brodsky, N. L., … & Hurt, H. (2008). Environmental stimulation, parental nurturance and cognitive development in humans. Developmental science, 11(5), 793–801.

Fleming, A. S., Corter, C., Stallings, J., & Steiner, M. (2002). Testosterone and prolactin are associated with emotional responses to infant cries in new fathers. Hormones and behavior, 42(4), 399–413.

Fleming, P. J., & Blair, P. S. (2015). Making informed choices on co-sleeping with your baby. BMJ, 350, h563.

Feldman, R., Weller, A., Zagoory-Sharon, O., & Levine, A. (2007). Evidence for a neuroendocrinological foundation of human affiliation plasma oxytocin levels across pregnancy and the postpartum period predict mother-infant bonding. Psychological Science, 18(11), 965–970.

Feldman, R., Gordon, I., & Zagoory-Sharon, O. (2010). The cross-generation transmission of oxytocin in humans. Hormones and Behavior, 58(4), 669–676.

Feldman, R., Zagoory-Sharon, O., Weisman, O., Schneiderman, I., Gordon, I., Maoz, R., … & Ebstein, R. P. (2012). Sensitive parenting is associated with plasma oxytocin and polymorphisms in the OXTR and CD38 genes. Biological psychiatry, 72(3), 175–181.

Feldman, R., Gordon, I., Influs, M., Gutbir, T., & Ebstein, R. P. (2013). Parental oxytocin and early caregiving jointly shape children's oxytocin response and social reciprocity. Neuropsychopharmacology, 38(7), 1154–1162.

Feldman, R. (2015a). The adaptive human parental brain: implications for children's social development. Trends in neurosciences.

Feldman, R. (2015b). Sensitive periods in human social development: New insights from research on oxytocin, synchrony, and high-risk parenting. Development and psychopathology, 27(02), 369–395.

Fine, C. (2010). Delusions of gender. Duxford, England: Icon Books. Dt: Die Geschlechterlüge: Die Macht der Vorurteile über Mann und Frau. Klett-Cotta (2012).

Fonagy, P., & Target, M. (2005). Bridging the transmission gap: an end to

an important mystery of attachment research?. Attachment & human development, 7(3), 333.
Francis, D. D., Young, L. J., Meaney, M. J., & Insel, T. R. (2002). Naturally occurring differences in maternal care are associated with the expression of oxytocin and vasopressin (V_{1A}) receptors: Gender differences. Journal of Neuroendocrinology, 14, 349–353.
Fritschi, T., Oesch, T., für Arbeits, B. B., & AG, S. S. B. (2008). Volkswirtschaftlicher Nutzen von frühkindlicher Bildung in Deutschland. Eine ökonomische Bewertung langfristiger Bildungseffekte bei Krippenkindern, 7–9.
Fujiwara, T., Ochi, M., & Osawa, M. (2014). Association of temperament and social behavior with oxytocin levels among toddlers. Paediatrics and Health, 2(1), 2.
Garfield, C. F. (2015). Supporting Fatherhood Before and After It Happens. Pediatrics, 135(2), e528-e530.
Garsoffky, S. & Sembach, B. (2014). Die Alles ist möglich-Lüge. München: Pantheon.
Gettler, L. T., McDade, T. W., Feranil, A. B., & Kuzawa, C. W. (2011). Longitudinal evidence that fatherhood decreases testosterone in human males. Proceedings of the National Academy of Sciences, 108(39), 16194–16199.
Gettler, L. T., McKenna, J. J., McDade, T. W., Agustin, S. S., & Kuzawa, C. W. (2012). Does cosleeping contribute to lower testosterone levels in fathers? Evidence from the Philippines. PloS one, 7(9), e41559.
Gettler, L. T. (2014). Applying socioendocrinology to evolutionary models: fatherhood and physiology. Evolutionary Anthropology: Issues, News, and Reviews, 23(4), 146–160.
Ghera, M. M., Hane, A. A., Malesa, E. E., & Fox, N. A. (2006). The role of infant soothability in the relation between infant negativity and maternal sensitivity. Infant Behavior and Development, 29(2), 289–293.
Goelman, H., Zdaniuk, B., Boyce, W. T., Armstrong, J. M., & Essex, M. J. (2014). Maternal mental health, child care quality, and children's behavior. Journal of Applied Developmental Psychology, 35(4), 347–356.
Gogtay, N., Giedd, J. N., Lusk, L., Hayashi, K. M., Greenstein, D., Vaituzis, A. C., … & Rapoport, J. L. (2004). Dynamic mapping of human cortical development during childhood through early adulthood.

Proceedings of the National Academy of sciences of the United States of America, 101(21), 8174–8179.
Golombok, S., & Rust, J. (1993). The Pre-School Activities Inventory: A standardized assessment of gender role in children. Psychological Assessment, 5(2), 131.
Gordon, I., Zagoory-Sharon, O., Leckman, J. F., & Feldman, R. (2010a). Oxytocin and the development of parenting in humans. Biological psychiatry, 68(4), 377–382.
Gordon, I., Zagoory-Sharon, O., Leckman, J. F., & Feldman, R. (2010b). Oxytocin, cortisol, and triadic family interactions. Physiology & Behavior, 101(5), 679–684.
Gregory, S. G., Connelly, J. J., Towers, A. J., Johnson, J., Biscocho, D., Markunas, C. A., … & Pericak-Vance, M. A. (2009). Genomic and epigenetic evidence for oxytocin receptor deficiency in autism. BMC medicine, 7(1), 62.
Grossmann, K. und K. E. Grossmann (2008): Bindungen. Das Gefüge psychischer Sicherheit. Klett-Cotta, Stuttgart.
Grossmann, K., Grossmann, K. E., Fremmer-Bombik, E., Kindler, H., & Scheuerer-Englisch, H. (2002). The uniqueness of the child–father attachment relationship: Fathers' sensitive and challenging play as a pivotal variable in a 16-year longitudinal study. Social development, 11(3), 301–337.
Gunnar, M. R., Brodersen, L., Nachmias, M., Buss, K., & Rigatuso, J. (1996). Stress reactivity and attachment security. Developmental Psychobiology, 29, 191–204.
Gura, T. (2014). Nature's first functional food. Science, 345(6198), 747–749.
Haarer, J. (1963). Die Mutter und ihr erstes Kind. Gerber.
Hassett, J. M., Siebert, E. R., & Wallen, K. (2008). Sex differences in rhesus monkey toy preferences parallel those of children. Hormones and behavior, 54(3), 359–364.
Heim, C., Young, L. J., Newport, D. J., Mletzko, T., Miller, A. H., & Nemeroff, C. B. (2009). Lower CSF oxytocin concentrations in women with a history of childhood abuse. Molecular psychiatry, 14(10), 954–958.
Herba, C. M., Tremblay, R. E., Boivin, M., Liu, X., Mongeau, C., Séguin, J. R., & Côté, S. M. (2013). Maternal depressive symptoms and children's emotional problems: can early child care help children of depressed mothers?. JAMA psychiatry, 70(8), 830–838.

Hermans, E. J., Putman, P., & Van Honk, J. (2006). Testosterone administration reduces empathetic behavior: A facial mimicry study. Psychoneuroendocrinology, 31(7), 859–866.

Hermans, E. J., Henckens, M. J., Joëls, M., & Fernández, G. (2014). Dynamic adaptation of large-scale brain networks in response to acute stressors. Trends in neurosciences, 37(6), 304–314.

Hines, M. (2011). Gender development and the human brain. Annual review of neuroscience, 34, 69–88.

Horacek, U., Böhm, R., Klein, R., Thyen, U., & Wagner, F. (2008). Positionspapier der Deutschen Gesellschaft für Sozialpädiatrie und Jugendmedizin (DGSPJ) zu Qualitätskriterien institutioneller Betreuung von Kindern unter 3 Jahren (Krippen). Abgerufen am, 25(03), 2010.

Howes, C. (1990). Can the age of entry into child care and the quality of child care predict adjustment in kindergarten?. Developmental Psychology, 26(2), 292.

Hu, J., Qi, S., Becker, B., Luo, L., Gao, S., Gong, Q., … & Kendrick, K. M. (2015). Oxytocin selectively facilitates learning with social feedback and increases activity and functional connectivity in emotional memory and reward processing regions. Human brain mapping, 36(6), 2132–2146.

IJzendoorn, M. H. van (1995). Adult attachment representations, parental responsiveness, and infant attachment: a meta-analysis on the predictive validity of the Adult Attachment Interview. Psychological bulletin, 117(3), 387.

IJzendoorn, M. H., van & Bakermans-Kranenburg, M. J. (1996). Attachment representations in mothers, fathers, adolescents, and clinical groups: a meta-analytic search for normative data. Journal of consulting and clinical psychology, 64(1), 8.

IJzendoorn, M. H. van & Bakermans-Kranenburg, M. J. (2012). Integrating temperament and attachment. Handbook of temperament, 403.

IJzendoorn, M. H. van & Bakermans-Kranenburg, M. J. (2015). The role of oxytocin in parenting and as augmentative pharmacotherapy; critical issues and bold conjectures. Journal of neuroendocrinology, in press.

IJzendoorn, M. H. van, Bakermans-Kranenburg, M. J., & Mesman, J. (2008). Dopamine system genes associated with parenting in the context of daily hassles. Genes, Brain and Behavior, 7(4), 403–410.

IJzendoorn, M. H. van, Belsky, J., & Bakermans-Kranenburg, M. J.

(2012). Serotonin transporter genotype 5HTTLPR as a marker of differential susceptibility; A meta-analysis of child and adolescent gene-by-environment studies. Translational psychiatry, 2(8), e147.

Kanthak, M. K., Chen, F. S., Kumsta, R., Hill, L. K., Thayer, J. F., & Heinrichs, M. (2016). Oxytocin receptor gene polymorphism modulates the effects of social support on heart rate variability. Biological psychology, 117, 43–49.

Kenkel, W. M., Yee, J. R., & Carter, C. S. (2014). Is Oxytocin a Maternal–Foetal Signalling Molecule at Birth? Implications for Development. Journal of neuroendocrinology, 26(10), 739–749.

Kennell, J. H., Trause, M. A., & Klaus, M. H. (1975). Evidence for a sensitive period in the human mother. Parent-infant interaction, 33, 87.

Kingsbury, M. K., & Coplan, R. J. (2012). Mothers' gender-role attitudes and their responses to young children's hypothetical display of shy and aggressive behaviors. Sex roles, 66(7–8), 506–517.

Kim, P., Leckman, J. F., Mayes, L. C., Feldman, R., Wang, X., & Swain, J. E. (2010). The plasticity of human maternal brain: longitudinal changes in brain anatomy during the early postpartum period. Behavioral neuroscience, 124(5), 695.

Konner, M. (2005). Hunter-gatherer infancy and childhood. Hunter-gatherer childhoods: Evolutionary, developmental and cultural perspectives.

Kottelenberg, M. J., & Lehrer, S. F. (2014). Do the Perils of Universal Childcare Depend on the Child's Age?. CESifo Economic Studies, 60(2), 338–365.

Kret, M. E., & De Gelder, B. (2012). A review on sex differences in processing emotional signals. Neuropsychologia, 50(7), 1211–1221.

Krol, K. M., Rajhans, P., Missana, M., & Grossmann, T. (2015). Duration of exclusive breastfeeding is associated with differences in infants' brain responses to emotional body expressions. Frontiers in Behavioral Neuroscience, 8, 459.

Kryski, K. R., Smith, H. J., Sheikh, H. I., Singh, S. M., & Hayden, E. P. (2014). Evidence for evocative gene–environment correlation between child oxytocin receptor (OXTR) genotype and caregiver behavior. Personality and Individual Differences, 64, 107–110.

Kumsta, R. und M. Heinrichs (2013): Oxytocin, stress and social behavior: Neurogenetics of the human oxytocin system. Current Opinion in Neurobiology 23: 11–16.

Lakatos, K., Nemoda, Z., Toth, I., Ronai, Z., Ney, K., Sasvari-Szekely, M.,

& Gervai, J. (2002). Further evidence for the role of the dopamine D4 receptor (DRD4) gene in attachment disorganization: interaction of the exon III 48-bp repeat and the-521 C/T promoter polymorphisms. Molecular psychiatry, 7(1), 27 – 31.

Lamb, M. E. (Ed.). (2004). The role of the father in child development. John Wiley & Sons.

Lamminmäki, A., Hines, M., Kuiri-Hänninen, T., Kilpeläinen, L., Dunkel, L., & Sankilampi, U. (2012). Testosterone measured in infancy predicts subsequent sex-typed behavior in boys and in girls. Hormones and behavior, 61(4), 611–616.

Landgraf, R., & Neumann, I. D. (2004). Vasopressin and oxytocin release within the brain: a dynamic concept of multiple and variable modes of neuropeptide communication. Frontiers in neuroendocrinology, 25(3), 150–176.

Largo, R. H., & Benz-Castellano, C. (2004). Die ganz normalen Krisen-Fit und Misfit im Kleinkindesalter. In: Papousek, M., Schieche, M., & Wurmser, H. (Hrsg.). Regulationsstörungen der frühen Kindheit. Frühe Risiken und Hilfen im Entwicklungskontext der Eltern-Kind-Beziehungen. Bern: Verlag Hans Huber.

LeDoux, J. (1998). The emotional brain: The mysterious underpinnings of emotional life. Simon and Schuster.

Leuner, B., Caponiti, J. M., & Gould, E. (2012). Oxytocin stimulates adult neurogenesis even under conditions of stress and elevated glucocorticoids. Hippocampus, 22(4), 861–868.

Lin, Y. T., Huang, C. C., & Hsu, K. S. (2012). Oxytocin promotes long-term potentiation by enhancing epidermal growth factor receptor-mediated local translation of protein kinase Mζ. The Journal of Neuroscience, 32(44), 15476–15488.

Lischke, A., Berger, C., Prehn, K., Heinrichs, M., Herpertz, S. C., & Domes, G. (2012). Intranasal oxytocin enhances emotion recognition from dynamic facial expressions and leaves eye-gaze unaffected. Psychoneuroendocrinology, 37(4), 475–481.

Loeb, S., Bridges, M., Bassok, D., Fuller, B., & Rumberger, R. W. (2007). How much is too much? The influence of preschool centers on children's social and cognitive development. Economics of Education review, 26(1), 52–66.

Lombardi, C. M., & Coley, R. L. (2014). Early maternal employment and children's school readiness in contemporary families. Developmental psychology, 50(8), 2071.

Lucas-Thompson, R. G., Goldberg, W. A., & Prause, J. (2010). Maternal work early in the lives of children and its distal associations with achievement and behavior problems: a meta-analysis. Psychological bulletin, 136(6), 915.

Lydon-Rochelle, M. T., Cárdenas, V., Nelson, J. C., Holt, V. L., Gardella, C., & Easterling, T. R. (2007). Induction of labor in the absence of standard medical indications: incidence and correlates. Medical care, 45(6), 505–512.

Ma, Y., Shamay-Tsoory, S., Han, S., & Zink, C. F. (2016). Oxytocin and Social Adaptation: Insights from Neuroimaging Studies of Healthy and Clinical Populations. Trends in cognitive sciences, 20(2), 133–145.

Main, M., Kaplan, N., & Cassidy, J. (1985). Security in infancy, childhood, and adulthood: A move to the level of representation. Monographs of the society for research in child development, 66–104.

Marlin, B. J., Mitre, M., D'amour, J. A., Chao, M. V., & Froemke, R. C. (2015). Oxytocin enables maternal behaviour by balancing cortical inhibition. Nature

Manning, J. T. (2011). Resolving the role of prenatal sex steroids in the development of digit ratio. Proceedings of the National Academy of Sciences, 108(39), 16143–16144.

Mazur, A. (2014). Testosterone of young husbands rises with children in the home. Andrology, 2(1), 125–129.

McGinn, K. L., Ruiz Castro, M., & Lingo, E. L. (2015). Mums the Word! Cross-national Effects of Maternal Employment on Gender Inequalities at Work and at Home.

Mehta, P. H., & Prasad, S. (2015). The dual-hormone hypothesis: a brief review and future research agenda. Current opinion in behavioral sciences, 3, 163–168.

Mileva-Seitz, V. R., Bakermans-Kranenburg, M. J., Battaini, C., & Luijk, M. P. (2016). Parent-child bed-sharing: The good, the bad, and the burden of evidence. Sleep Medicine Reviews.

Miller, D. I., & Halpern, D. F. (2014). The new science of cognitive sex differences. Trends in cognitive sciences, 18(1), 37–45.

Mischel, W., Shoda, Y., & Rodriguez, M. L. (1989). Delay of gratification in children. Science, 244, 933–938.

Moutsiana, C., Johnstone, T., Murray, L., Fearon, P., Cooper, P. J., Pliatsikas, C., … & Halligan, S. L. (2015). Insecure attachment during infancy predicts greater amygdala volumes in early adulthood. Journal of Child Psychology and Psychiatry, 56(5), 540–548.

Munafò, M. R., Yalcin, B., Willis-Owen, S. A., & Flint, J. (2008). Association of the dopamine D4 receptor (DRD4) gene and approach-related personality traits: meta-analysis and new data. Biological psychiatry, 63(2), 197–206.

Murgatroyd, C., Quinn, J. P., Sharp, H. M., Pickles, A., & Hill, J. (2015). Effects of prenatal and postnatal depression, and maternal stroking, at the glucocorticoid receptor gene. Translational psychiatry, 5(5), e560.

Naber, F., van IJzendoorn, M. H., Deschamps, P., van Engeland, H., & Bakermans-Kranenburg, M. J. (2010). Intranasal oxytocin increases fathers' observed responsiveness during play with their children: a double-blind within-subject experiment. Psychoneuroendocrinology, 35(10), 1583–1586.

Neumann, I. D., & Landgraf, R. (2012). Balance of brain oxytocin and vasopressin: implications for anxiety, depression, and social behaviors. Trends in neurosciences, 35(11), 649–659.

NICHD Early Child Care Research Network. (1999). Child outcomes when child care center classes meet recommended standards for quality. American Journal of Public Health, 89(7), 1072–1077.

NICHD Early Child Care Research Network (2004). Type of child care and children's development at 54 months. Early Childhood Research Quarterly, 19(2), 203–230.

NICHD Early Child Care Research Network (2006). The NICHD Study of Early Child Care and Youth Development (SECCYD): Findings for Children up to Age 4 1/2 Years (05–4318). Washington, DC: U.S. Government Printing Office. https://www.nichd.nih.gov/publications/pubs/documents/seccyd_06.pdf

NICHD Early Child Care Research Network. (2008). Social competence with peers in third grade: Associations with earlier peer experiences in child care. Social development (Oxford, England), 17(3), 419.

Nitschke, J. B., Nelson, E. E., Rusch, B. D., Fox, A. S., Oakes, T. R., & Davidson, R. J. (2004). Orbitofrontal cortex tracks positive mood in mothers viewing pictures of their newborn infants. Neuroimage, 21(2), 583–592

Oberlander, T. F., Weinberg, J., Papsdorf, M., Grunau, R., Misri, S., & Devlin, A. M. (2008). Prenatal exposure to maternal depression, neonatal methylation of human glucocorticoid receptor gene (NR3C1) and infant cortisol stress responses. Epigenetics, 3(2), 97–106.

Oberlander, T. F., Papsdorf, M., Brain, U. M., Misri, S., Ross, C., & Grunau, R. E. (2010). Prenatal effects of selective serotonin reuptake inhibitor antidepressants, serotonin transporter promoter genotype (SLC6A4), and maternal mood on child behavior at 3 years of age. Archives of pediatrics & adolescent medicine, 164(5), 444–451.

O'Connor, T. G., & Croft, C. M. (2001). A twin study of attachment in preschool children. Child development, 72(5), 1501–1511.

Oskis, A., Clow, A., Hucklebridge, F., Bifulco, A., Jacobs, C., & Loveday, C. (2013). Understanding alexithymia in female adolescents: The role of attachment style. Personality and Individual Differences, 54(1), 97–102.

Out, D., Pieper, S., Bakermans-Kranenburg, M. J., & Van IJzendoorn, M. V. (2010). Physiological reactivity to infant crying: a behavioral genetic study. Genes, Brain and Behavior, 9(8), 868–876.

Palma-Gudiel, H., Córdova-Palomera, A., Eixarch, E., Deuschle, M., & Fañanás, L. (2015). Maternal psychosocial stress during pregnancy alters the epigenetic signature of the glucocorticoid receptor gene promoter in their offspring: a meta-analysis. Epigenetics, 10(10), 893–902.

Panksepp, J., Herman, B. H., Vilberg, T., Bishop, P., & DeEskinazi, F. G. (1981). Endogenous opioids and social behavior. Neuroscience & Biobehavioral Reviews, 4(4), 473–487.

Papousek, M., Schieche, M., & Wurmser, H. (2004). Regulationsstörungen der frühen Kindheit. Frühe Risiken und Hilfen im Entwicklungskontext der Eltern-Kind-Beziehungen. Bern: Verlag Hans Huber.

Paquette, D. (2004). Theorizing the father-child relationship: Mechanisms and developmental outcomes. Human development, 47(4), 193–219.

Pasterski, V. L., Geffner, M. E., Brain, C., Hindmarsh, P., Brook, C., & Hines, M. (2005). Prenatal hormones and postnatal socialization by parents as determinants of male-typical toy play in girls with congenital adrenal hyperplasia. Child development, 76(1), 264–278.

Pauli-Pott, U., Friedl, S., Hinney, A., & Hebebrand, J. (2009). Serotonin transporter gene polymorphism (5-HTTLPR), environmental conditions, and developing negative emotionality and fear in early childhood. Journal of Neural Transmission, 116(4), 503–512.

Peffer, M. E., Zhang, J. Y., Umfrey, L., Rudine, A. C., Monaghan, A. P., & DeFranco, D. B. (2015). Minireview: The Impact of Antenatal Therapeutic Synthetic Glucocorticoids on the Developing Fetal Brain. Molecular Endocrinology.

Pereira, M., & Ferreira, A. (2016). Neuroanatomical and neurochemical basis of parenting: dynamic coordination of motivational, affective and cognitive processes. Hormones and behavior, 77, 72–85.

Perini, T., Ditzen, B., Hengartner, M., & Ehlert, U. (2012). Sensation seeking in fathers: The impact on testosterone and paternal investment. Hormones and behavior, 61(2), 191–195.

Peter, F. H., Schober, P. S., & Spiess, K. C. (2015). Early Birds in Day Care: The Social Gradient in Starting Day Care and Children's Non-cognitive Skills. CESifo Economic Studies, ifv019.

Peters, A., Schweiger, U., Pellerin, L., Hubold, C., Oltmanns, K. M., Conrad, M., ... & Fehm, H. L. (2004). The selfish brain: competition for energy resources. Neuroscience & Biobehavioral Reviews, 28(2), 143–180.

Pinker, S. (2008). The Sexual Paradox: Troubled Boys, Gifted Girls and the Real Differences between the Sexes. London: Atlantic Books.

Pluess, M., & Belsky, J. (2011). Prenatal programming of postnatal plasticity?. Development and psychopathology, 23(01), 29–38.

Prudom, S. L., Broz, C. A., Schultz-Darken, N., Ferris, C. T., Snowdon, C., & Ziegler, T. E. (2008). Exposure to infant scent lowers serum testosterone in father common marmosets (Callithrix jacchus). Biology letters, 4(6), 603–605.

Raby, K. L., Roisman, G. I., Fraley, R. C., & Simpson, J. A. (2015). The enduring predictive significance of early maternal sensitivity: Social and academic competence through age 32 years. Child development, 86(3), 695–708.

Rault, J. L., Carter, C. S., Garner, J. P., Marchant-Forde, J. N., Richert, B. T., & Lay, D. C. (2013). Repeated intranasal oxytocin administration in early life dysregulates the HPA axis and alters social behavior. Physiology & behavior, 112, 40–48.

Reiner, I. C., Fremmer-Bombik, E., Beutel, M. E., Steele, M., & Steele, H. (2013). Das Adult Attachment Interview-Grundlagen, Anwendung und Einsatzmöglichkeiten im klinischen Alltag. Zeitschrift für Psychosomatische Medizin und Psychotherapie, 59(3), 231–246.

Reiner, I., Bakermans-Kranenburg, M. J., Van IJzendoorn, M. H., Fremmer-Bombik, E., & Beutel, M. (2016). Adult attachment representation moderates psychotherapy treatment efficacy in clinically depressed inpatients. Journal of affective disorders, 195, 163–171.

Riem, M. M., Bakermans-Kranenburg, M. J., Pieper, S., Tops, M., Boksem, M. A., Vermeiren, R. R., … & Rombouts, S. A. (2011). Oxytocin modulates amygdala, insula, and inferior frontal gyrus responses to infant crying: a randomized controlled trial. Biological psychiatry, 70(3), 291–297.

Riem, M. M., Voorthuis, A., Bakermans-Kranenburg, M. J., & Ijzendoorn, M. H. (2014). Pity or peanuts? Oxytocin induces different neural responses to the same infant crying labeled as sick or bored. Developmental science, 17(2), 248–256.

Rifkin-Graboi, A., Kong, L., Sim, L. W., Sanmugam, S., Broekman, B. F. P., Chen, H., … & Gluckman, P. D. (2015). Maternal sensitivity, infant limbic structure volume and functional connectivity: a preliminary study. Translational psychiatry, 5(10), e668.

Rilling, J. K. (2013). The neural and hormonal bases of human parentalcare. Neuropsychologia, 51(4), 731–747.

Rilling, J. K., & Young, L. J. (2014). The biology of mammalian parenting and its effect on offspring social development. Science, 345(6198), 771–776.

Roberts, B. W., & DelVecchio, W. F. (2000). The rank-order consistency of personality traits from childhood to old age: a quantitative review of longitudinal studies. Psychological bulletin, 126(1), 3.

Roisman, G. I., Susman, E., Barnett-Walker, K., Booth-LaForce, C., Owen, M. T., Belsky, J., … & Steinberg, L. (2009). Early Family and Child-Care Antecedents of Awakening Cortisol Levels in Adolescence. Child Development, 80(3), 907–920.

Rosenblatt, J. S. (1967). Nonhormonal basis of maternal behavior in the rat. Science, 156(3781), 1512–1513.

Roth, G. (2008). Bildung braucht Persönlichkeit. Wie Lernen gelingt. Stuttgart: Klett-Cotta.

Roth, G., & Strüber, N. (2014). Wie das Gehirn die Seele macht. Stuttgart: Klett-Cotta.

Rothbarth, M. K., & Bates, J. E. (2006). Temperament. In W. Damon, R. Lerner, & N. Eisenberg (Eds.), Handbook of child psychology. Vol 3: Social, emotional, and personality development (6th ed., pp. 99–166). New York: Wiley.

Saenz, J., & Alexander, G. M. (2013). Postnatal testosterone levels and disorder relevant behavior in the second year of life. Biological psychology, 94(1), 152–159.

Schmidt, L. A., Fox, N. A., Rubin, K. H., Hu, S., & Hamer, D. H. (2002).

Molecular genetics of shyness and aggression in preschoolers. Personality and Individual Differences, 33(2), 227–238.
Schober, P. S., & Schmitt, C. (2013). Day-care expansion and parental subjective well-being: Evidence from Germany.
Schuldt, A., & Hofele, U. (2014). Fachkräftebarometer Frühe Bildung. Frühe Bildung.
Schwartz, C. E., Wright, C. I., Shin, L. M., Kagan, J., & Rauch, S. L. (2003). Inhibited and uninhibited infants »grown up«: adult amygdalar response to novelty. Science, 300(5627), 1952–1953.
Seehagen, S., Schneider, S., Rudolph, J., Ernst, S., & Zmyj, N. (2015). Stress impairs cognitive flexibility in infants. Proceedings of the National Academy of Sciences, 201508345.
Seltzer, L. J., Ziegler, T. E., & Pollak, S. D. (2010). Social vocalizations can release oxytocin in humans. Proceedings of the Royal Society of London B: Biological Sciences, 277(1694), 2661–2666.
Sharp, H., Hill, J., Hellier, J., & Pickles, A. (2015). Maternal antenatal anxiety, postnatal stroking and emotional problems in children: outcomes predicted from pre-and postnatal programming hypotheses. Psychological medicine, 45(02), 269–283.
Shaw, P., Kabani, N. J., Lerch, J. P., Eckstrand, K., Lenroot, R., Gogtay, N., … & Wise, S. P. (2008). Neurodevelopmental trajectories of the human cerebral cortex. The Journal of Neuroscience, 28(14), 3586–3594.
Shayit, M., Nowak, R., Keller, M., & Weller, A. (2003). Establishment of a preference by the newborn lamb for its mother: The role of opioids. Behavioral neuroscience, 117(3), 446.
Shingo, T., Gregg, C., Enwere, E., Fujikawa, H., Hassam, R., Geary, C., … & Weiss, S. (2003). Pregnancy-stimulated neurogenesis in the adult female forebrain mediated by prolactin. Science, 299(5603), 117–120.
Slaughter, A. M. (2015). Unfinished Business. Oneworld Publications.
Slaughter, A. M. (2016). Was noch zu tun ist. Kiepenheuer und Witsch.
Sims, M., Guilfoyle, A., & Parry, T. S. (2006). Children's cortisol levels and quality of child care provision. Child: care, health and development, 32(4), 453–466.
Smith, A. S., & Wang, Z. (2014). Hypothalamic oxytocin mediates social buffering of the stress response. Biological psychiatry, 76(4), 281–288.
Smith, K. E., Porges, E. C., Norman, G. J., Connelly, J. J., & Decety, J. (2014). Oxytocin receptor gene variation predicts empathic concern and autonomic arousal while perceiving harm to others. Social neuroscience, 9(1), 1–9.

Soltis, J. (2004). The signal functions of early infant crying. Behavioral and Brain Sciences, 27(04), 443–458.

Sripada, C. S., Phan, K. L., Labuschagne, I., Welsh, R., Nathan, P. J., & Wood, A. G. (2013). Oxytocin enhances resting-state connectivity between amygdala and medial frontal cortex. International Journal of Neuropsychopharmacology, 16(2), 255–260.

Sroufe, L. A. (2005). Attachment and development: A prospective, longitudinal study from birth to adulthood. Attachment & Human Development, 7, 349–367.

Steele, H., Steele, M., & Croft, C. (2008). Early attachment predicts emotion recognition at 6 and 11 years old. Attachment & human development, 10(4), 379–393.

Stein, A., Malmberg, L. E., Leach, P., Barnes, J., & Sylva, K. (2013). The influence of different forms of early childcare on children's emotional and behavioural development at school entry. Child: care, health and development, 39(5), 676–687.

Stolzenberg, D. S., & Champagne, F. A. (2016). Hormonal and non-hormonal bases of maternal behavior: The role of experience and epigenetic mechanisms. Hormones and behavior, 77, 204–210.

Storey, A. E., Walsh, C. J., Quinton, R. L., & Wynne-Edwards, K. E. (2000). Hormonal correlates of paternal responsiveness in new and expectant fathers. Evolution and Human Behavior, 21(2), 79–95.

Strathearn, L., Fonagy, P., Amico, J., & Montague, P. R. (2009). Adult attachment predicts maternal brain and oxytocin response to infant cues. Neuropsychopharmacology, 34(13), 2655–2666.

Strathearn, L., Iyengar, U., Fonagy, P., & Kim, S. (2012). Maternal oxytocin response during mother–infant interaction: associations with adult temperament. Hormones and behavior, 61(3), 429–435.

Strüber, D., Lück, M., & Roth, G. (2008). Sex, aggression and impulse control: an integrative account. Neurocase, 14(1), 93–121.

Strüber, N., Strüber, D., & Roth, G. (2014). Impact of early adversity on glucocorticoid regulation and later mental disorders. Neuroscience & Biobehavioral Reviews, 38, 17–37.

Suess, G. J. (2011). Missverständnisse über Bindungstheorie. WiFF Expertise, 14.

Swain, J. E., Dayton, C. J., Kim, P., Tolman, R. M., & Volling, B. L. (2014). Progress on the paternal brain: theory, animal models, human brain research, and mental health implications. Infant Mental Health Journal, 35(5), 394–408.

Tau, G. Z., & Peterson, B. S. (2010). Normal development of brain circuits. Neuropsychopharmacology, 35(1), 147–168.

Terkel, J., & Rosenblatt, J. S. (1972). Humoral factors underlying maternal behavior at parturition: Cross transfusion between freely moving rats. Journal of comparative and physiological psychology, 80(3), 365

Thompson, A. E., & Voyer, D. (2014). Sex differences in the ability to recognise non-verbal displays of emotion: A meta-analysis. Cognition and Emotion, 28(7), 1164–1195.

Tietze, W., Becker-Stoll, F., Bensel, J., Eckhardt, A. G., Haug-Schnabel, G., Kalicki, B., & Keller, H. (Eds.). (2013). Nationale Untersuchung zur Bildung, Betreuung und Erziehung in der frühen Kindheit (NUBBEK). verlag das netz.

Tremblay, R. E., Japel, C., Perusse, D., McDuff, P., Boivin, M., Zoccolillo, M., & Montplaisir, J. (1999). The search for the age of ›onset‹ of physical aggression: Rousseau and Bandura revisited. Criminal Behaviour and Mental Health, 9(1), 8–23.

Troisi, A., Frazzetto, G., Carola, V., Di Lorenzo, G., Coviello, M., Siracusano, A., & Gross, C. (2012). Variation in the μ-opioid receptor gene (OPRM1) moderates the influence of early maternal care on fearful attachment. Social cognitive and affective neuroscience, 7(5), 542–547.

Unternaehrer, E., Meyer, A. H., Burkhardt, S. C., Dempster, E., Staehli, S., Theill, N., … & Meinlschmidt, G. (2015). Childhood maternal care is associated with DNA methylation of the genes for brain-derived neurotrophic factor (BDNF) and oxytocin receptor (OXTR) in peripheral blood cells in adult men and women. Stress, 18(4), 451–461.

Ustorf, A. E. (2012). Allererste Liebe: Wie Babys Glück und Gesundheit lernen. Klett Cotta.

Uvnäs-Moberg, K. (1998). Antistress pattern induced by oxytocin. Physiology, 13(1), 22–25.

Uvnäs-Moberg, K., Handlin, L., & Petersson, M. (2014). Self-soothing behaviors with particular reference to oxytocin release induced by non-noxious sensory stimulation. Frontiers in psychology, 5.

Vandell, D. L., Belsky, J., Burchinal, M., Steinberg, L., & Vandergrift, N. (2010). Do effects of early child care extend to age 15 years? Results from the NICHD study of early child care and youth development. Child development, 81(3), 737–756.

Vermeer, H. J., & van IJzendoorn, M. H. (2006). Children's elevated cortisol levels at daycare: A review and meta-analysis. Early Childhood Research Quarterly, 21(3), 390–401.

Voorthuis, A., Riem, M. M., Van IJzendoorn, M. H., & Bakermans-Kranenburg, M. J. (2014). Reading the mind in the infant eyes: paradoxical effects of oxytocin on neural activity and emotion recognition in watching pictures of infant faces. Brain research, 1580, 151–159.

Votruba-Drzal, E., Coley, R. L., Koury, A. S., & Miller, P. (2013). Center-based child care and cognitive skills development: Importance of timing and household resources. Journal of Educational Psychology, 105(3), 821.

Wang, E., Ding, Y. C., Flodman, P., Kidd, J. R., Kidd, K. K., Grady, D. L., … & Moyzis, R. K. (2004). The genetic architecture of selection at the human dopamine receptor D4 (DRD4) gene locus. The American Journal of Human Genetics, 74(5), 931–944.

Ward, I. L. (1972). Prenatal stress feminizes and demasculinizes the behavior of males. Science, 175(4017), 82–84.

Weaver, I. C., Cervoni, N., Champagne, F. A., D'Alessio, A. C., Sharma, S., Seckl, J. R., … & Meaney, M. J. (2004). Epigenetic programming by maternal behavior. Nature neuroscience, 7(8), 847–854.

Wharton, A. S. (2009). The sociology of gender: An introduction to theory and research. John Wiley & Sons.

Weisman, O., Zagoory-Sharon, O., & Feldman, R. (2012). Oxytocin administration to parent enhances infant physiological and behavioral readiness for social engagement. Biological psychiatry, 72(12), 982–989.

Weisman, O., Agerbo, E., Carter, C. S., Harris, J. C., Uldbjerg, N., Henriksen, T. B., … & Dalsgaard, S. (2015). Oxytocin-augmented labor and risk for autism in males. Behavioural brain research, 284, 207–212.

Wingen, G. von, Mattern, C., Verkes, R. J., Buitelaar, J., & Fernández, G. (2010). Testosterone reduces amygdala–orbitofrontal cortex coupling. Psychoneuroendocrinology, 35(1), 105–113.

World Health Organization. (2009). Infant and young child feeding: model chapter for textbooks for medical students and allied health professionals.

Yehuda, R., Daskalakis, N. P., Bierer, L. M., Bader, H. N., Klengel, T., Holsboer, F., & Binder, E. B. (2015). Holocaust exposure induced intergenerational effects on FKBP5 methylation. Biological psychiatry.

Zachrisson, H. D., Dearing, E., Lekhal, R., & Toppelberg, C. O. (2013). Little evidence that time in child care causes externalizing problems during early childhood in Norway. Child development, 84(4), 1152–1170.

Zeitlin J, Mohangoo A, Delnord M, editors. European Perinatal Health Report. Health and Care of Pregnant Women and Babies in Europe in 2010.

Zheng, J. J., Li, S. J., Zhang, X. D., Miao, W. Y., Zhang, D., Yao, H., & Yu, X. (2014). Oxytocin mediates early experience-dependent cross-modal plasticity in the sensory cortices. Nature neuroscience, 17(3), 391–399.

Ein großes Dankeschön

Wie so viele Bücher bedurfte auch dieses der Mithilfe vieler lieber Menschen und dafür möchte ich mich bei allen Beteiligten ganz herzlich bedanken.

Ein erstes großes Dankeschön geht an all diejenigen, die mich beim Schreiben dieses Buches wissenschaftlich unterstützt haben. An die Psychologen und Mediziner, deren kritische Durchsicht einzelner Kapitel oder Unterkapitel ich als einen großen Freundschaftsdienst betrachte und von deren Kommentaren ich sehr profitiert habe. An meinen Mann, der sich mit seinem wissenschaftlichen Blick durch alle Kapitel arbeitete, sich aber auch als Vater unserer Kinder glücklicherweise den einen oder anderen nicht-wissenschaftlichen Kommentar nicht verkneifen konnte. An all die anderen Experten, die meine Detailfragen geduldig per E-Mail beantworteten. Und natürlich an den wissenschaftlichen Lehrer, der mir die theoretische und interdisziplinäre Auseinandersetzung mit dem Fühlen, dem Denken und dem Handeln nahebrachte und auch dieses Buch begleitet hat. Danke auch für das Vorwort!

Ein weiterer herzlicher Dank geht an den Verlag. An den Initiator dieses Buches für ein wegweisendes Gespräch bei Kaffee und Brötchen, an das Lektorat für die effiziente und harmonische Zusammenarbeit, für all die zielführenden Hinweise und Gedanken, und für die Nachsicht im Umgang mit nachträglichen Änderungen. Aber auch an die anderen netten Menschen im Verlag, die zielgruppenbedingt als Testleser herhalten mussten oder unsere Kinder mit einer riesigen Bücherkiste überraschten.

Viele weitere liebe Menschen haben mich beim Schreiben dieses Buches unterstützt und hierdurch dieses Buch ermöglicht. Da sind die Freundinnen, die von Beginn an alle Themen mit mir durchdiskutiert haben, und mir mit ihren Fragen den Weg durch dieses komplexe Thema wiesen. Vor allem danke ich auch denjenigen, die sich durch erste Versionen quälen mussten, deren Lesbarkeit ich selbst stark bezweifelte. Oder die Nachbarn, die nicht nur seit vielen Jahren die altersbedingt variierende Lautstärke einer Familie mit Zwillingen ertragen, sondern nun auch testlesenderweise die Mutter beim Schreiben über Bindung unterstützt haben. Oder der Vater in Elternzeit, den ich noch nie getroffen habe, der mir aber, während sein Sohn schlief, äußerst hilfreiche Anmerkungen und Überarbeitungsvorschläge lieferte. Und all die weiteren Freundinnen und Freunde, denen ich immer wieder einzelne Kapitel und Passagen schickte, immer mit einem dezenten Hinweis auf die bei der Durchsicht gebotene Eile. Ohne ihre kritischen Anmerkungen wäre dieses Buch nicht zustande gekommen. Vielen Dank!